U0717031

中国国民党职名录（1894—1994）

刘维开 编

中国社会科学院近代史研究所
民国研究丛刊

中华书局

图书在版编目(CIP)数据

中国国民党职名录(1894—1994)/刘维开编. —北京:中华书局,2014.6(2017.8重印)

(中国社会科学院近代史研究所民国研究丛刊)

ISBN 978 – 7 – 101 – 10061 – 7

Ⅰ. 中… Ⅱ. 刘… Ⅲ. 中国国民党 – 职官表 – 1894～1994 Ⅳ. D693.74 – 62

中国版本图书馆 CIP 数据核字(2014)第 057539 号

书 名	中国国民党职名录(1894—1994)
编 者	刘维开
丛 书 名	中国社会科学院近代史研究所民国研究丛刊
责任编辑	张荣国
出版发行	中华书局
	(北京市丰台区太平桥四里 38 号　100073)
	http://www.zhbc.com.cn
	E-mail:zhbc@zhbc.com.cn
印 刷	北京市白帆印务有限公司
版 次	2014 年 6 月北京第 1 版
	2017 年 8 月北京第 2 次印刷
规 格	开本/630×960 毫米　1/16
	印张 20½　插页 2　字数 250 千字
印 数	2001 – 3000 册
国际书号	ISBN 978 – 7 – 101 – 10061 – 7
定 价	58.00 元

中国国民党党史会一九九四年初版编辑例言

一、本党自总理孙中山先生于民国前十八年即西元一八九四年十一月二十四日创建兴中会以来,迄今届满一百年,本会特辑录自兴中会至本(一九九四)年九月之第十四届中央委员会重要职名,为《中国国民党职名录》,以资查参,并为纪念。

二、本书内容分为甲、乙两编,甲编辑录兴中会、中国同盟会、国民党、中华革命党及中国国民党(民国十三年改组前)之职名;乙编自民国十三年第一届中央执行、监察委员会起,按届辑录中央执行委员、中央监察委员、候补中央执行委员、候补中央监察委员、中央评议委员、中央委员、候补中央委员,暨中央党部各单位正、副主管姓名,并附注相关任免资料。

三、本书内容于甲、乙两编中,每一时期前,均有一概述,以明此一时期的重要人事变革及机构之增置或裁撤。

四、本书引用资料,以本会库藏史料及会议纪录为主,中国国民党工作纪实、大事年表及相关著作为辅。

五、本书乙编关于中央执行委员、中央监察委员及中央委员出缺递补,与中央党部各单位正、副主管任免资料,概依历次全国代表大会会议纪录,历届中央执行委员会、中央监察委员会及中央委员会之全体会议纪录,暨历届中央执行委员会常务委员会(以下称中常会)会议纪录、中央监察委员会(以下称中监会)常务委员会议纪录及中央委员会常务委员会(以下称中常会)会议记录所载,注明任免通过之会议次数及时间于其姓名之下。凡中常会通过者,径书其所通过会议之次数,凡中监会常务委员会议通过者,则加书中监会字样。其未经上项会议任免者,则依人事相关资料,书其任免生效日期。

　　六、三民主义青年团依中央执行委员会组织条例规定,为中央执行委员会所属单位,但其组织自成系统,本书将其中央团部自民国二十七年七月成立迄民国三十六年九月党团合并之职名,另列专章。

　　七、本书所纪录者,为本党一百年间人事递嬗情形,惟受限于若干资料的不完整,以及职名人数众多,阙失疏漏之处,在所难免,尚祈各方人士不吝指教,俟再版时更正。

目　录

甲编

兴中会

　　西元一八九四年十一月二十四日(清光绪二十年十月二十七日),孙文(中山)先生在檀香山创立了兴中会,首倡革命,为近代中国第一个革命团体,同时通过了孙先生手拟的《章程》。依据章程,兴中会设正副主席各一位,正副文案各一位,管库一位,值理八位,差委二位,以专司理会中事务。次年二月二十一日(清光绪二十一年正月二十七日),香港兴中会总会正式成立。十月十日,选举总办(会长),称"伯理玺天德",孙先生当选,旋以此职让杨衢云,至一九〇〇年一月辞职,由孙先生继任。

兴中会职名录

主　席　刘　祥

副主席　何　宽

正文案　程蔚南

副文案　许直臣

管　库　黄华恢

值　理　李　昌　李　禄　李多马　林鉴泉　黄　亮　郑　金

　　　　　邓荫南(松盛)　　钟　宇(工宇)

香港兴中会总会职名录

会 长 杨衢云（清光绪二十一年八月二十二日，西元一八九五年十月十日
当选）

（清光绪二十五年十一月，西元一九〇〇年一月辞职）

孙 文（清光绪二十五年十一月，西元一九〇〇年一月继任）

中国同盟会

西元一九〇五年八月二十日（清光绪三十一年七月二十日），中国同盟会在日本东京举行成立大会，加盟者三百余人，公推孙中山先生为总理，并通过《章程》，确立同盟会的组织。章程原稿已佚，依中国国民党中央党史委员会所藏一九〇六年五月七日（清光绪三十二年四月十三日）改订之《中国同盟会总章》规定，中国同盟会设总理一人，由全体会员投票公举，四年更选一次，但得连举连任。总理对于会外有代表本会之权、对于会内有执行事务之权，节制执行部各员，得提议于议会，并批驳议案。中国同盟会本部设于东京，本部组织设执行、议事两部。执行部为本部之主体，由总理亲自负责。下设庶务、内务、外务、书记、会计、调查六科，庶务科在各科之首，辅助总理支配一切，总理他往或有故，得受总理委任代理其事。议事部有议本会规则之权，设议长一人、书记一人、议员若干人，议员由全体会员投票公举，以三十人为限，每年公举一次。另同盟会成立初期，有司法部之设置，其主要职责在审断有争论之事端，以及会员之处罚事项，设司法长一人、判事四人、检事二人、书记一人，均由会员公选，但该部在一九〇六年改订之总章中已遭删除。

民国成立后，同盟会于民国元年一月十三日设总部于南京，并于二十二日举行首次会员大会，决定将秘密组织改为公开政党。继于三月三日再召开全体会员大会，通过《中国同盟会总章》，并选举干部。依总章规定同盟会设总理一人、协理二人，由全体大会选举，总理代表该会总揽一切事务，协理襄助总理，遇总理有事故不能理会务时，得代理其职权。下设干事、评议两部,干事部分为总务、交际、政事、理财、文事五部,每部设主任干事一人,下分设数科,办理各项事务。干事部所辖各部之职权如下:

总务部:辅助总、协理指挥本会一切事务,图谋各部事务之调和,联络本部与支部之关系,并掌理不属他部之事务。

交际部:掌理本会与他团体或个人交涉之事务。

政事部:研究政治上一切问题,联络在议院及政府任职各会员,以谋党见之统一。

理财部:筹画本会经费,管理一切收支,及本会经营之农工商业。

文事部:掌理本会一切文件,及出版事项。

本部另设有评议部,决议本会章程及一切临时发生事项。评议员由本部会员选举,每省以一人以上四人以下为限,任期一年。

民国元年八月,同盟会与统一共和党、国民公党、国民共进会及共和实进会等会商合并,改组为国民党。

中国同盟会职名录

总 理 孙 文(清光绪三十一年七月二十日,西元一九〇五年八月二十日通过)

执行部 (一九〇五年通过之章程草案规定执行部设庶务、内务、外务、书记、经理、会计、调查、讲演八科,而引用最为普遍的一九〇六年四月十三日改订之《中国同盟会总章》则分为六科,但据宋教仁、田桐、冯自由等记载各科之名称则作"部"。)

庶务部

  干 事 黄 兴(一九〇五年八月——一九〇五年十一月)

     张 继(一九〇五年十一月——一九〇六年三月)

     朱炳麟(一九〇六年三月——一九〇六年六月)

孙毓筠（一九〇六年六月——一九〇六年九月）

黄　兴（一九〇六年九月——一九〇七年一月）

宋教仁（一九〇七年一月——一九〇七年三月）

刘揆一（一九〇七年三月——一九一二年三月）

书记部

书　记　马　和（一九〇五年八月——一九〇五年十二月）

陈天华（一九〇五年八月——一九〇五年十二月）

胡衍鸿（一九〇五年九月——一九〇八年一月）

田　桐（一九〇五年十二月——一九〇七年十月）

但　焘（一九〇六年——一九〇七年三月）

李肇甫（一九〇五年九月——一九一一年）

内务部

朱炳麟（一九〇五年八月——一九〇六年三月）

匡　一

外务部

程家柽（一九〇五年八月——一九〇六年二月）

廖仲恺（一九〇五年八月——一九〇六年）

经理部（一九〇六年五月裁撤）

谷思慎

程　克

宋教仁（一九〇六年四月——一九〇六年五月）

会计部

刘维焘（未就职）

谢延誉（良牧）（一九〇五年九月——一九〇七年）

何天炯（一九〇七年——一九一二年）

议事部

议　长　汪兆铭

議 員　田　桐　曹亚伯　冯自由　梁慕光　胡衍鸿　董修武

范冶焕　张树枬　熊克武　周来苏　但懋辛　朱大符

吴　昆　胡　瑛　康宝忠　吴鼎昌　于德坤　王　琦

吴永珊

司法部

司法长　邓家彦

判 事　张　继　何天瀚　但　焘

检 事　宋教仁

中国同盟会(民国元年一月十三日设总部于南京)职名录

总 理　孙　文(民国元年三月三日全体会员大会选举)

协 理　黄　兴(民国元年三月三日全体会员大会选举)

黎元洪(民国元年三月三日全体会员大会选举)

干 事　平　刚　刘揆一　宋教仁　马　和　李肇甫　胡汉民

张　继　汪兆铭　居　正　田　桐

(民国元年三月三日全体会员大会选举)

干事部

总务部

主任干事　汪兆铭(民国元年三月四日总理指定)

宋教仁(民国元年七月二十一日会员大会改选)

政事部

主任干事　宋教仁(民国元年三月四日总理指定)

张耀曾(民国元年七月二十一日会员大会改选)

交际部

　　主任干事　张　继（民国元年三月四日总理指定）

文事部

　　主任干事　李肇甫（民国元年三月四日总理指定）

财政部

　　主任干事　居　正（民国元年三月四日总理指定）

　　　　　　　孙毓筠（民国元年七月二十一日会员大会改选）

国民党

　　民国元年八月二十五日，国民党在北京正式成立。国民党为一普通政党，其宗旨为"巩固共和，实行平民政治"，党本部设于北京。依据《国民党规约》规定，本部设理事九人、参议三十人、基金监三人、审计员七人，及干事若干人。理事代表国民党，综揽党务；参议参议本党重要事件；基金监管理国民党之基本财产；审计员审查国民党会计；干事分下列五部办理各项事务：

　　总务部：掌理本党机要及不属于他部事项。

　　交际部：掌理关于联络党员及对外交际事项。

　　政事部：掌理关于政治运动事项。

　　文事部：掌理关于编辑出版及其他政治教育事项。

　　会计部：掌理关于本党收支及财产经理事项。

各部设主任干事一人，综理各该部事务；副主任干事一人，辅助主任干事处理各该部事务，主任干事有事故时，代理其职；干事若干人，管理各该部事务。本部另设政务研究会，其职掌为"研究各项政务，决定政见，筹画政略"。政务研究会设主任干事一人，综理该会事务；副主任干事一人，主任干事有事故时，代理其职；干事若干人，分科掌理调查及讨论事宜。

国民党职名录

理事长　孙中山（民国元年九月三日推举）

宋教仁(代理)

理　事　孙中山　黄　兴　宋教仁　王宠惠　王人文　王芝祥
　　　　　吴景濂　张凤翔　贡桑诺尔布
　　　　　(以上民国元年八月二十五日当选)

参　议　胡　瑛　温宗尧　陈锦涛　张　继　柏文蔚　沈秉坤
　　　　　孙毓筠　谭延闿　于右任　马君武　田　桐　景耀月
　　　　　阎锡山　胡汉民　赵炳麟　李烈钧　蒋翊武　姚锡光
　　　　　褚辅成　杨增新　尹昌衡　陈道一　徐　谦　张　琴
　　　　　松　毓　王善荃　张培爵　唐文治　莫永贞　唐绍仪
　　　　　(以上民国元年八月二十五日当选)

名誉参议　溥　伦　钮永建　徐绍桢　姚雨平　林述庆　马安良
　　　　　　张锡銮
　　　　　　(以上民国元年八月二十五日当选)

　　　　　　张耀曾

基金监　白榆桓　周震鳞　郭椿森(以上民国元年十月十八日当选)

审计员　冷公剑　卢士模　孙　钟　钱应清　吴　昆　战云霁
　　　　　王鑫润
　　　　　(以上民国元年十月十八日当选)

总务部
　主任干事　魏宸祖
　副主任干事　殷汝骊

交际部
　主任干事　李肇甫
　副主任干事　恒　钧

政事部
　主任干事　谷钟秀

副主任干事　汤　漪

文事部

主 任 干 事　彭允彝

副主任干事　杨光湛

会计部

主 任 干 事　仇　亮

副主任干事　陆　定

政务研究会

主 任 干 事　张耀曾

副主任干事　刘　彦

中华革命党

　　民国二年八月，二次革命失败后，孙中山先生抵达日本东京，对失败的原因痛加检讨，决心结合一批具有革命精神的同志，组织新的革命团体，把革命事业从头做起。民国三年七月八日，中华革命党在东京举行成立大会，孙先生宣誓就任总理，并颁布亲拟的《中华革命党总章》。依据《总章》，中华革命党设总理一人，由选举产生，其职权为"全权组织本部为革命军之策源"，委任"本部各部长、职员"。另设协理一人，亦由选举产生，其职责为辅助总理或代理总理之职权。民国三年六月二十三日中华革命党先行举行选举大会，选举孙先生为总理。协理一职，本预定选黄兴担任。然黄氏未宣誓入党且决定离日赴美，此外又无适当人选，致暂时从阙，其后亦未尝再举行选举。《总章》规定，党本部于总理、协理之下，设总务、党务、财政、军事、政治五部，每部设部长一人，副部长一人，及职务长、职务员各若干人。各部之职掌如下：

　　总务部：总务部庶务；接洽内地支部；接洽海外支部；制管公文符印；交涉党外事宜；办理不属他部之事。

　　党务部：主盟新进；调查党员履历；招待外宾；传布宗旨。

　　财政部：管理党中度支；接收支持党费义捐；筹集事前款项；规定因粮方法；计画事后财政。

　　军事部：物色并培育将才；调查各省敌情；计画作战；运动敌军；调查并购制武器；筹备军政。

　　政治部：物色并培育政才；筹备中央政府；规画地方自治；审定建设规

模。另《总章》中尚有"协赞会"之设置,规定:"凡属党员,皆有赞助总理及所在地支部长进行党事之责,故统名之曰协赞会,分为四院,与本部并立为五;使人人得以资其经验,备为五权宪法之张本。其组织如左:一、立法院;二、司法院;三、监督院;四、考试院。"协赞会设会长一人,副会长一人,由总理委任;各院院长,由党员选举,但对于会长负责任。惟由现存资料中,未见此一部分人事之派任。

中华革命党职名录

总　理　孙　文(民国三年六月二十三日选举)
总务部
　部　长　陈其美(民国三年七月任命)
　　　　　居　正(民国五年十月十三日任命)
　副部长　谢　持(民国三年七月任命)
党务部
　部　长　居　正(民国三年七月任命)
　　　　　谢　持(民国五年十月十三日任命)
　副部长　冯自由(民国三年七月任命)(未就任)
军务部
　部　长　许崇智(民国三年七月任命)
　副部长　周应时(民国三年七月任命)
政治部
　部　长　胡汉民(民国三年七月任命)
　副部长　杨庶堪(民国三年七月任命)
财政部

部　长　张人杰（民国三年七月任命）

廖仲恺（民国五年十月十三日任命）

副部长　廖仲恺（民国三年七月任命）

中国国民党

　　民国八年,五四运动发生后,孙中山先生掌握时代脉动,决定将中华革命党改组为中国国民党,以负起主导思潮的使命,并于是年十月十日正式通告中外,并同时公布《中国国民党规约》,以"巩固共和,实行三民主义"为宗旨。以"中国国民党"为党名,在区别于民国元年的"国民党",此一党名沿用至今,未曾变更。依据《规约》,中国国民党设总理一人,综揽党务。党本部设于上海,总理全党事务。下设总务、党务、财政三部;各部设主任干事一人,总理各该部事务。各部之职掌如下:

　　总务部:掌理本部机要;管理本部庶务;接洽海外总支部、支部、分部;办理不属他部之事。

　　党务部:主管党员入党事务;保管党员愿书及册籍;调查党员履历;招待来宾;传布主义。

　　财政部:管理本党度支;接收总支部、支部、分部党捐及义捐。

　　民国九年十一月,孙先生在上海颁布《中国国民党总章》及《中国国民党规约》,扩大党本部组织,于总务、党务、财政三部外,增设宣传部,其职权为"书报编纂及译述事项;讲演事项;教育事项"。

　　民国十一年六月,陈炯明叛变后,孙先生决定再度展开党务改进,于十二年一月二日宣布《中国国民党党纲》及《中国国民党总章》。依据《总章》规定,中国国民党设本部,管理全党事务;设总理一人,"代表本党,总揽党务";参议若干人,辅助总理,由总理任命之;下设总务、党务、财务、宣传、交际五部,及政治、法制、军事、农工、妇女五委员会;"如有必要时,则增设其他各种委员会"。各部及委员会之职掌如下：

总务部：管理本党机要文件、印信、统计及国内外各部处之接洽；并办理不属于他部之事务。

党务部：保管党员愿书、名册，调查党员履历，并办理入党事宜。

财务部：管理本党收支，并调制预算、决算报告。

宣传部：办理本党出版、演讲及教育事项，并检定本党国内外一切出版物。

交际部：办理本党交际上一切事项。

政治委员会：调查国内外之政治经济状况，并研究国内政治经济改革计划。

法制委员会：研究一切法律问题，并编拟各种法案。

军事委员会：调查国内外之军制，并研究国内军制改革计画。

农工委员会：调查国内外农工状况，并研究国内农工之改进计画。

妇女委员会：调查国内外妇女状况，并研究国内妇女问题之解决方法。

各部设部长、副部长各一人，各委员会设委员长、副委员长各一人、委员若干人，均由总理任命之。《总章》中另规定：每年开"国内外全体代表大会一次"，是为全国代表大会制度的滥觞。党本部设中央干部会议，每月开会一次，规画党务，决定政策。会议由各部部长、各委员会委员长及参议参加，总理主席。总理有事时，由出席人员公推一人为主席。必要时亦可召开临时会。民国十二年二月二日举行首次会议，至十二月九日，中央干部会议在上海共开会十次。

民国十二年十月，孙先生决定进一步改组党务，于十一日致电上海党本部应予改组，并裁并机构。是月十九日，孙先生致电上海本部，已委廖仲恺等五人为国民党改组委员；二十五日，任命胡汉民等九人为中央执行委员、汪兆铭等五人为候补中央执行委员，组织中国国民党临时中央执行委员会，主持党务改组，并筹备召开第一次全国代表大会。是月二十八日，中国国民党临时中央执行委员会正式成立，召开第一次会议，至次（十三)年一月十九日,共开会二十八次,议决议案四百余件。

中国国民党职名录

总　理 孙　文

总务部

　主　任　居　正(民国八年十月十三日任命)

党务部

　主　任　谢　持(民国八年十月十三日任命)

财政部

　主　任　廖仲恺(民国八年十月十三日任命)

民国九年十一月九日颁布之《中国国民党总章》规定党本部组织,扩大为总务、党务、财政、宣传四部,各部设部长、副部长、干事长、干事,悉由总理委任,执行部务。

总务部

　部　长　居　正(民国九年十一月任命)

党务部

　部　长　谢　持(民国九年十一月任命)

财政部

　部　长　杨庶堪(民国九年十一月任命)

宣传部

　部　长　张　继(民国九年十一月任命)

中国国民党本部特设办事处(民国十年一月三日成立于广州)

　干　事　长　张　继

　总务科主任　周震鳞

副　主　任　杨　惠

党务科主任　田　桐

副　主　任　陈　群

财政科主任　黄复生

副　主　任　卢仲琳

宣传科主任　邓家彦

副　主　任　万鸿图

　　民国十二年一月二日颁布之《中国国民党总章》规定党本部设参议若干人，辅助总理，由总理任命之；党本部组织，设总务、党务、财务、宣传、交际五部及法制、政治、军事、农工、妇女五委员会，各部设部长，委员会设委员长。至是年十二月上海国民党本部撤销。

参　议　居　正　孙洪伊　杨庶堪　杭辛斋　覃　振　张静江
　　　　于右任　吕志伊　周震鳞　廖仲恺　田　桐　戴传贤
　　　　陈独秀　刘积学　张　继　谢　持　王用宾　詹大悲
　　　　（以上民国十二年一月二十三日任命）
　　　　丁惟汾　黄复生　朱之洪（以上民国十二年一月三十日任命）
总务部
　部　长　彭素民
　副部长　林祖涵
党务部
　部　长　陈树人
　　　　　孙　镜(代理)（民国十二年三月）
　副部长　孙　镜
财务部
　部　长　林业民

副部长　周佩箴

宣传部

　部　长　叶楚伦

　副部长　茅祖权

交际部

　部　长　张秋白

　副部长　周颂西

　　　　　（以上民国十二年一月二十一日任命）

军事委员会

委　员　柏文蔚　吕　超　黄大伟　蒋作宾　蒋中正　顾忠琛

　　　　朱霁青　路孝忱　叶　荃　吴介璋　朱一鸣

　　　　（以上民国十二年二月三日任命）

　　　　熊秉坤　吴忠信（以上民国十二年二月八日任命）

民国十三年中国国民党改组前职名录

国民党改组委员　廖仲恺　汪精卫　张　继　戴季陶　李大钊

　　　　　　　　　（民国十二年十月十九日任命）

临时中央执行委员会（民国十二年十月二十八日成立）

中央执行委员

胡汉民　林　森　廖仲恺　邓泽如　杨庶堪　陈树人　孙　科

吴铁城　谭平山

候补执行委员

汪精卫　李大钊　谢英伯　古应芬　许崇清（以上民国十二年十月二十五日任命）

林云陔　冯自由　徐苏中　林直勉　谢良牧（以上民国十二年十一月

二十八日任命)

顾　问 鲍罗廷

财政委员 廖仲恺　孙　科　邓泽如

　　　　（民国十二年十一月二十八日,临时中央执行委员会第一次会议
　　　　推定）

秘书处

秘　书　谭平山　陈树人　谢英伯

　　　　（民国十二年十一月二十八日,临时中央执行委员会第八次会议推
　　　　定）

乙编

第一届中央执行、监察委员会

　　民国十三年一月，本党举行第一次全国代表大会，通过《中国国民党总章》，以全国代表大会为本党最高权力机关，大会须选出中央执行委员，组织中央执行委员会，执行党务，为全国代表大会闭会期间之最高权力机关。同时成立中央监察委员会，为党务监察单位。第一届中央执行、监察委员会于一月三十日选出，计中央执行委员二十四人、候补中央执行委员十七人、中央监察委员五人、候补中央监察委员五人，并于次日举行第一次全体会议。

　　中央执行委员会以总理为主席，对委员会之议决，有最后决定权。依《总章》规定，中央执行委员会得分设各部，执行本党之通常或非常党务，同时互选常务委员三人，组织秘书处，执行日常党务。据此，第一次全体会议决议中央执行委员会应设下列各机关：秘书处、组织部、宣传部、工人部、农民部、青年部、妇女部、调查部、军事部，其中除调查、军事两部暂缓成立外，其余均于会议结束后相继成立。民国十三年二月六日，中央执行委员会第三次会议通过增设海外部；六月十四日，第三十七次会议通过增设联络部、实业部，实业部随后更名为商民部。

　　民国十三年七月，总理以军政党务须分工办理，成立政治委员会，于是月十一日举行第一次会议。委员会之权限，经中央执行委员会第四十三次会议议决为：

　　（一）关于党事对中央执行委员会负责，按照性质由事前报告或事后请求追认。

（二）关于政治及外交问题，由总理或大元帅决定办理。

然委员会成立后，关于党务之议决案甚少，关于政治及外交者决议后，均由总理决定办理，故初期之政治委员会由总理直接负责。十四年三月十二日，总理不幸逝世，政治委员会于六月十四日召开第十四次会议，决定成立国民政府，同时对委员会之地位、权限决议：

（一）在中国国民党中央执行委员会内设政治委员会，以指导国民革命之进行。

（二）关于政治之方针，由政治委员会决定，以政府之名义执行之。

正式将该会纳入中央执行委员会之组织系统。政治委员会之委员初无定额，成立时由总理指派五名，十四年六月后，陆续增加六名。委员会设秘书一人，处理日常业务。

中央监察委员会于民国十三年二月十日举行第三次会议，推定常务委员一人，常川驻会，下设秘书一人，干事、录事若干人办理日常业务。

第一届中央执行、监察委员会职名录

总　理　孙　文（民国十四年三月十二日病逝）

一、中央执行委员二十四人

胡汉民	汪精卫	张静江	廖仲恺	李烈钧	居　正	戴季陶
林　森	柏文蔚	丁惟汾	石　瑛	邹　鲁	谭延闿	覃　振
谭平山	石青阳	熊克武	李守常	恩克巴图	王法勤	
于右任	杨希闵	叶楚伧	于树德			

二、候补中央执行委员十七人

邵元冲	邓家彦	沈定一	林祖涵	茅祖权	李宗黄	白云梯
张知本	彭素民	毛泽东	傅汝霖	于方舟	张苇村	瞿秋白

张秋白　韩麟符　张国焘

三、中央监察委员五人

邓泽如　吴稚晖　李石曾　张　继　谢　持

四、候补中央监察委员五人：

蔡元培　许崇智　刘震寰　樊钟秀　杨庶堪

本届中央执行、监察委员出缺递补名录：

撤销刘震寰候补中央监察委员资格，并永远开除党籍。

（第九十次会议，民国十四年六月二十五日通过）

中央执行委员廖仲恺、杨希闵因事出缺，以沈定一、林祖涵递补。（原应由邓家彦递补，因其发表言论，诬蔑总理，不予递补。嗣经第一〇九次会议通过开除邓之党籍。）

（第一〇八次会议，民国十四年九月十五日通过）

中央执行委员熊克武私通敌人，危害政府，解除执行委员职务。

（第一一一次会议，民国十四年十月五日通过）

第一届中央执行委员会

常务委员　廖仲恺（第一次全体会议，民国十三年一月三十一日推定）

（第三十六次会议，民国十三年六月十二日辞职，由邵元冲补充）

（第五十六次会议，民国十三年十月二十日通过复任）

（民国十四年八月二十日遇刺身亡）

戴季陶（第一次全体会议，民国十三年一月三十一日推定）

　　　　（第三十九次会议,民国十三年六月三十日通过驻沪）

谭平山（第一次全体会议,民国十三年一月三十一日推定）

　　　　（第二十一次会议,民国十三年四月十四日辞职）

　　　　（第三十九次会议,民国十三年六月三十日通过兼任）

　　　　（第五十八次会议,民国十三年十一月六日辞职照准）

彭素民（第二十一次会议,民国十三年四月十四日通过）

　　　　（民国十三年八月三日病逝）

邵元冲（第三十六次会议,民国十三年六月十二日通过）

邹　鲁（第五十二次会议,民国十三年九月一日通过邵元冲赴沪由邹鲁代理）

　　　　（第五十六次会议,民国十三年十月二十日通过廖仲恺复任,邵元冲、邹
　　　　鲁解除代理）

汪精卫（第四十四次会议,民国十三年七月十七日通过暂代）

　　　　（第五十八次会议,民国十三年十一月六日通过随总理入京辞职）

邹　鲁（第五十八次会议,民国十三年十一月六日通过继任汪精卫缺）

丁惟汾（第八十二次会议,民国十四年五月十七日通过）

于树德（第八十二次会议,民国十四年五月十七日通过）

按：丁、于两人系依照中央执行委员全体会议决议增加。

林　森（第一〇七次会议,民国十四年九月三日通过接任廖仲恺遗缺）

　　　　（第一〇八次会议,民国十四年九月十五日通过邹鲁、林森两人因公赴北
　　　　京以林祖涵代理）

谭平山（代理）（第一一〇次会议,民国十四年九月二十八日通过）

财务委员　汪精卫（常务委员互推,经第一〇八次会议,民国十四年九月十
　　　　　　五日通过）

秘书处

　书记长　陈公博（第一〇〇次会议,民国十四年七月三十日辞职照准）

　　　　　徐苏中（第一〇〇次会议,民国十四年七月三十日通过）

组织部

部　长　谭平山(第一次全体会议,民国十三年一月三十一日通过)

　　　　　(第五十八次会议,民国十三年十一月六日辞职照准)

　　　　杨匏安(代理)(第五十八次会议,民国十三年十一月六日通过)

宣传部

部　长　戴季陶(第一次全体会议,民国十三年一月三十一日通过)

　　　　　(第三十九次会议,民国十三年六月三十日通过驻沪)

　　　　刘芦隐(代理)(第三十九次会议,民国十三年六月三十日通过)

　　　　汪精卫(第五十一次会议,民国十三年八月十四日通过)

　　　　毛泽东(代理)(第一一一次会议,民国十四年十月五日通过)

宣传员养成所(第九十一次会议,民国十四年六月三十日通过设立)

主　任　陈秋霖(第九十一次会议,民国十四年六月三十日通过)

　　　　　(民国十四年八月二十日被刺身亡)

　　　　甘乃光(第一〇八次会议,民国十四年九月十五日通过)

工人部

部　长　廖仲恺(第一次全体会议,民国十三年一月三十一日通过)

农民部

部　长　林祖涵(第二十一次会议,民国十三年四月十四日辞职)

　　　　彭素民(第二十二次会议,民国十三年四月十七日通过)

　　　　　(民国十三年八月三日病逝)

　　　　李章达(第五十次会议,民国十三年八月十一日通过)

　　　　　(第五十六次会议,民国十三年十月二十日辞职)

　　　　黄居素(代理)(第五十六次会议,民国十三年十月二十日通过)

　　　　　(民国十三年十一月十一日总理手令调任代理海外部长)

　　　　廖仲恺(兼)(民国十三年十一月十一日总理手令)

　　　　　(民国十四年八月二十日遇刺身亡)

　　　　陈公博(第一〇七次会议,民国十四年九月三日通过)

青年部

部　长　邹　鲁(第一次全体会议,民国十三年一月三十一日通过)

(因公北上,请许崇清代理,第一〇九次会议,民国十四年九月二十一日通过)

许崇清(代理)(第一〇九次会议,民国十四年九月二十一日通过)

陈公博(兼代理)(许崇清因事离粤,经第一一二次会议,民国十四年十月八日通过)

妇女部

部　长　曾　醒(第九次会议,民国十三年二月二十七日推定,经总理核准后,三月三日开始办事)

(第四十九次会议,民国十三年八月七日准许辞职)

廖冰筠(第四十九次会议,民国十三年八月七日通过)

(第五十一次会议,民国十三年八月十四日辞职)

何香凝(代理)(第五十一次会议,民国十三年八月十四日通过)

(第八十八次会议,民国十四年六月十八日辞职照准)

(按:何虽辞职,但仍续主该部事务,见第一〇八次会议记录)

宋庆龄(第八十八次会议,民国十四年六月十八日通过请其回粤任职)

调查部(暂缓成立)

军事部

部　长　许崇智(民国十三年十一月十一日总理手令)

海外部(第三次会议,民国十三年二月六日通过增设)

部　长　林　森(第三次会议,民国十三年二月六日通过)

邵元冲(代理)(第五十六次会议,民国十三年十月二十日通过)

黄居素(代理)(民国十三年十一月十一日总理手令)

林　森(第一〇九次全体会议,民国十四年九月二十一日通过因公赴京,部务暂由秘书詹菊似代理)

詹菊似(代理)(第一○九次全体会议,民国十四年九月二十一日
通过部长因公赴京,代理部务)

联络部(第三十七次会议,民国十三年六月十六日通过增设)

部　长　胡汉民(第三十七次会议,民国十三年六月十六日通过)

(民国十四年九月二十三日赴俄考察)

实业部(第三十七次会议,民国十三年六月十六日通过增设)

(第五十六次会议,民国十三年十月二十日通过改为商民部)

部　长　汪精卫(第三十九次会议,民国十三年六月三十日通过)

(第五十一次会议,民国十三年八月十四日通过任宣传部
长)

甘乃光(代理)(第五十一次会议,民国十三年八月十四日通过)

商民部

部　长　伍朝枢(第五十六次会议,民国十三年十月二十日通过)

(第九十一次会议,民国十四年六月三十日通过辞职)

甘乃光(代理)(第九十一次会议,民国十四年六月三十日通过)

中央政治委员会(民国十三年七月十一日成立)

主　席　孙　文

委　员　胡汉民　汪精卫　廖仲恺　邵元冲　谭平山(未就,民国
十三年七月六日辞职照准)

(以上五人为总理指派)

瞿秋白(中政会第二次会议通过补谭平山遗缺)

许崇智　谭延闿　伍朝枢(中政会第十七次会议通过)

孙　科　谭平山　蒋中正(中政会第五十二次会议通过)

秘　书　伍朝枢(总理指派)

(中政会第十七次会议通过任委员)

李文范(中政会第十七次会议通过)

第一届中央监察委员会

常务委员　邓泽如（中监会第三次会议，民国十三年二月十日推定）

秘　　书　邓青阳（民国十三年三月十五日到职）

第二届中央执行、监察委员会

第二届中央执行、监察委员会于民国十五年一月十六日经第二次全国代表大会选出，计中央执行委员三十六人、候补中央执行委员二十四人、中央监察委员十二人、候补中央监察委员八人。依据第二次全国代表大会修正通过之《总章》，中央执行委员会增设中央常务委员会，由中央执行委员互选常务委员九人组成，在中央执行委员会闭会期间，执行职务，对中央执行委员会负责；中央监察委员会亦增设常务委员会，由中央监察委员互选常务委员五人，在中央执行委员会所在地执行职务。是月二十二日举行第二届中央执行委员会第一次全体会议（二届一中全会），至二十五日结束，选出中央执行委员会常务委员九人；二十三日举行第二届中央监察委员会第一次全体会议，选出中央监察委员会常务委员五人。

二届一中全会后之各处部会组织，大致沿袭第一届中央执行委员会旧制，为秘书处、组织部、宣传部、工人部、农民部、商民部、青年部、妇女部、海外部及财政委员会、政治委员会。其中政治委员会原无设立的法源依据，第二次全国代表大会修正《总章》时增列"中央执行委员会遇必要时，得设立特种委员会（如政治委员会等）"一条，使政治委员会的设立合法化，同时于二届一中全会通过《中央执行委员会政治委员会组织条例》，确认政治委员会为中央执行委员会特设之政治指导机关，对中央执行委员会负责，并得于认为必要时组织地方分会。

民国十五年五月，第二届中央执行委员会举行第二次全体会议，会中通过《整理党务案》，决议中央常务委员会暂设主席一人，由中央执行委员及中央监察委员中选任之,经选举由张人杰担任。为配合此项组织调整,会后秘书处改为秘书长制,至十六年一月,中央党部进驻南昌,经中常会第七十五次会议决议取消秘书长,恢复原由常务委员互推三人担任秘书组织秘书处之制度。

民国十五年七月,第二届中央执行委员会举行临时全体会议,通过《改善中央执行委员会各部间办事关系案》,决议加选候补常务委员七人,于常务委员缺席时,依次递补。同时以政治委员会原为中央执行委员会之特种委员会,不宜独立于中央执行委员会之外,决议政治委员会应与中央常务委员同开一政治会议,以代政治委员会之会议。而在中央各部会之组织,则先于是月二日,中央常务委员会(以下称中常会)第三十九次会议,为配合北伐军事,通过设置军人部,中央各部会组织增为九个部。

民国十六年三月十日至十七日,本届第三次全体会议在汉口举行。会中关于中央执行委员会之组织,通过修正政治委员会及分会组织条例,与中央执行委员会军事委员会组织大纲,使政治会议回复政治委员会之名称,并将原隶国民政府之军事委员会改为中央执行委员会之直属机关,同时裁撤军人部。唯此项组织上的变革,随后在因清党导致的宁汉分裂之后,仅为武汉方面所遵行,南京方面则维持二届三中全会前之组织。

民国十六年九月,宁汉合作,中央执行、监察委员于十五日在南京举行临时联席会议,决定设立"中国国民党中央特别委员会",推定宁、汉、沪(西山会议派)三方委员共三十二人,代行中央执行、监察委员会职权,完成党的统一。十六日,中央特别委员会正式成立,随即召开第一次会议。委员会之组织除秘书长及组织、宣传、海外、农民、工人、商民、青年、妇女八部仍维持设置,而变更其内部组织外,取消财务委员会及政治委员会或政治会议等特种委员会,另决议设立训政实施方案委员会及党费审查委员会两特种委员会,唯此两会至是年十二月二十八日,中央特别委员会宣告结束时仍未成立。

民国十七年二月,第二届中央执行委员会第四次全体会议在南京举行,会中决议对于跨党党员之为中央执行、监察委员及中央执行、监察委员中"附逆有据"者,概予开除,遗缺由候补中央执行、监察委员依次递补。同时鉴于以往组织上之缺点与流弊,认为有根本改革之必要,通过《改组中央党部案》,决议将农民、工人、商民、青年、妇女五部合并为一民众训练委员会;海外、军人两部并入组织部,另于组织、宣传部外,增设一训练部,使中央执行委员会之组织除常务委员会及秘书处外,设组织部、宣传部、训练部与民众训练委员会。三月十五日,中常会第一二一次会议根据上述决议案,订定《中央执行委员会组织大纲》,使中央执行委员会在组织方面有确定标准,而各部处会亦依新制成立。四月二日,中常会第一二六次会议复决议恢复财务委员会。此外政治会议亦恢复设立,并于二月二十三日,由中常会第一一八次会议通过《中央执行委员会政治会议暂行条例》,以中央政治会议为中央执行委员会特设之指导机关,对中央执行委员会负责;十月二十五日,中常会第一七九次会议为因应训政之实施,修正通过《中央执行委员会政治会议暂行条例》,以政治会议为全国实行训政之最高指导机关,对中央执行委员会负责。

第二届中央监察委员会之组织,除增设常务委员会外,其余与第一届中央监察委员会相同,设秘书一人,下设干事二至六人,分任文牍、审计、审查等业务。

第二届中央、执行监察委员会职名录

一、中央执行委员三十六人

汪精卫	谭延闿	胡汉民	蒋中正	谭平山	宋庆龄	陈公博
恩克巴图	于右任	程潜	朱培德	徐谦	顾孟余	经亨颐
宋子文	柏文蔚	何香凝	伍朝枢	丁惟汾	戴季陶	李济琛
林祖涵	*李大钊	于树德	甘乃光	吴玉章	陈友仁	李烈钧

王法勤　杨匏安　恽代英　彭泽民　朱季恂　刘守中　萧佛成
孙　科

二、候补中央执行委员二十四人

白云梯　毛泽东　许苏魂　周启刚　夏　曦　邓演达　韩麟符
路友于　黄　实　董用威　屈　武　邓颖超　王乐平　陈嘉佑
陈其瑗　朱霁青　丁超五　何应钦　陈树人　褚民谊　缪　斌
吴铁城　詹大悲　陈肇英

三、中央监察委员十二人

吴稚晖　张静江　蔡元培　古应芬　王宠惠　李石曾　柳亚子
邵力子　高语罕　陈果夫　陈璧君　邓泽如

四、候补中央监察委员八人

黄绍竑　李宗仁　江　浩　郭春涛　李福林　潘云超　邓懋修
谢　晋

＊李大钊即李守常。

本届中央执行、监察委员出缺递补名录

本届中央执行委员会及监察委员会因清党缘故,于民国十七年二月
三日之二届四中全会通过下列决议:

中央执行委员因

隶共产党而开除党籍者六人:谭平山、林祖涵、于树德、吴玉章、杨匏
安、恽代英;

"附逆有据"开除党籍者一人:彭泽民;

已故者二人:朱季恂、李大钊;

停止职权者一人:徐谦。

候补中央执行委员因

隶共产党而开除党籍者七人:毛泽东、许苏魂、夏曦、韩麟符、董用威、屈武、邓颖超;

"附逆有据"开除党籍者一人:邓演达;

已故者一人:路友于;

停止职权者一人:陈其瑗。

总上所列,现时候补委员应有十人补为中央执行委员:白云梯、周启刚、黄实、王乐平、陈嘉佑、朱霁青、丁超五、何应钦、陈树人、褚民谊。

中央监察委员因

隶共产党而开除党籍者一人:高语罕。

候补中央监察委员因

隶共产党而开除党籍者一人:江浩;

停止职权者二人:邓懋修、谢晋。

候补监察委员应递补者一人:黄绍竑。

第二届中央执行委员会

二届一中全会以后(民国十五年二月至五月)

常务委员会

常务委员

汪精卫　谭延闿　谭平山　蒋中正　林祖涵　胡汉民　陈公博

甘乃光　杨匏安

(二届一中全会,民国十五年一月二十二日当选)

秘书处(由常务委员三人组成)

秘　书　谭平山(第二十九次会议,民国十五年五月二十八日辞职照准)

林祖涵(第二十九次会议,民国十五年五月二十八日辞职照准)

甘乃光(第二十九次会议,民国十五年五月二十八日通过调农民
部部长)

(以上二届一中全会,民国十五年一月二十二日通过)

书记长　刘　芬(第一次会议,民国十五年二月一日通过)

组织部

部　长　谭平山(二届一中全会,民国十五年一月二十三日通过)

(第二十九次会议,民国十五年五月二十八日辞职照准)

宣传部

部　长　汪精卫(二届一中全会,民国十五年一月二十三日通过)

(第二次会议,民国十五年二月五日以本人不能常到部办
事,请毛泽东代理)

毛泽东(代理)(第二次会议,民国十五年二月五日通过)

(第二十九次会议,民国十五年五月二十八日辞职照准)

工人部

部　长　胡汉民(二届一中全会,民国十五年一月二十三日通过)

农民部

部　长　林祖涵(二届一中全会,民国十五年一月二十三日通过)

(第二十九次会议,民国十五年五月二十八日辞职照准)

商民部

部　长　宋子文(二届一中全会,民国十五年一月二十三日通过)

青年部

部　长　甘乃光(二届一中全会,民国十五年一月二十三日通过)

(第二十九次会议,民国十五年五月二十八日通过调农民
部部长)

妇女部

部　长　宋庆龄(二届一中全会,民国十五年一月二十三日通过,并决议:
照原案通过,惟妇女部部长宋庆龄同志如确要回居上海,

不能担任,则以何香凝同志补。)

何香凝

海外部

部　长　彭泽民(二届一中全会,民国十五年一月二十三日通过)

财政委员会

按:财政委员会系由担任秘书处秘书之三位常务委员,及中央各部推举之一人,
中央监察委员会一人,会同组织。

委　员　谭平山　林祖涵　甘乃光(按:以上三人系任秘书处秘书之常
务委员)

另两人分别由监察委员会推举一人、各部部长推举一人

(第一次会议,民国十五年二月一日通过)

政治委员会

主　席　汪精卫

委　员　汪精卫　谭延闿　胡汉民　蒋中正　伍朝枢
孙　科　谭平山　朱培德　宋子文

候补委员　陈公博　甘乃光　林祖涵　邵力子

(二届一中全会,民国十五年一月二十三日通过)

二届二中全会以后(民国十五年五月至七月)

常务委员会

主　席　张人杰(二届二中全会,民国十五年五月十九日当选)

(依据二届二中全会,民国十五年五月十九日通过《整理党
务第三决议案》:中央执行委员会因革命进行之需要,暂设
本会常务委员会主席一人。常务委员会主席,由中央执行
委员会全体会议,于本会委员及监察委员中选任之。)

常务委员

汪精卫　谭延闿　谭平山　蒋中正　林祖涵　胡汉民
陈公博　甘乃光　杨匏安

（二届一中全会,民国十五年一月二十二日当选）

秘书长(配合二届二中全会决议:"常务委员会暂设主席一人",秘书处亦改为秘书长制。)

叶楚伧(第三十次会议,民国十五年六月一日通过)

组织部

部　长　蒋中正(第二十九次会议,民国十五年五月二十八日通过)

宣传部

部　长　顾孟余(代理)(第二十九次会议,民国十五年五月二十八日通过)

工人部

部　长　胡汉民

农民部

部　长　甘乃光(第二十九次会议,民国十五年五月二十八日通过)

商民部

部　长　宋子文

青年部

部　长　邵力子(第三十次会议,民国十五年六月一日通过)

妇女部

部　长　何香凝

海外部

部　长　彭泽民

军人部(第三十九次会议,民国十五年七月二日通过设置)

部　长　蒋中正(兼)(第三十九次会议,民国十五年七月二日通过)

财政委员会

委　员　顾孟余　陈果夫　叶楚伧　黎元驯(监察委员会推举)　何香凝(各部部长推举)

（按:民国十五年六月四日,第三十一次会议,秘书处提案:财政委员会本以秘书处之常务委员三人,及中央各部推举之一人,中央监察委员会一人,会同组织,现原有之常务委员三人已辞职,事实上已不能开会,但积案甚多,急待解决,应如何推补,请会议讨论办法。经决议由主席指定三人补充之。遂于第三十二次会议,民国十五年六月八日通过主席提三人。)

政治委员会

主　席　汪精卫

委　员　汪精卫　谭延闿　胡汉民　蒋中正　伍朝枢　孙　科

谭平山　朱培德　宋子文

(以上系二届一中全会,民国十五年一月二十三日通过)

张人杰(第三十次会议,民国十五年六月一日通过)

候补委员　陈公博　甘乃光　林祖涵　邵力子

(以上系二届一中全会,民国十五年一月二十三日通过)

二届临中全会以后(民国十五年七月)

常务委员会

主　席　蒋中正(二届临中全会,民国十五年七月六日当选)

张人杰(代理)(第四十一次会议,民国十五年七月十七日通过:主席提出现因本人将赴前敌,所任常务委员会主席请张静江同志代理,政治会议主席请谭延闿同志代理。)

常务委员

汪精卫　谭延闿　谭平山　蒋中正　林祖涵　胡汉民　陈公博　甘乃光　杨匏安

(二届一中全会,民国十五年一月二十二日当选)

候补常务委员(二届临中全会,民国十五年七月六日通过《改善中央执行委员会各部间办事关系案》,决议:加选候补常务委员七人,于常务委员缺席时,依次递补。)

顾孟余　何香凝　彭泽民　于树德　李济深　王法勤　丁惟汾

(二届临中全会,民国十五年七月六日选举)

秘书长　叶楚伧(第七十五次会议,民国十六年一月四日决议取消秘书长制,恢复秘书处制,由常务委员及候补常务委员互推三人组成。)

秘书处(第七十五次会议,民国十六年一月四日通过)

秘　书　丁惟汾　何香凝(第七十九次会议,民国十六年二月十五日辞职)　顾孟余

陈公博(第七十九次会议,民国十六年二月十五日通过)

书记长　李仲公(第八十一次会议,民国十六年二月二十二日通过)

组织部

部　长　陈果夫(第四十次会议,民国十五年七月十三日通过)

(第七十九次会议,民国十六年二月十五日辞职照准)

陈公博(第七十九次会议,民国十六年二月十五日通过)

宣传部

部　长　顾孟余(代理)(第二十九次会议,民国十五年五月二十八日通过)

(第八十五次会议,民国十六年四月二十一日免职)

工人部

部　长　吴稚晖(代理)(第四十次会议,民国十五年七月十三日通过)

(第四十一次会议,民国十五年七月十七日辞职照准)

陈树人(代理)(第四十一次会议,民国十五年七月十七日通过)

(第七十九次会议,民国十六年二月十五日辞职)

邓演达(第七十九次会议,民国十六年二月十五日通过)

农民部

部　长　甘乃光(第二十九次会议,民国十五年五月二十八日通过)

商民部

部　长　宋子文

青年部

部　长　丁惟汾(第四十次会议,民国十五年七月十三日通过)

妇女部

部　长　何香凝

海外部

部　长　彭泽民（第七十九次会议，民国十六年二月十五日另有工作免职）

萧佛成（第七十九次会议，民国十六年二月十五日通过）

军人部（第三十九次会议，民国十五年七月二日通过设置）

部　长　蒋中正（兼）（第三十九次会议，民国十五年七月二日通过）

抚恤委员会（第七十九次会议，民国十六年二月十五日通过将援助被难同志

委员会更名）

委　员　吴稚晖　丁惟汾　何香凝　江　浩　郭春涛（以上系原援

助被难同志委员会委员）

张静江　宋庆龄　陈果夫（第七十九次会议，民国十六年二月

十五日通过）

政治会议（二届临中全会决议政治委员会应于中央与常务委员同开一政治

会议，以代政治委员会会议，政治委员会遂决议暂行停开，改开政

治会议）

主　席　蒋中正

谭延闿（代理）

委　员　汪精卫　谭延闿　蒋中正　胡汉民　甘乃光

陈公博　邵力子　林祖涵　伍朝枢　孙　科

朱培德　谭平山　张静江　于树德　丁惟汾

王法勤　吴稚晖　陈友仁　何香凝　顾孟余

宋子文

（以上第四十次会议，民国十五年七月十三日通过）

李济琛　陈果夫（第二次政治会议，民国十五年七月二十二日

决议加推）

徐　谦（政治委员会北京分会委员，民国十五年三月一日当选为

北京分会主席，同年八月二十四日政治会议第十一次会议

始在广州出席。)

李烈钧　戴传贤(第四十七次政治会议,民国十五年十一月十六日决议加推)

　(以上为民国十五年十二月九日以前在广州经政治会议决议加推者)

柏文蔚(第六次临时会议,民国十六年一月三日在南昌出席)

邓演达　程　潜　唐生智(第五十三次政治会议,民国十六年一月六日决议加推)

李宗仁(第七次临时会议,民国十六年一月七日决议加推)

孙宋庆龄(第五十九次政治会议,民国十六年二月十二日决议加推)

　(以上为民国十六年三月四日以前在南昌经政治会议决议加推者)

二届三中全会以后(武汉)(民国十六年三月)

(武汉方面通告自民国十六年一月二十一日起,中央党部、国民政府在武汉正式开始办公,二月二十二日举行第七十五次中央常会,三月十日召开二届三中全会后,三月十九日起召开中央执行委员、国民政府委员扩大联席会议,取代原中央常会。)

常务委员

汪精卫　谭延闿　蒋中正　孙　科　顾孟余　谭平山　陈公博
徐　谦　吴玉章

(二届三中全会,民国十六年三月十一日当选)

秘书处

(武汉方面于民国十六年二月二十二日召开第七十五次中央常会,决议秘书处暂由中央常务委员及候补常务委员组织,以陈其瑗为书记长。)

秘　书　谭平山　陈公博　吴玉章(第一次扩大会议,民国十六年三月十九日通过)

书记长　于若愚(第一次扩大会议,民国十六年三月十九日通过)

　　　　(第二十二次会议,民国十六年七月二十九日辞职照准)

　　　　梁寒操(第二十二次会议,民国十六年七月二十九日通过)

组织部
　部　长　汪精卫(二届三中全会,民国十六年三月十一日当选)

　　　　吴玉章(代理)(第三次扩大会议,民国十六年三月二十六日通过:
　　　　　　汪精卫未回国以前,组织部由吴玉章暂行代理。)

宣传部
　部　长　顾孟余(二届三中全会,民国十六年三月十一日当选)

工人部
　部　长　陈公博(二届三中全会,民国十六年三月十一日当选)

农民部
　部　长　邓演达(二届三中全会,民国十六年三月十一日当选)

　　　　　　(民国十六年六月三十日离职)

　　　　陈克文(暂代)(第二十次扩大会议,民国十六年七月十五日通过)

商民部
　部　长　陈其瑗(二届三中全会,民国十六年三月十一日当选,不就任)

　　　　王法勤(二届三中全会,民国十六年三月十七日当选)

青年部
　部　长　孙　科(二届三中全会,民国十六年三月十一日当选)

妇女部
　部　长　何香凝(二届三中全会,民国十六年三月十一日当选)

海外部
　部　长　彭泽民(二届三中全会,民国十六年三月十一日当选)

财务委员会
　委　员　徐　谦　吴玉章　高语罕　陈公博　彭泽民

　　　　(第三次扩大会议,民国十六年三月二十六日通过)

政治委员会

委　员　汪精卫　谭延闿　孙　科　顾孟余　徐　谦

谭平山　宋子文（以上主席团）

宋庆龄　陈友仁　邓演达　王法勤　林祖涵

（二届三中全会，民国十六年三月十一日当选）

军事委员会（依据二届三中全会，民国十六年三月十日通过《中央执行委员
会军事委员会组织大纲》案设置）

委　员　汪精卫　唐生智　程　潜　邓演达　谭延闿

蒋中正　徐　谦　（以上主席团）

李宗仁　朱培德　李济深　冯玉祥　张发奎

何应钦　孙　科　顾孟余　宋子文（二届三中全会，民国十
六年三月十一日当选）

中央执行委员朱季恂于民国十六年三月在粤逝世。

开除吴敬恒、蔡元培、古应芬、胡汉民、甘乃光、李济深、陈果夫等七人
党籍。

（第十次扩大会议，民国十六年五月六日通过）

二届三中全会以后（南京）（民国十六年四月）

（二届三中全会之后，南京于民国十六年四月二十一日举行之中央执行委员会
常务委员及各部长联席会议，延续二届中央常会序次自第八十五次起计算，至民国十
六年八月九日第一一三次会议止，民国十七年一月十二日召开第一一四次中央常
会。）

常务委员

蒋中正　胡汉民　甘乃光　李济深　丁惟汾

萧佛成（第八十五次会议，民国十六年四月二十一日加推）

秘书处（第八十五次会议，民国十六年四月二十一日通过设置）

秘　书　胡汉民　丁惟汾　陈果夫（第八十五次会议，民国十六年四月
二十一日通过）

书记长　陈布雷（第八十六次会议，民国十六年四月二十六日通过）

组织部

部　长　吴倚伦（代理）（第八十五次会议，民国十六年四月二十一日通过）

（民国十六年八月病逝）

宣传部

部　长　胡汉民（第八十五次会议，民国十六年四月二十一日通过）

工人部

部　长　戴季陶（第九十六次会议，民国十六年六月三日通过）

（第一〇七次会议，民国十六年七月十八日辞职照准）

叶楚伦（代理）（第一〇七次会议，民国十六年七月十八日通过）

农民部

部　长　黄居素（代理）（第九十三次会议，民国十六年五月二十四日通过）

青年部

部　长　丁惟汾

军人部

部　长　蒋中正

海外部

部　长　萧佛成

财务委员会

委　员　胡汉民　丁惟汾　蒋中正　邓泽如　陈果夫

萧佛成　吴倚伦

（第九十二次会议，民国十六年五月二十日通过）

政治会议

南京政治会议继续南昌政治会议而开会，是时出席会议之委员为柏文蔚、蒋中正、吴敬恒、张人杰、甘乃光、陈果夫、胡汉民；民国十六年四月十七日政治会议第七十三次会议决议加推萧佛成、蔡元培、李煜瀛、邓泽

如、何应钦、白崇禧、陈可钰、陈铭枢、贺耀组九人为委员，嗣又加推叶楚伧
（第八十五次政治会议，民国十六年四月三十日决议）、冯玉祥（第九十六次政治会
议，民国十六年五月二十三日决议）、古应芬（第一○○次政治会议，民国十六年六
月一日决议）、阎锡山（第一一○次政治会议，民国十六年六月二十九日决议）为
委员。

第二届中央监察委员会

常务委员

张静江　高语罕　邓泽如　古应芬　陈璧君

（二届一中全会，民国十五年一月二十二日当选）

候补常务委员

邵力子

（二届一中全会，民国十五年一月二十二日当选）

秘　书　邓青阳

中央特别委员会职名录（民国十六年九月——十二月）

一、中央特别委员三十二人

李宗仁　杨树庄　李烈钧　冯玉祥　谢　持　蔡元培　汪精卫
唐生智　蒋中正　程　潜　王伯群　覃　振　何香凝　阎锡山
胡汉民　孙　科　朱培德　林　森　于右任　戴季陶　张　继
许崇智　伍朝枢　谭延闿　*吴敬恒　邹　鲁　*李煜瀛　*张人杰
居　正　*李济深　何应钦　白崇禧（以上九月十二日通过）

二、候补中央特别委员九人

刘积学　傅汝霖　缪　斌　褚民谊　甘乃光　顾孟余　陈公博

叶楚伦　茅祖权(以上九月十二日通过)

三、中央特别委员执行中央监察委员会职权五人

张　继　于右任　何香凝　李煜瀛　蔡元培

(以上九月十三日通过)

＊吴敬恒即吴稚晖、李煜瀛即李石曾、张人杰即张静江、李济深即李
济琛。

中央特别委员会

常务委员会

　委　员　汪兆铭　蔡元培　谢　持(第三次会议,民国十六年九月十九
　　　　　日通过)

秘书长　叶楚伦(第三次会议,民国十六年九月十九日通过)

组织部

　主　任　谢　持(民国十六年十月二日推定)

　委　员　汪精卫　陈树人　谢　持　王昆仑　景定成

　　　　　潘云超　吴敬恒　茅祖权

　　　　　(以上第三次会议,民国十六年九月十九日通过)

宣传部

　主　任　胡汉民(民国十六年十月二日推定)(未就)

　委　员　戴传贤　顾孟余　胡汉民　李煜瀛　潘宜之

　　　　　王　恒　张知本　覃　振

　　　　　(以上第三次会议,民国十六年九月十九日通过)

工人部

主　任　麦焕章(民国十六年十月二日推定)

委　员　麦焕章　陈公博　居　正　陈簂民　萧同兹

(以上第三次会议,民国十六年九月十九日通过)

农民部(第四次会议,民国十六年九月二十七日更名农人部)

委　员　甘乃光　易培基　陈果夫　沈定一

(以上第三次会议,民国十六年九月十九日通过)

商民部(第四次会议,民国十六年九月二十七日更名商人部)

委　员　褚民谊　吴铁城　孙　科　林焕廷　宋子文

(以上第三次会议,民国十六年九月十九日通过)

青年部

主　任　傅汝霖(民国十六年十月二日推定)

委　员　傅汝霖　缪　斌　邹　鲁　丁惟汾

(以上第三次会议,民国十六年九月十九日通过)

妇女部

委　员　何香凝　陈璧君　王文湘　俞庆棠　陈锦祥　吴章祺

(以上第三次会议,民国十六年九月十九日通过)

海外部

委　员　邓泽如　林　森　萧佛成　周启刚

(以上第三次会议,民国十六年九月十九日通过)

第二届中央执行、监察委员会职名录(二届四中全会以后)

一、中央执行委员三十六人

*汪兆铭　谭延闿　胡汉民　蒋中正　宋庆龄　陈公博　恩克巴图

于右任　程　潜　朱培德　顾孟余　经亨颐　宋子文　柏文蔚

何香凝　伍朝枢　丁惟汾　戴季陶　李济深　甘乃光　陈友仁

李烈钧　王法勤　刘守中　萧佛成　孙　科　白云梯　周启刚
黄　实　王乐平　陈嘉佑　朱霁青　丁超五　何应钦　陈树人
褚民谊

二、候补中央执行委员三人

缪　斌　吴铁城　陈肇英

三、中央监察委员十二人

吴稚晖　张静江　蔡元培　古应芬　王宠惠　李石曾　柳亚子
邵力子　陈果夫　陈璧君　邓泽如　黄绍竑

四、候补中央监察委员四人

李宗仁　郭春涛　李福林　潘云超

＊汪兆铭即汪精卫。

本届中央执行、监察委员出缺递补名录

中央执行委员程潜停止职权，以缪斌递补。（二届五中全会，民国十七年
八月八日通过）

第二届中央执行委员会

二届四中全会以后（民国十七年二月）

常务委员

戴季陶　丁惟汾　于右任　谭延闿　蒋中正
（二届四中全会，民国十七年二月七日通过）

秘书处

秘　书　丁惟汾　戴季陶　于右任(第一一七次会议,民国十七年二月十六日通过)

书记长　陈布雷

　　　　王陆一(暂代)(第一三七次会议,民国十七年五月四日通过)

组织部

部　长　蒋中正(第一一八次会议,民国十七年二月二十三日通过)

　　　　陈果夫(代理)(第一二一次会议,民国十七年三月八日通过部长蒋中正往前方督师,不能兼顾,代理部务。)

宣传部

部　长　戴季陶(第一一八次会议,民国十七年二月二十三日通过)

　　　　叶楚伧(代理)(第一二二次会议,民国十七年三月十五日通过部长戴季陶未到任以前,代理部务。)

训练部

部　长　丁惟汾(第一一八次会议,民国十七年二月二十三日通过)

民众训练委员会

常务委员　李石曾　经亨颐　朱霁青　何香凝

　　　　陈果夫(第一七九次会议,民国十七年十月二十五日辞职照准)

委　员　经亨颐　朱霁青　戴季陶　蒋中正　何香凝　王乐平
　　　　丁超五　陈果夫

　　　　李石曾(以上第一一八次会议,民国十七年二月二十三日通过)

财务委员会

委　员　蔡元培　张静江　叶楚伧　陈果夫　于右任　谭延闿
　　　　丁惟汾

　　　　(第一二六次会议,民国十七年四月十二日通过秘书处提案)

政治会议(二届四中全会,民国十七年二月三日通过政治委员会改组)

主　席　蒋中正(第一二一次会议,民国十七年三月八日备案)

委　员　汪精卫　谭延闿　蒋中正　胡汉民　甘乃光

陈公博　　伍朝枢　　孙　科　　朱培德　　张静江

丁惟汾　　王法勤　　吴稚晖　　陈友仁　　何香凝

顾孟余　　宋子文　　李济深　　陈果夫　　李烈钧

戴传贤　　柏文蔚　　李宗仁　　萧佛成　　宋庆龄

*蔡孑民　　李石曾　　邓泽如　　何应钦　　白崇禧

古应芬　　陈可钰　　陈铭枢　　贺耀组　　叶楚伧

冯玉祥　　阎锡山

于右任(第一二四次政治会议,民国十七年一月十一日决议加推)

邵力子

易培基(第一二四次政治会议,民国十七年一月十一日决议加推)

杨树庄(第一二五次政治会议,民国十七年一月二十五日决议加推)

黄　郛(第一二九次政治会议,民国十七年二月二十二日决议加推)

孔祥熙　　王伯群　　薛笃弼(以上第一三一次政治会议,民国十七年三月十四日决议加推)

王正廷(临时会议,民国十七年六月二十五日决议加推)

＊蔡孑民即蔡元培。

二届五中全会以后(民国十七年八月)

常务委员

戴季陶　丁惟汾　于右任　谭延闿　蒋中正

(二届四中全会,民国十七年二月七日通过)

胡汉民　孙　科(第一六八次会议,民国十七年九月二十日通过)

秘书处

秘　书　戴季陶　丁惟汾　于右任

胡汉民(第一六九次会议,民国十七年九月二十四日因丁、于两人均不在京,通过加推)

谭延闿(第一七六次会议,民国十七年十月十五日通过)

书记长　王陆一(第一六一次会议,民国十七年八月二十三日通过)

组织部

部　长　蒋中正

陈果夫(代理)(第一七二次会议,民国十七年十月三日通过因蒋中
正同志已由前方返京,部务负责有人,请辞照准。)

宣传部

部　长　戴季陶

叶楚伧(代理)

训练部

部　长　丁惟汾

民众训练委员会

常务委员　戴传贤　何应钦　胡汉民　李济深　缪　斌

(第一七九次会议,民国十七年十月二十五日通过)

委　员　经亨颐　朱霁青　戴季陶　蒋中正　何香凝

王乐平　丁超五　李石曾

何应钦　胡汉民　李济深　缪　斌

(以上四人系第一七九次会议,民国十七年十月二十五日通过加
推)

财务委员会

委　员　陈果夫　于右任　蒋中正　戴传贤　叶楚伧

政治会议

委　员　汪精卫　谭延闿　蒋中正　胡汉民　甘乃光

陈公博　邵力子　伍朝枢　孙　科　朱培德

张人杰　丁惟汾　王法勤　吴稚晖　陈友仁

何香凝　顾孟余　宋子文　李济深　陈果夫

李烈钧　戴传贤　柏文蔚　李宗仁　萧佛成

孙宋庆龄　　蔡元培　　李煜瀛　　邓泽如　　何应钦

白崇禧　　　陈可钰　　陈铭枢　　贺耀组　　叶楚伧

冯玉祥　　　古应芬　　阎锡山　　于右任　　易培基

杨树庄　　　黄　郛　　孔祥熙　　王伯群　　薛笃弼

王正廷

（以上二届五中全会，民国十七年八月十四日通过）

张　　继（第一六八次会议，民国十七年九月二十日加推）

恩克巴图　白云梯　　周启刚　　经亨颐　　黄　实　　刘守中

王乐平　　陈嘉佑　　朱霁青　　丁超五　　陈树人　　褚民谊

缪　斌　　王宠惠　柳亚子　　陈璧君　　黄绍雄

（以上系第一六九次会议，民国十七年九月二十四日依第一六八次会议，民国
十七年九月二十日决议："凡中央执监委员均为中央政治会议委员，候补中央
执行委员得列席政治会议。"通过加推）

吴忠信　　林　森（第一七〇次会议，民国十七年九月二十七日加推）

赵戴文　　蒋梦麟（第一八二次会议，民国十七年十一月十五日加推）

魏道明（第一九六次会议，民国十八年二月七日加推）

鹿钟麟（第二〇一次会议，民国十八年二月二十八日加推）

张学良

列席中央候补执行委员

吴铁城　　陈肇英　　郭春涛　　李福林　　潘云超

（以上系第一六九次会议，民国十七年九月二十四日依第一六八次会议决议
通过）

第二届中央监察委员会

二届中监会第四次全会（民国十六年六月六日）以后

常务委员

张人杰　　古应芬　　邓泽如

（二届一中全会，民国十五年一月二十二日当选）

吴敬恒　　陈果夫（二届中监会第四次全会，民国十六年六月六日补推）

秘书处

秘　书　邓青阳（民国十七年四月离职）

　　　　萧吉珊（民国十七年四月到职）

附：上海中央执行委员会（民国十四年十二月十四日——十六年九月十五日）

民国十四年十一月二十三日，由林森领衔召集的中国国民党第一届中央执行委员会第四次全体会议，在北京西山碧云寺总理孙中山先生灵前举行，至十五年一月四日闭会，世称"西山会议"。会议召开的目的是"反对共党分子借着国民党的容共政策，在国民党内进行破坏活动"，会议进行即以此为重点达成多项反共决议，会后并发表《中国国民党取消共产派在本党之党籍宣言》，说明取消加入国民党之共产党员在国民党之党籍的原因。而在会议同时决议："中央执行委员会暂移上海"，遂于十二月十四日在上海环龙路四十四号上海执行部原址，正式以中央执行委员会名义开始办公，于是中国国民党出现了两个中央执行委员会，形成粤沪对立的局面。为避免混淆，本书对上海之中央执行委员会，称上海中央执行委员会，简称上海中央，以与党统上正式承认的在广州之中央执行委员会相区别。

上海中央执行委员会成立之初，设组织、宣传、工人、商人、青年、妇女、海外七部。民国十五年三月二十九日，上海中央召集之第二次全国代表大会在上海正式揭幕，会期十三日，至四月十日闭幕。会中选出上海中央之第二届中央执行委员二十五人、候补中央执行委员三十九人及中央监察委员七人、候补中央监察委员五人。四月十三日，上海中央之第二届中央执行委员会举行第一次全体会议,公推谢持、邹鲁、沈定一三人为常务委员,并决定各部部长人选。上海中央之第二届中央执行委员会组织除原有各部外,增设一农民部及财务委员会。(注)至民国十五年七月十六日,上海中央之第二届中央执行委员会第二次全体会议通过设置政治委员会及军事委员会,并于八月二十九日举行之第一次临时全体会议通过两会委员人选。上海中央执行委员会于民国十六年九月十五日,因宁、汉、沪三方面决定设立"中国国民党中央特别委员会",并于次日正式成立而宣告结束。

注:上海中央成立之初,北京西山会议尚未结束,两地因联络不便,曾各自推定各部部长人选,至北京西山会议闭幕,邹鲁、谢持、居正三人以驻沪常务委员资格主持上海中央,始决定以上海方面所推定人事为定案。而两地所推定之各部部长人选中,西山会议中有农人部,上海方面则无,最后推定之人事亦无。

西山会议出席人员(民国十四年十二月二十三日——十五年一月四日)

林　森　居　正　戴季陶　石　瑛　邹　鲁　覃　振　石青阳
叶楚伧　邵元冲　沈定一

(以上为第一届中央执行委员)

茅祖权　傅汝霖

(以上为第一届候补中央执行委员)

张　继　谢　持

(以上为第一届中央监察委员)

西山会议后之中央执行委员会职名录

常务委员 林　森　覃　振　石青阳　邹　鲁　叶楚伧

(一届四中全会,民国十三年十一月二十三日通过)

秘书长 桂崇基(民国十四年十二月十七日,中央执行委员会及各部第一
次联席会议通过)

(因事请假,民国十五年二月十一日,驻沪常务委员会议
第三次会议通过)

黄季陆(代理)(民国十五年二月十一日,驻沪常务委员会议第三
次会议通过)

组织部

部　长 刘芦隐(民国十四年十二月十七日,中央执行委员会及各部第一
次联席会议通过)

(民国十五年三月二十四日,驻沪常务委员会议第十三次
会议辞职照准)

桂凤诺(民国十五年三月二十四日,驻沪常务委员会议第十三次
会议通过)

宣传部

部　长 周佛海(民国十四年十二月十七日,中央执行委员会及各部第一
次联席会议通过)

(未就任)

桂崇基(民国十五年一月二十一日,中央执行委员会及各部第九
次联席会议通过)

(因事请假,民国十五年二月十一日,驻沪常务委员会议
第三次会议通过)

张星舟(代理)(民国十五年二月十一日,驻沪常务委员会议第三
次会议通过)

(民国十五年二月二十四日,驻沪常务委员会议第
五次会议调青年部长)

郎醒石(代理)(民国十五年二月二十四日,驻沪常务委员会议第
五次会议通过)

工人部

部　长　马超俊(民国十四年十二月十七日,中央执行委员会及各部第一
　　　　　　次联席会议通过)

　　　　　　(因事请假,民国十五年二月十一日,驻沪常务委员会议第
　　　　　　三次会议通过)

　　　　杨剑虹(代理)(民国十五年二月十一日,驻沪常务委员会议第三
　　　　　　次会议通过)

　　　　　　(民国十五年三月二十四日,驻沪常务委员会议第
　　　　　　十三次会议辞职照准)

　　　　王光辉(暂代)(民国十五年三月二十四日,驻沪常务委员会议第
　　　　　　十三次会议通过)

商人部

部　长　刘启明(民国十四年十二月十七日,中央执行委员会及各部第一
　　　　　　次联席会议通过)

　　　　　　(民国十五年二月二十四日,驻沪常务委员会议第五次会
　　　　　　议辞职照准)

　　　　何世桢(民国十五年二月二十四日,驻沪常务委员会议第五次会
　　　　　　议通过)

　　　　　　(民国十五年三月二日,驻沪常务委员会议第八次会议辞
　　　　　　职照准)

　　　　陈简民(民国十五年三月十六日,驻沪常务委员会议第十次会议
　　　　　　通过)

青年部

部　长　郎醒石(民国十四年十二月十七日,中央执行委员会及各部第一
　　　　　　次联席会议通过)

　　　　　　(民国十五年二月二十四日,驻沪常务委员会议第五次会
　　　　　　议调代理宣传部长)

　　　　张星舟(民国十五年二月二十四日,驻沪常务委员会议第五次会

议通过）

妇女部

部　长　沈仪彬(民国十四年十二月十七日，中央执行委员会及各部第一
次联席会议通过)

（未就任）

王华芬(民国十五年一月二十一日，中央执行委员会及各部第九
次联席会议通过)

海外部

部　长　黄季陆(民国十四年十二月十七日，中央执行委员会及各部第一
次联席会议通过)

上海中央第二届中央执行、监察委员会职名录

一、中央执行委员二十五人

林　森	邹　鲁	覃　振	张　继	谢　持
胡汉民	邵元冲	李烈钧	沈定一	居　正
傅汝霖	许崇智	黄复生	石　瑛	张知本
桂崇基	田　桐	何世桢	张星舟	刘积学
茅祖权	管　鹏	黄季陆	焦易堂	孙镜亚

二、候补中央执行委员三十九人(依二届一中全会，民国十五年四月十三日厘定次序)

陈箇民	张平江	孙　镜	宋镇仑	黄　英
李次宋	张近芬	高岳生	李宗邺	李翊东
蒋希曾	李东园	胡文灿	宋垣忠	袁世斌
沈肃文	刘恺钟	张善与	王鸿一	龚村榕
刘绛英	习文德	刘景新	毛仲衡	刘求南
纪人庆	翁吉云	陈兆彬	王光辉	邓宝珊

萧 异 朱霁青 邓献微 陈敬修 梁楚三

李徽植 姜次烈 黄振家 马 彬

三、中央监察委员七人

李敬斋 石青阳 马叙伦 陈去病 于洪起

谢英伯 樊钟秀

四、候补中央监察委员五人(依二届一中全会,民国十五年四月十三日厘定次序)

张秋白 郑毓秀 黄斗寅 沈素生 丁 骞

上海中央第二届中央执行委员会

常务委员 谢 持 邹 鲁

　　　　沈定一(久病不克到职,二届二中全会,民国十五年七月十七日通过另推)

　　　　(二届一中全会,民国十五年四月十三日通过)

　　居 正(二届二中全会,民国十五年七月十七日通过)

秘书处

秘书主任 孙镜亚(二届一中全会,民国十五年四月十三通过)

　　　　(第十三次会议,民国十五年五月十七日准予请假)

　　李敬斋(代理)(第十三次会议,民国十五年五月十七日准予请假)

　　　　(第二十五次会议,民国十五年七月二十八日辞职照准)

　　孙 镜(暂代)(第二十五次会议,民国十五年七月二十八日通过)

组织部

部 长 居 正(二届一中全会,民国十五年四月十三日通过)

宣传部

部　长　桂崇基(二届一中全会,民国十五年四月十三日通过)

工人部

部　长　黄季陆(二届一中全会,民国十五年四月十三日通过)

　　　　　(第七次会议,民国十五年四月二十六日通过调青年部部长)

黄　英(第七次会议,民国十五年四月二十六日通过)

　　　　　(第三十一次会议,民国十五年九月八日因案暂行停止职务)

青年部

部　长　张星舟(二届一中全会,民国十五年四月十三日通过)

　　　　　(第七次会议,民国十五年四月二十六日辞职照准)

黄季陆(第七次会议,民国十五年四月二十六日通过)

　　　　　(第三十次会议,民国十五年九月一日通过回川办理四川执行部)

程天放(代理)(第三十六次会议,民国十五年十月二十日通过)

商人部

部　长　陈简民(二届一中全会,民国十五年四月十三日通过)

　　　　　(第九次会议,民国十五年五月三日因病请假)

邹　鲁(暂行代理)(第十次会议,民国十五年五月六日通过)

农民部

部　长　管　鹏(二届一中全会,民国十五年四月十三日通过)

妇女部

部　长　黄复生(二届一中全会,民国十五年四月十三日通过)

　　　　　(第三十次会议,民国十五年九月一日通过因公返川辞职照准)

海外部

部　长　林　森(二届一中全会,民国十五年四月十三日通过)

　　　　　　　(因病未就职,第二次会议,民国十五年四月十五日通过由

　　　　　秘书暂行代理)

　　　孙甄陶(代理)(注:本职为秘书)

财务委员会

委　员　林　森　谢英伯　陈简民　何世桢　许崇灏

　　　　(以上二届一中全会,民国十五年四月十三日通过)

二届二中全会改组后之委员名单:

　　　　邹　鲁　许崇智　居　正　张　继　田　桐　覃　振

　　　　陈简民　何世桢　李仲三　谢英伯　郑毓秀

　　　　(以上二届二中全会,民国十五年七月十日通过)

　　　　许崇灏(二届二中全会,民国十五年七月十日通过)

　　　　伍朝枢(第三十次会议,民国十五年九月一日通过)

政治委员会(二届二中全会,民国十五年七月十六日通过设置)

常务委员　覃　振(第三十次会议,民国十五年九月一日备案)

委　　员　居　正　覃　振　宋镇仑＊李　鹤　邹　鲁

　　　　谢　持　李次宋　何世桢　茅祖权

　　　　(以上二届一次临时中全会,民国十五年八月二十九日通过)

　　　　孙镜亚(第四十七次会议,民国十六年二月九日通过)

　　　＊李鹤即李敬斋。

军事委员会(二届二中全会,民国十五年七月十六日通过设置)

委　　员　许崇智　居　正　卢师谛　谢　持　管　鹏　刘积学

　　　　张　继　邹鲁覃振

　　　　(以上二届一次临时中全会,民国十五年八月二十九日通过)

　　　　伍朝枢(第三十次会议,民国十五年九月一日通过)

　　　　樊钟秀(第四十二次会议,民国十五年十二月十五日通过)

第三届中央执行、监察委员会

第三届中央执行、监察委员会于民国十八年三月二十六、二十七两日选出,计中央执行委员三十六人、候补中央执行委员二十四人、中央监察委员十二人、候补中央监察委员八人。

第三届中央执行委员会于三月二十八日至四月八日召开第一次全体会议,推举常务委员九人,并通过中央执行委员会组织条例。第三届中央执行委员会大体沿袭二届四中全会后之组织,设秘书处、组织部、宣传部、训练部及政治会议,但取消民众训练委员会,所主管业务分别归并组织、训练两部办理。嗣以民众训练事宜权责不明,因此于十八年六月举行之第二次全体会议通过之《训政时期党务进行计划案》中,决定关于民众团体之组织、指导及训练等事宜,一律并归训练部办理,以一事权,而免工作纷歧重复。

秘书处原由中央常务委员互推三人组成,下设书记长一人,处理日常事务,本届第一次全体会议以常务委员本身事务繁重,对于秘书处事实上未能兼顾,乃决议改采秘书长制,并通过由陈立夫担任秘书长。此外中央各部之组织,向设部长一人,主管部务。本届第一次全体会议以部务日渐繁重,决议各部增设副部长一人,至二十年六月举行之第五次会议复增为二人。

依第三次全国代表大会修正通过之《总章》,中央执行委员会遇必要时,得设特种委员会。本届之特种委员会先后成立有财务委员会、侨务委员会、中央法规编审委员会、抚恤委员会、党史史料编纂委员会、革命债务调查委员会等,其中侨务委员会于民国二十年八月经中常会通过改隶国民政府,中央执行委员会另行设置海外党务设计委员会;(注)此外中央执行委员会所属单位,尚有统计处、童子军司令部、华侨招待所等。

第三届中央监察委员会之组织则沿袭上届旧制,未做何种调整。

(注)依三届一中全会通过之《中国国民党中央执行委员会组织案》,尚有民众训练设计委员会,唯未见成立。

第三届中央执行、监察委员会职名录

一、中央执行委员三十六人

蒋中正	谭延闿	戴传贤	何应钦	胡汉民
孙　科	阎锡山	陈果夫	陈铭枢	叶楚伧
朱培德	冯玉祥	吴铁城	于右任	宋庆龄
宋子文	汪精卫	伍朝枢	何成濬	李文范
王柏龄	邵元冲	朱家骅	张　群	刘　峙
杨树庄	方振武	赵戴文	周启刚	陈立夫
陈肇英	刘纪文	刘芦隐	丁惟汾	曾养甫
方觉慧				

二、候补中央执行委员二十四人

王伯群	丁超五	王正廷	陈耀垣	张　贞
孔祥熙	刘文岛	鲁涤平	张道藩	缪　斌
赵丕廉	经亨颐	余井塘	桂崇基	薛笃弼
焦易堂	马超俊	鹿钟麟	陈济棠	黄　实
陈　策	程天放	苗培成	克兴额	

三、中央监察委员十二人

吴敬恒	张人杰	古应芬	林　森	蔡元培
张　继	王宠惠	邵力子	李煜瀛	邓泽如
萧佛成	恩克巴图			

四、候补中央监察委员八人

褚民谊　陈布雷　商　震　陈嘉佑　林云陔

李烈钧　刘守中　邓青阳

本届中央执行委员出缺递补名录：

冯玉祥开除党籍，遗缺以王伯群递补。（三届二中全会，民国十八年六月十一日通过）

汪兆铭开除党籍，遗缺以丁超五递补。（三届三中全会，民国十九年三月一日通过）

阎锡山开除党籍，遗缺以王正廷递补。（三届四中全会，民国十九年十一月十三日通过）

谭延闿病故出缺，遗缺以陈耀垣递补。（三届四中全会，民国十九年十一月十三日通过）

赵戴文开除党籍，遗缺以张贞递补。（三届四中全会，民国十九年十一月十三日通过）

方振武开除党籍，遗缺以孔祥熙递补。（第二一七次会议，民国二十年二月十二日通过）

第三届中央执行委员会

常务委员会

常务委员　蒋中正　胡汉民　谭延闿（民国十九年九月二十二日病故）

孙　科　戴传贤　于右任　丁惟汾　陈果夫　叶楚伧
（以上三届一中全会，民国十八年三月二十八日推举）

朱培德（三届四中全会，民国十九年十一月十三日推补谭延闿缺）

秘书处

秘书长　陈立夫（三届一中全会，民国十八年四月八日通过）

（三届五中全会,民国二十年六月十四日辞职照准）

丁惟汾（三届五中全会,民国二十年六月十四日通过）

组织部

部　长　蒋中正（三届一中全会,民国十八年四月八日通过）

陈立夫（三届五中全会,民国二十年六月十四日通过）

副部长　陈果夫（三届一中全会,民国十八年四月八日通过）

（三届五中全会,民国二十年六月十四日辞职照准）

余井塘（代理）（第三十次会议,民国十八年八月十五日通过）

余井塘（三届五中全会,民国二十年六月十四日通过）

张道藩（三届五中全会,民国二十年六月十四日通过）

宣传部

部　长　叶楚伧（三届一中全会,民国十八年四月八日通过）

（第一一六次会议,民国十九年十一月二十四日辞职照准）

刘芦隐（第一一七次会议,民国十九年十二月四日通过）

副部长　刘芦隐（三届一中全会,民国十八年四月八日通过）

（第一一七次会议,民国十九年十二月四日升任部长）

陈布雷（第一二〇次会议,民国十九年十二月二十五日通过）

程天放（三届五中全会,民国二十年六月十四日通过）

训练部

部　长　戴传贤（三届一中全会,民国十八年四月八日通过）

（第一一六次会议,民国十九年十一月二十四日辞职照准）

马超俊（第一一七次会议,民国十九年十二月四日通过）

方觉慧（代理）（三届五中全会,民国二十年六月十四日通过）

副部长　何应钦（三届一中全会,民国十八年四月八日通过）

（第一一六次会议,民国十九年十一月二十四日辞职照准）

苗培成（第一一八次会议,民国十九年十二月十一日通过）

丁超五（三届五中全会,民国二十年六月十四日通过）

财务委员会

常务委员　陈果夫(财委会第二次会议,民国十八年四月三十日通过)

委　员　胡汉民　谭延闿　孙　科　陈果夫

　　　　(第四次会议,民国十八年四月二十二日通过)

　　　　王宠惠(中监会代表,第三届中监会第一次全体会议,民国十八年

　　　　五月九日通过)

侨务委员会(第八次会议,民国十八年五月六日通过组织条例;第一五四次

　　　　会议,民国二十年八月十三日通过该会改隶国民政府,中央党部

　　　　另行组织海外党务设计委员会。)

主任委员　陈耀垣(第十四次会议,民国十八年五月二十三日通过)

副主任委员　周启刚(第十四次会议,民国十八年五月二十三日通过)

　　　　　萧吉珊(第十四次会议,民国十八年五月二十三日通过)

委　员　周启刚　黄右公　陈耀垣　李绮庵　陈安仁　郑占南

　　　　吴公义　萧吉珊　吕渭生

　　　　(以上第十二次会议,民国十八年五月十六日通过)

海外党务设计委员会

主　任　陈耀垣(第一五五次会议,民国二十年八月二十日通过)

副主任　萧吉珊(第一五五次会议,民国二十年八月二十日通过)

委　员　陈耀垣　萧吉珊　曾养甫　周启刚　吴铁城

　　　　(以上第一五五次会议,民国二十年八月二十日通过)

党史史料编纂委员会(第七十三次会议,民国十九年二月十三日通过组

　　　　织大纲)

常务委员　胡汉民　林　森　戴传贤　叶楚伧　邵元冲

　　　　(第七十三次会议,民国十九年二月十三日通过)

名誉委员　陈少白　萧佛成　张静江

　　　　(第七十三次会议,民国十九年二月十三日通过)

委　员　蒋中正　吴敬恒　王宠惠　胡汉民　邓泽如

古应芬　戴传贤　邵元冲　叶楚伦　林　森

张　继

（第六十二次会议，民国十九年一月六日通过）

抚恤委员会（第二十二次会议，民国十八年七月八日通过组织条例）

委　员　胡汉民　陈果夫　叶楚伦　孙　科　古应芬

（第二十三次会议，民国十八年七月十一日通过）

吴敬恒　丁惟汾

（第一三三次会议，民国二十年三月二十六日通过）

中央法规编审委员会（第九次会议，民国十八年五月九日通过组织条例）

主任委员　李文范（第十九次会议，民国十八年六月二十七日通过）

委　员　李文范

余井塘（第六十六次会议，民国十九年一月二十日辞职照准）

赖特才

许心武（第一五〇次会议，民国二十年七月十六日辞职照准）

朱云光　史维焕　王子弦

（以上第十九次会议，民国十八年六月二十七日通过）

丁超五（第六十六次会议，民国十九年一月二十日通过）

洪兰友（第一五〇次会议，民国二十年七月十六日通过）

统计处（第四次会议，民国十八年四月十二日通过组织条例）

主　任　吴大钧（第四次会议，民国十八年四月二十二日通过）

童子军司令部

司　令　何应钦（第三十七次会议，民国十八年九月二十三日通过）

华侨招待所（第一四三次会议，民国二十年六月四日通过所章）

所　长　郑占南（第一五〇次会议，民国二十年七月十六日通过）

总干事　朱宝筠（第一五一次会议，民国二十年七月二十三日通过）

革命债务调查委员会（第一一七次会议，民国十九年十二月四日通过设置）

委员　张人杰　林　森　邓泽如　古应芬　陈少白

　　　　孙　科　萧佛成　陈耀垣　刘纪文　郑螺生

　　　　李海云　林焕庭　谢良牧　黄隆生　谭　赞

　　　　李是男　薛汉英

（以上第一一七次会议，民国十九年十二月四日通过）

中央政治会议

委员　胡汉民　蒋中正　汪兆铭（开除党籍）　谭延闿（民国十九年

九月二十二日病逝）

　　　　叶楚伧　孙　科　于右任　丁惟汾　陈果夫　冯玉祥

（第十四次会议，民国十八年五月二十三日开除党籍革职）　阎锡

山（第八十五次会议，民国十九年四月十日通过因开除党籍原任各

职撤销）　何应钦　戴传贤　杨树庄　宋子文　赵戴文

（开除党籍）　吴稚晖　张人杰　李煜瀛　蔡元培　古应

芬　林　森　王宠惠　邵力子

（以上第八次会议，民国十八年五月六日通过）

汪兆铭、冯玉祥、阎锡山三人先后开除党籍，以候补委员

李文范、朱家骅、邵元冲递补。（第九十七次会议，民国十九年

六月十九日通过）

张学良（第一一六次会议，民国十九年十一月二十四日通过）

谭延闿病逝、赵戴文开除党籍，以候补委员陈立夫、孔祥

熙递补。

（第一一六次会议，民国十九年十一月二十四日通过）

张作相　王树翰

（第一一九次会议，民国十九年十二月十八日通过）

张景惠　刘尚清

（第一三一次会议，民国二十年三月五日通过）

候补委员　李文范　朱家骅　邵元冲　陈立夫　孔祥熙　王正廷

　　　　王伯群　　薛笃弼（开除党籍革除职务）

　　（以上第八次会议，民国十八年五月六日通过）

　　朱培德（第九十八次会议，民国十九年十一月二十四日通过）

　　吴铁城　张　群　何成濬　刘芦隐　马超俊

　　（第一一六次会议，民国十九年十一月二十四日通过）

三届五中全会之后

　主　席　蒋中正

　委　员　蒋中正　　胡汉民　　叶楚伧　　于右任　　丁惟汾

　　　　　陈果夫　　何应钦　　戴传贤　　杨树庄　　宋子文

　　　　　吴敬恒　　张人杰　　李煜瀛　　蔡元培　　林　森

　　　　　王宠惠　　张　继　　邵力子　　朱家骅　　邵元冲

　　　　　陈立夫　　孔祥熙　　王正廷　　王伯群　　朱培德

　　　　　吴铁城　　陈铭枢　　马超俊　　张　群　　何成濬

　　　　　刘芦隐　　焦易堂　　张学良　　张作相　　王树翰

　　　　　张景惠　　刘尚清　　方本仁

　　（以上三届五中全会，民国二十年六月十四日通过）

　　　　　贺耀组　　钮永建（第一四七次会议，民国二十年六月二十五日

　　通过）

　候补委员　方觉慧　　王柏龄　　陈肇英　　丁超五　　周启刚

　　　　　　曾养甫　　余井塘　　桂崇基　　程天放　　陈布雷

　　　　　　恩克巴图

　　（以上三届五中全会，民国二十年六月十四日通过）

第三届中央监察委员会

常务委员　王宠惠　古应芬　林　森（注）　蔡元培　张人杰

　　（第三届中监会第一次全体会议，民国十八年五月九日选举）

秘书处

秘　书　萧吉珊（第三届中监会第一次全体会议，民国十八年五月九日通过）

注：原为吴敬恒，吴坚辞，以林森补入。

第四届中央执行、监察委员会

第四届中央执行、监察委员会于民国二十年十一月二十二日选出，计中央执行委员七十二人、候补中央执行委员六十人、中央监察委员二十四人、候补中央监察委员二十二人。

第四届中央执行委员选出后，因一时未能齐集南京，第一次全体会议迟至民国二十年十二月二十二日至二十九日举行。在此之前，中央执行委员会依照第四次全国代表大会之决议，召集在京委员临时会议，暂推蒋中正、戴传贤、于右任、丁惟汾、陈果夫、朱培德、叶楚伧七人为常务委员，每周开会一次，计开会六次。至第一次全体会议举行后，常务委员会方才组成。

第一次全体会议对于中央执行委员会之组织，仅决定原组织、宣传两部改为委员制，训练部取消，另设民众运动指导委员会。民国二十一年一月二十五日，中常会第四次会议根据上述决议，通过《中央执行委员会组织大纲》。依组织大纲之规定，中央执行委员会之组织如下：

（一）常务委员会之下，设秘书处、组织委员会、宣传委员会、民众运动指导委员会、海外党务委员会，分别处理所属事务。

（二）秘书处设秘书长一人，由常务委员兼任之；各委员会置委员九至十七人，就中指定主任委员一人，总理事务，副主任委员一人，襄理事务，均由常务委员会选任之。

（三）常务委员会于必要时，得设特种委员会。

本届中央执行委员会设置之特种委员会，除沿袭上届之财务委员会、抚恤委员会、党史史料编纂委员会、革命债务调查委员会外，陆续设有华侨捐款保管委员会、革命勋绩审查委员会等单位。（注）此外尚有中央统计处、首都华侨招待所、中央广播无线电台管理处等直属单位。

　　第四届中央执行委员会第一次全体会议亦对于政治会议之组织，决议由以往之主席制改为常务委员制，设常务委员三人，开会时轮流主席，并推举蒋中正、汪兆铭、胡汉民三人为中央政治会议常务委员。迨民国二十一年十二月，第三次全体会议以原推举常务委员三人中，胡汉民迄未视事，汪兆铭则已赴德就医，蒋中正亦将出京"剿共"，为充实中央政治最高指导机关起见，乃以中央执行委员会常务委员为中央政治会议常务委员，使政治会议之常务委员由三人增至九人。

　　第四届中央监察委员会于民国二十年十一月二十三日第四次全国代表大会闭会后，因委员散居各地，未能齐集南京，致第一次全体会议迟迟无法召开，遂依第四次全国代表大会决议，由到京监察委员于是年十二月十八日召开谈话会，推定临时常务委员，组织临时常务委员会，使会务得以照常进行。至民国二十三年一月二十六日，始举行第一次全体会议，选举常务委员五人，并通过组织法。本届之组织与上届相同，于常务委员会设秘书处，但编制扩大，设秘书长一人，负责处务，下设秘书二人，分总务、审查、稽核三科，处理各项事务。

　　（注）中常会第四次会议通过之《中央执行委员会组织大纲》中，尚有设置教育文化委员会，以原属训练部之文教事务及童子军司令部属之，但经民国二十一年六月十七日，中常会第二十四次会议决议暂缓成立。

第四届中央执行、监察委员会职名录

一、中央执行委员七十二人

蒋中正　汪兆铭　胡汉民　孙　科　戴传贤　宋庆龄

何应钦　陈果夫　叶楚伧　朱培德　吴铁城　于右任

宋子文　何成濬　王柏龄　邵元冲　朱家骅　张　群

刘峙	杨树庄	周启刚	陈立夫	陈肇英	丁惟汾
曾养甫	方觉慧	王伯群	何香凝	伍朝枢	李文范
刘纪文	刘芦隐	邹鲁	阎锡山	冯玉祥	赵戴文
李烈钧	柏文蔚	覃振	石青阳	熊克武	王法勤
陈公博	程潜	顾孟余	经亨颐	甘乃光	居正
石瑛	刘守中	丁超五	张贞	孔祥熙	王正廷
周佛海	顾祝同	夏斗寅	贺耀组	杨杰	桂崇基
马超俊	陈济棠	陈策	白崇禧	李扬敬	余汉谋
林翼中	张惠长	陈铭枢	李济深	方振武	陈友仁

二、候补中央执行委员六十人

邓家彦	茅祖权	李宗黄	白云梯	张知本	傅汝霖
张苇村	黄实	朱霁青	陈树人	缪斌	陈耀垣
刘文岛	鲁涤平	张道藩	赵丕廉	余井塘	薛笃弼
焦易堂	鹿钟麟	苗培成	程天放	克兴额	区芳浦
萧吉珊	黄旭初	朱绍良	程天固	龙云	詹菊似
谢作民	黄季陆	马福祥	梁寒操	钱大钧	关素人
段锡朋	李任仁	郑占南	曾仲鸣	黄慕松	崔广秀
张厉生	黄复生	罗家伦	张定璠	戴愧生	李敬斋
王祺	何世桢	范予遂	曾扩情	王懋功	唐生智
陈庆云	谷正纲	唐有壬	杨爱源	王陆一	陈孚木

三、中央监察委员二十四人

邓泽如	萧佛成	谢持	陈璧君	王宠惠	吴敬恒
张人杰	林森	蔡元培	张继	邵力子	李煜瀛
恩克巴图	褚民谊	柳亚子	张学良	杨虎	蒋作宾
洪陆东	许崇智	香翰屏	唐绍仪	李宗仁	张发奎

四、候补中央监察委员二十二人

| 杨庶堪 | 黄绍竑 | 郭春涛 | 李福林 | 潘云超 | 陈布雷 |

商　震　陈嘉佑　林云陔　邓青阳　林直勉　黄吉宸

缪培南　方声涛　李绮庵　陈中孚　邓飞黄　孙镜亚

黄少谷　萧忠贞　纪　亮　李次温

本届中央执行、监察委员出缺递补名录

中央执行委员方振武永远开除党籍，遗缺以邓家彦递补。

（第九十三次会议，民国二十二年十月十九日通过）

中央执行委员陈铭枢、李济深、陈友仁永远开除党籍，遗缺以茅祖权、李宗黄、白云梯递补。

（第一〇一次会议，民国二十二年十二月七日通过）

中央执行委员伍朝枢于民国二十三年一月二日病故出缺，以张知本递补。

（第一〇五次会议，民国二十三年一月十一日通过）

中央执行委员杨树庄于民国二十三年一月十日病故出缺，以傅汝霖递补。

（第一〇六次会议，民国二十三年一月十八日通过）

中央执行委员石青阳于民国二十四年三月二十五日病故出缺，以黄实递补。

（第一九四次会议，民国二十四年十月三十一日通过）

中央监察委员邓泽如于民国二十三年十二月二十九日病故出缺，以杨庶堪递补。

（中监会第八次常会通过，中执会第一五八次常会、民国二十四年二月十四日备案）

第四届中央执行委员会

常务委员会

常务委员　胡汉民　汪兆铭　蒋中正　于右任　叶楚伧　顾孟余

居　正　孙　科　陈果夫

（四届一中全会，民国二十年十二月二十八日通过）

秘书处

秘书长　叶楚伧（兼）（四届一中全会，民国二十年十二月二十八日通过）

组织委员会

主任委员　吴铁城（第一次会议，民国二十年十二月二十九日通过）

　　　　　陈立夫（第十一次会议，民国二十一年三月七日通过）

副主任委员　陈立夫（第一次会议，民国二十年十二月二十九日通过）

　　　　　　谷正纲（第十一次会议，民国二十一年三月七日通过）

委　员　吴铁城　陈立夫　邹　鲁　石青阳（民国二十四年三月二十

　　　　五日病故）　白云梯　张道藩　余井塘　段锡朋　张厉生

　　　　范予遂　谷正纲　赵丕廉　邓飞黄　苗培成　焦易堂

　　　　杨　虎

（以上第一次会议，民国二十年十二月二十九日通过）

李敬斋（第四次会议，民国二十一年一月二十五日通过）

宣传委员会

主任委员　邵元冲（第一次会议，民国二十年十二月二十九日通过）

　　　　　　　　　（第一六〇次会议，民国二十四年二月二十八日辞职照

　　　　　　　　　准）

　　　　　叶楚伧（第一六〇次会议，民国二十四年二月二十八日通过）

副主任委员　刘芦隐（第一次会议，民国二十年十二月二十九日通过）

　　　　　　罗家伦（第十一次会议，民国二十一年三月七日通过）

委　员　邵元冲　刘芦隐　经亨颐　甘乃光　桂崇基　程天放

　　　　黄季陆　梁寒操　罗家伦　陈孚木　邓家彦

　　　　王陆一　（第十一次会议，民国二十一年三月七日调民众运动指

　　　　　　　　导委员会委员）

　　　　克兴额　周佛海　唐有壬

（以上第一次会议，民国二十年十二月二十九日通过）

黄少谷　潘云超（第五次会议，民国二十一年一月二十八日通过加推）

朱家骅（第十一次会议，民国二十一年三月七日通过）

叶楚伧（第一六〇次会议，民国二十四年二月二十八日通过）

民众运动指导委员会

主任委员　张知本（第一次会议，民国二十年十二月二十九日通过）

　　　　　陈公博（第十一次会议，民国二十一年三月七日通过）

副主任委员　马超俊（第一次会议，民国二十年十二月二十九日通过）

　　　　　王陆一（第十一次会议，民国二十一年三月七日通过）

委　员　张知本　马超俊

　　　　朱家骅（第十一次会议，民国二十一年三月七日调宣传委员会委员）

　　　　陈公博　王法勤　王柏龄　陈肇英　张　群　傅汝霖

　　　　朱霁青　王　祺　何世桢　曾扩情　王懋功　方觉慧

　　　　郭春涛　萧忠贞

　　　　（以上第一次会议，民国二十年十二月二十九日通过）

　　　　王陆一（第十一次会议，民国二十一年三月七日通过）

海外党务委员会

主任委员　周启刚（第一次会议，民国二十年十二月二十九日通过）

副主任委员　陈耀垣（第一次会议，民国二十年十二月二十九日通过）

委　员　周启刚　陈耀垣　萧吉珊　詹菊似　谢作民

　　　　关树人　郑占南　黄慕松　戴愧生　黄吉宸（病故）

　　　　李次温　黄复生　曾养甫　李绮庵　曾仲鸣

　　　　崔广秀

　　　　（以上第一次会议，民国二十年十二月二十九日通过）

　　　　丁超五（第五次会议，民国二十一年一月二十八日通过加推）

财务委员会

常务委员　居　正(第十六次会议,民国二十一年四月十四日通过)

委　员　陈立夫　陈公博　邵元冲　叶楚伧　林　森

　　　　陈果夫　顾孟余　居　正

　　　　(第十三次会议,民国二十一年三月十七日通过)

　　　　周启刚(第十六次会议,民国二十一年四月十四日通过加推)

抚恤委员会

委　员　胡汉民　陈果夫　叶楚伧　孙　科　古应芬(民国二十年

十月二十八日病逝)　吴敬恒　丁惟汾

汪兆铭　居　正　邵元冲

(以上三人为第二十二次会议,民国二十一年五月三十一日通过修

改组织条例增加委员名额二人后加推,及补古缺)

党史史料编纂委员会

常务委员　胡汉民　林　森　戴传贤　叶楚伧　邵元冲

名誉委员　陈少白(民国二十三年十二月二十三日病逝)　萧佛成

张静江

委　员　蒋中正　吴敬恒　王宠惠　胡汉民　邓泽如(民国二十三

年十二月十九日病逝)

古应芬(民国二十年十月二十八日病逝)　戴传贤　叶楚伧

林　森　张　继　邵元冲

居　正(第三十八次会议,民国二十一年九月十五日通过补古缺)

邓家彦(第一五四次会议,民国二十四年一月十七日通过补邓缺)

教育文化委员会(第四次会议,民国二十一年一月二十五日通过设置,第
二十四次会议,民国二十一年六月十七日决议暂缓成立)

华侨捐款保管委员会

委　员　林　森　蒋中正　汪兆铭　叶楚伧　于右任

(第十三次会议,民国二十一年三月十七日通过)

　　　　　宋子文　陈树人

　　　　　(第六十八次会议,民国二十二年四月二十七日通过)

革命债务调查委员会

　　召集人　孙　科　陈树人(第一二五次会议,民国二十三年六月十四日

　　　　　　　　　　通过)

主任委员　孙　科(第一六七次会议,民国二十四年四月十八日备案改采主任

　　　　　　　　委员制)

　　委　员　张人杰　林　森　孙　科　陈树人　周启刚

　　　　　　郑螺生　张永福　黄隆生　李是男　黄伯耀

　　　　　　(以上第一二五次会议,民国二十三年六月十四日通过)

　　　　　　薛汉英(第一二六次会议,民国二十三年六月二十一日通过)

　　　　　　冯自由　戴金华(第一六二次会议,民国二十四年三月十四日

　　　　　　　　　　通过)

　　　　　　李海云　黄鼎之(第一六七次会议,民国二十四年四月十八日

　　　　　　　　　　通过)

革命勋绩审查委员会

　　委　员　林　森　居　正　汪兆铭　朱培德　陈树人　周启刚

　　　　　　陈立夫

　　　　　　(第一四〇次会议,民国二十三年九月二十七日通过)

中央统计处

　　处　长　吴大钧

首都华侨招待所

　　所　长　郑占南

中央广播无线电台管理处

　　处　长　吴保丰(第十七次会议,民国二十一年四月二十九日通过)

　　副处长　吴道一(第十七次会议,民国二十一年四月二十九日通过)

中央政治会议(由中央执行委员、中央监察委员组织之)

常务委员　蒋中正　汪兆铭　胡汉民(设常务委员三人,开会时轮流主
　　　　　　持)

委　员　蒋中正　汪兆铭　胡汉民　孙　科　戴传贤
　　　　宋庆龄　何应钦　陈果夫　陈铭枢　叶楚伧
　　　　朱培德　吴铁城　于右任　宋子文　何成濬
　　　　王柏龄　邵元冲　朱家骅　张　群　刘　峙
　　　　杨树庄　周启刚　陈立夫　陈肇英　丁惟汾
　　　　曾养甫　李济深　方觉慧　王伯群　何香凝
　　　　方振武　伍朝枢　李文范　刘纪文　刘芦隐
　　　　邹　鲁　阎锡山　冯玉祥　赵戴文　李烈钧
　　　　柏文蔚　覃　振　石青阳　熊克武　陈友仁
　　　　王法勤　陈公博　程　潜　顾孟余　经亨颐
　　　　甘乃光　居　正　石　瑛　刘守中　丁超五
　　　　张　贞　孔祥熙　王正廷　周佛海　顾祝同
　　　　夏斗寅　贺耀组　杨　杰　桂崇基　马超俊
　　　　陈济棠　陈　策　白崇禧　李扬敬　余汉谋
　　　　林翼中　张惠长　邓泽如　萧佛成　谢　持
　　　　陈璧君　王宠惠　吴敬恒　张人杰　林　森
　　　　蔡元培　张　继　邵力子　李煜瀛　恩克巴图
　　　　褚民谊　柳亚子　张学良　杨　虎　蒋作宾
　　　　洪陆东　李宗仁　许崇智　香翰屏　唐绍仪
　　　　张发奎

列席委员　邓家彦　茅祖权　李宗黄　白云梯　张知本
　　　　傅汝霖　张苇村　黄　实　朱霁青　陈树人
　　　　缪　斌　陈耀垣　刘文岛　鲁涤平　张道藩
　　　　赵丕廉　余井塘　薛笃弼　焦易堂　鹿钟麟
　　　　苗培成　程天放　克兴额　区芳浦　萧吉珊

黄旭初　朱绍良　程天固　龙　云　詹菊似

谢作民　黄季陆　马福祥　梁寒操　钱大钧

关素人　段锡朋　李任仁　郑占南　曾仲鸣

黄慕松　崔广秀　张厉生　黄复生　罗家伦

张定璠　戴愧生　李敬斋　王　祺　何世桢

范予遂　陈孚木　曾扩情　王懋功　唐生智

陈庆云　谷正纲　唐有壬　杨爱源　王陆一

杨庶堪　黄绍雄　郭春涛　李福林　潘云超

陈布雷　商　震　陈嘉佑　林云陔　邓青阳

林直勉　黄吉宸　缪培南　方声涛　李绮庵

陈中孚　邓飞黄　孙镜亚　黄少谷　萧忠贞

纪　亮　李次温

(以上四届一中全会,民国二十年十二月二十八日通过)

　　　罗文干(外交部部长)(政治会议第二十六次会议特许列席)

秘书长　曾仲鸣(第一次会议,民国二十年十二月二十九日通过)

　　　　(中央政治会议第二十六次临时会议,民国二十一年一月

　　　　二十九日通过辞职照准)

　　　叶楚伦(中央政治会议第二十六次临时会议,民国二十一年一月

　　　　二十九日通过)

　　　　(第三〇七次会议,民国二十一年四月二十六日通过辞职

　　　　照准)

　　　唐有壬(第三〇七次会议,民国二十一年四月二十六日通过)

四届三中全会以后(四届三中全会,民国二十一年十二月二十一日通过:以中

　　　　央执行委员会常务委员为中央政治会议常务委员。)

常务委员　胡汉民　汪兆铭　蒋中正　于右任　叶楚伦

　　　　　顾孟余　居　正　孙　科　陈果夫

委　员　蒋中正　汪兆铭　胡汉民　孙　科　戴传贤

宋庆龄　　何应钦　　陈果夫　　叶楚伧　　朱培德
吴铁城　　于右任　　宋子文　　何成濬　　王柏龄
邵元冲　　朱家骅　　张　群　　刘　峙　　杨树庄
周启刚　　陈立夫　　陈肇英　　丁惟汾　　曾养甫
方觉慧　　王伯群　　何香凝　　伍朝枢　　李文范
刘纪文　　刘芦隐　　邹　鲁　　阎锡山　　冯玉祥
赵戴文　　李烈钧　　柏文蔚　　覃　振　　石青阳
熊克武　　王法勤　　陈公博　　程　潜　　顾孟余
经亨颐　　甘乃光　　居　正　　石　瑛　　刘守中
丁超五　　张　贞　　孔祥熙　　王正廷　　周佛海
顾祝同　　夏斗寅　　贺耀组　　杨　杰　　桂崇基
马超俊　　陈济棠　　陈　策　　白崇禧　　李扬敬
余汉谋　　林翼中　　张惠长　　邓泽如　　萧佛成
谢　持　　陈璧君　　王宠惠　　吴敬恒　　张人杰
林　森　　蔡元培　　张　继　　邵力子　　李煜瀛
恩克巴图　褚民谊　　柳亚子　　张学良　　杨　虎
蒋作宾　　洪陆东　　李宗仁　　许崇智　　香翰屏
唐绍仪　　张发奎　　邓家彦　　茅祖权　　李宗黄
白云梯

列席委员　张知本　　傅汝霖　　张苇村　　黄　实　　朱霁青
　　　　　陈树人　　缪　斌　　陈耀垣　　刘文岛　　鲁涤平
　　　　　张道藩　　赵丕廉　　余井塘　　薛笃弼　　焦易堂
　　　　　鹿钟麟　　苗培成　　程天放　　克兴额　　区芳浦
　　　　　萧吉珊　　黄旭初　　朱绍良　　程天固　　龙　云
　　　　　詹菊似　　谢作民　　黄季陆　　梁寒操　　钱大钧
　　　　　关素人　　段锡朋　　李任仁　　郑占南　　曾仲鸣
　　　　　黄慕松　　崔广秀　　张厉生　　黄复生　　罗家伦

张定璠　戴愧生　李敬斋　王　祺　何世桢

范予遂　陈孚木　曾扩情　王懋功　唐生智

陈庆云　谷正纲　唐有壬　杨爱源　王陆一

杨庶堪　*黄绍竑　郭春涛　李福林　潘云超

陈布雷　商　震　陈嘉佑　林云陔　邓青阳

林直勉　缪培南　方声涛　李绮庵　陈中孚

邓飞黄　孙镜亚　黄少谷　萧忠贞　纪　亮

李次温

（以上为四届五中全会，民国二十三年十二月召开前名单）

王世杰（教育部部长）（政治会议第三五七次会议特许列席）

李元鼎（审计部部长）（政治会议第三六三次会议特许列席）

王用宾（司法行政部部长）（政治会议第四三八次会议特许列
　　　　席）

钮永建（考试院副院长）（政治会议第四四一次会议特许列席）

政治会议第四四一次、第四四五次、第四四七次、第四六四次及第四七三次会议复特许立法院所属各委员会委员长、行政院所属各部会及卫生署长官、考试院所属部会长官列席。

*黄绍竑即黄绍雄。

中央政治会议特务委员会（第三次会议，民国二十一年一月十四日通过设置；第十次会议，民国二十一年二月二十九日撤销备案）

委　员　于右任　张人杰　张　继　居　正　孙　科

　　　　陈铭枢　叶楚伧　朱培德　何应钦　冯玉祥

　　　　李济深　李宗仁　陈友仁　顾孟余

（第三次会议，民国二十一年一月十四日通过）

第四届中央监察委员会

临时常务委员会(民国二十年十二月十八日——民国二十三年一月二十六日)

临时常务委员

　林　森　蔡元培　张人杰　张　继　邵力子

(中央监察委员谈话会,民国二十年十二月十八日通过)

秘书处

　临时秘书长　萧吉珊(中央监察委员谈话会,民国二十年十二月十八日通过)

常务委员会(民国二十三年一月二十六日成立)

　常务委员

　蔡元培　吴敬恒　张人杰　张　继　林　森

(第四届中监会第一次全体会议,民国二十三年一月二十六日通过)

秘书处

　秘书长　萧吉珊(第四届中监会第一次全体会议,民国二十三年一月二十六日通过)

第五届中央执行、监察委员会

第五届中央执行、监察委员会于民国二十四年十一月二十二日选出，计中央执行委员一百二十人、候补中央执行委员六十人、中央监察委员五十人、候补中央监察委员三十人。

第五届中央执行委员会于民国二十四年十二月二日至七日，举行第一次全体会议，通过《中央执行委员会组织大纲》，于常务委员会增设正、副主席，并推选胡汉民、蒋中正担任，以期树立领导中心，充实干部力量。中央执行委员会下设秘书处、组织部、宣传部、民众训练部、海外党务计画委员会、地方自治计画委员会、国民经济计画委员会、国民军事训练计画委员会、文化事业计画委员会、财务委员会、抚恤委员会、党史史料编纂委员会，及其他各特种委员会（如华侨捐款保管委员会、革命债务调查委员会、革命勋绩审查委员会等）、各附属单位。秘书处设秘书长一人，各部设部长一人、副部长一人，综揽各该处部事宜。各部于必要时，得设委员若干人，担任设计工作。各委员会设主任委员一人、副主任委员二人、委员若干人，掌理各委员会事宜。

中央执行委员会另设政治委员会，由中央执行委员会就中央执行委员、中央监察委员中推定正、副主席各一人，委员十九至二十五人组织之，为政治之最高指导机关，对中央执行委员会负责。政治委员会设秘书处，置秘书长、副秘书长各一人，并设法制、内政、外交、国防、财政、经济、教育、土地、交通等专门委员会，分别掌理各该专门事务之审查及设计事宜；各专门委员会设主任委员、副主任委员各一人，委员九至十五人，由政治委员会遴选中央委员及对各该专门委员会主管事项有专门研究之党员担任。

民国二十六年七月，抗战军兴；八月十二日，中常会第五十次会议通过设立国防最高会议，为全国国防最高决定机关，对中央政治委员会负责。是年十二月，中央党部西迁至重庆办公，西迁期间遵中常会第五十九次会议规定之处理办法，除中央执行委员会及中央监察委员会之秘书处，各保留五分之一人员继续办公外，其余各处会一律停止工作。政治委员会之职权，由国防最高会议代行；中央执行委员会之组织、宣传及民众训练三部则暂时归并军事委员会，至二十七年一月，国防最高会议常务委员第四十二次会议决议，仍直属中央执行委员会，处理一切经常事务；中央执行委员会对组织、宣传及民众训练所决定之方针，授权军事委员会政治部执行。民国二十七年一月十二日，中常会第六十六次会议通过，三部各增设副部长一人，以因应工作需要。

民国二十七年三月二十九日至四月一日，中国国民党在武昌召开临时全国代表大会，策定抗战建国方针。会中通过中国国民党总章修正案，增设总裁、副总裁各一人，以巩固领导中心，并推举蒋中正为总裁、汪兆铭为副总裁。同时增加中央执行委员会常务委员之名额，由原来的五至九人，调整为九至十五人；迨民国二十八年十一月举行之第五届中央执行委员会第六次全体会议，复决议以国民政府五院院长为常务委员会当然委员，不在规定名额之内，常务委员名额，乃实际增为二十人。

临时全国代表大会闭幕后，第五届中央执行委员会随即于四月六日至八日举行第四次全体会议，通过《改进党务及调整党政关系案》，确立党政关系之相互原则，继于是月二十一日，中常会第七十四次会议通过《修正中央执行委员会组织大纲》，对党中央的组织作了大幅度的调整。依据组织大纲规定，中央执行委员会设秘书长、副秘书长各一人。秘书长承总裁之命令与中央执行委员会或常务委员会之决议，掌理一切事务，是将秘书长之职权由原本综理秘书处一切事务，作了实质上的调整，而为党之幕僚长。在各部会处方面，组织部及宣传部继续维持，取消民众训练部，改设社会部,另增设海外部,掌理海外党务及宣传等事宜;各计画委员会及财务委员会一律取消,抚恤委员会、党史史料编纂委员会、革命债务调查委员会、革命勋绩审查委员会、华侨捐款保管委员会等,则维持旧制;新设党务委员会及训练委员会,分别掌理党务之审议、设计等事宜,及全国党政干部训练事宜;设立调查统计局,由原中央统计处及组织部之党务调查处合并扩大而成,隶属于秘书处,掌理党务之统计及纪律案件之调查等事宜。民国二十八年一月,第五次全体会议复决议中央执行委员会于抗战期间,设置国防最高委员会,以统一党政军之指挥,并代行中央政治委员会之职权,中央执行委员会所属之各部会,及国民政府五院、军事委员会及其所属之各部会,兼受国防最高委员会之指挥。国防最高委员会设委员长一人,由总裁担任。

此后,中央执行委员会之组织续有若干调整。民国二十九年五月,恢复财务委员会;是年十二月,社会部改隶国民政府。民国三十年三月,第八次全体会议决议,设置三民主义丛书编纂委员会;是年六月,增设党务工作人员从政资格审查委员会。民国三十一年六月,为统一出版事业之管理,有出版事业管理委员会之设立,嗣为调整机构,复于三十三年四月裁撤,其业务划归宣传部接管,革命债务调查委员会及华侨捐款保管委员会亦先后裁撤;是年六月,三民主义丛书编纂委员会改归宣传部管辖。

第五届中央监察委员会之组织,除秘书处外,为因应工作需要,于民国二十七年九月二十七日,常务委员会第十六次会议通过设置审核委员会,负责财务审核事宜;复于民国二十九年七月四日,第七次全体会议决议组织中央党务工作考核委员会,负责中央各部、会、处、局及省、市、路、军队、海员各级党部工作之考核。

第五届中央执行、监察委员会职名录

一、中央执行委员一二〇人

蒋中正　汪兆铭　胡汉民　戴传贤　阎锡山　冯玉祥

于右任　孙　科　吴铁城　叶楚伦　何应钦　朱培德

邹　鲁　居　正　陈果夫　何成濬　陈立夫　石　瑛

孔祥熙　丁惟汾　张学良　宋子文　白崇禧　刘　峙

顾祝同　朱家骅　杨　杰　马超俊　张治中　曾扩情

贺衷寒　蒋鼎文　方觉慧　陈济棠　黄慕松　钱大钧

韩复榘　何　键　曾养甫　刘芦隐　陈　诚　周佛海

徐恩曾　洪兰友　余井塘　陈　策　邵元冲　张道藩

陈布雷　方　治　陈公博　梁寒操　李宗黄　刘纪文

徐源泉　潘公展　王法勤　柏文蔚　王陆一　张　群

刘维炽　吴醒亚　丁超五　赵戴文　蒋伯诚　顾孟余

甘乃光　陈继承　萧吉珊　王以哲　李文范　张厉生

周伯敏　王柏龄　苗培成　刘健群　谷正纲　梅公任

余汉谋　郑占南　王漱芳　朱绍良　林翼中　谷正伦

傅作义　吴忠信　王　祺　黄旭初　戴愧生　于学忠

陈肇英　张　冲　萧同兹　周启刚　麦斯武德　卫立煌

洪陆东　焦易堂　李生达　田昆山

以上一〇〇人系选举产生者

罗桑坚赞　贡觉仲尼　乐景涛　李扬敬　唐有壬　王泉笙　缪培

南　王　均　熊式辉　夏斗寅　鹿钟麟　王伯群　徐　堪　傅秉

常　刘　湘　陈绍宽　陈　仪　彭学沛　茅祖权　沈鸿烈

以上二十人系主席团拟定经大会通过者

二、候补中央执行委员六十人

吴开先　薛笃弼　叶秀峰　赖　琏　谷正鼎　陈调元

俞飞鹏　经亨颐　萧　铮　吴挹峰　陈树人　李品仙

邓家彦　林　叠　朱霁青　时子周　陈庆云　王用宾

刘建绪　傅汝霖　张　强　王正廷　黄季陆　唐生智

黄　实　余俊贤　李任仁　宋庆龄　曾仲鸣　张定璠

吴保丰　罗家伦　赵棣华　李敬斋　杨永泰　罗翼群

尼玛鄂特索尔　马鸿逵　谢作民　段锡朋　陈泮岭

王懋功　杨爱源　陈访先　李嗣璁　程　潜　张　钫

郑亦同　张　贞　张知本

以上五十人系选举产生者

陈耀垣　赵丕廉　诺　那　王昆仑　赵允义　区芳浦

程天固　詹菊似　石敬亭　吴经熊

以上十人系主席团提出经大会同意者

三、中央监察委员五十人

林　森　张　继　蔡元培　吴敬恒　张人杰　杨　虎

邵力子　李宗仁　谢　持　杨虎城　王宠惠　许崇智

张发奎　陈璧君　恩克巴图　柳亚子　蒋作宾　褚民谊

程天放　胡宗南　香翰屏　黄绍竑　宋哲元　商　震

邵　华　李煜瀛　李烈钧　孙连仲　薛　岳　刘镇华

龙　云　李福林　庞炳勋　麦焕章　林云陔　萧佛成

贺耀组　王子壮　覃　振　姚大海

以上四十人系大会选出者

章　嘉　熊克武　安　钦　秦德纯　盛世才　王秉钧

司　伦　王树翰　徐永昌　张任民

以上十人系主席团提出经大会同意者

四、候补中央监察委员三十人

鲁荡平　雷　震　欧阳格　王世杰　刘文岛　李次温

何思源　刘守中　谭道源　彭国钧　闻亦有　邓青阳

张默君　狄　膺　杨庶堪　唐绍仪　马　麟　郭泰祺

以上十八人系经大会选出者

崔广秀　潘云超　何世桢　胡文灿　李绮庵　萧忠贞

孙镜亚　陈嘉佑　溥　侗　黄麟书　陆幼刚　杨熙绩

以上十二人系由主席团提出经大会同意者

本届中央执行、监察委员出缺递补名录

一、中央执行委员

胡汉民、李生达、唐有壬先后逝世，由候补执行委员吴开先、薛笃弼、叶秀峰递补。

（第十六次会议，民国二十五年七月二日通过）

吴醒亚、王均、邵元冲、王以哲先后逝世，由赖琏、谷正鼎、陈调元、俞飞鹏递补。

（第三十六次会议，民国二十六年二月十一日通过）

朱培德、黄慕松、韩复榘、郑占南、王祺、刘湘出缺，由经亨颐、萧铮、吴挹峰、陈树人、李品仙、邓家彦递补。

（第七十三次会议，民国二十七年三月二十二日通过）

汪兆铭永远开除党籍，并撤除一切职务；经亨颐病故，以林叠、朱霁青依次递补。

（第一一一次会议，民国二十八年一月十九日通过）

周佛海永远开除党籍，以时子周依次递补。

（第一三三次会议，民国二十八年十一月二日通过）

王法勤、张冲先后逝世，以王用宾、刘建绪递补。

（第一八四次会议，民国三十年九月十五日通过）

王柏龄于民国三十一年八月二十六日病故出缺，以傅汝霖递补。

（第二一二次会议，民国三十一年十月五日通过）

王漱芳于民国三十二年八月六日因公坠马殒命，以张强递补。

（第二三七次会议，民国三十二年八月二十三日通过）

王陆一于民国三十二年十月二十日病故出缺，以王正廷递补。

（第二四三次会议，民国三十二年十一月二十九日通过）

石瑛于民国三十二年十二月四日病故出缺，以黄季陆递补。

（第二四四次会议，民国三十二年十二月十三日通过）

陈调元于民国三十二年十二月十八日病故出缺,以唐生智递补。

(第二四五次会议,民国三十二年十二月二十七日通过)

赵戴文于民国三十二年十二月二十七日病故出缺,以黄实递补。

(第二四六次会议,民国三十三年一月十日通过)

贡觉仲尼于民国三十三年三月八日病故出缺,以余俊贤递补。

(第二五一次会议,民国三十三年三月二十日通过)

王用宾于民国三十三年四月七日病故出缺,以李任仁递补。

(第二五三次会议,民国三十三年四月十七日通过)

乐景涛于民国三十三年十一月十三日病故出缺,以宋庆龄递补。

(第二七一次会议,民国三十三年十一月二十七日通过)

王伯群于民国三十三年十二月二十日病故出缺,以吴保丰递补。

(第二七三次会议,民国三十三年十二月二十五日备案)

二、中央监察委员

谢持于民国二十八年四月十六日、萧佛成于民国二十八年五月三十一日先后病故,陈璧君永远开除党籍,以候补监察委员鲁荡平、雷震、欧阳格依次递补。

(第五届中监会第二十三次常会,民国二十八年八月二十三日通过)

褚民谊永远开除党籍,以王世杰递补。

(第五届中监会第六次全体会议,民国二十八年十一月十五日通过)

蔡元培于民国二十九年三月五日病故出缺,以刘文岛递补。

(中监会第二十六次常会,民国二十九年三月三十日通过)

宋哲元于民国二十九年四月五日病故出缺,以李次温递补。

(中监会第二十七次常会,民国二十九年五月十七日通过)

欧阳格因案永远开除党籍,麦焕章于民国二十九年九月病故出缺,以何思源、刘守中依次递补。

(中监会第三十次常会,民国二十九年十月七日通过)

柳亚子开除党籍,以谭道源递补。

（中监会第三十五次常会，民国三十年八月二十五日通过）

刘守中于民国三十年十月二十三日病故出缺，以彭国钧递补；恩克巴图附逆有据永远开除党籍，以闻亦有递补。

（中监会第三十六次常会，民国三十年十一月二十四日通过）

蒋作宾于民国三十一年十二月二十四日病故出缺，以邓青阳递补。

（中监会第四十二次常会，民国三十一年十一月二十八日通过）

林森于民国三十二年八月一日病故出缺，以张默君递补。

（中监会第四十六次常会，民国三十二年八月二十三日通过）

第五届中央执行委员会

常务委员会（民国二十六年二月，五届三中全会决议取消主席制，恢复常务委员制）

主　席　胡汉民（五届一中全会，民国二十四年十二月七日通过）

　　　　　　（民国二十五年五月十二日病逝）

副主席　蒋中正（五届一中全会，民国二十四年十二月七日通过）

常务委员　胡汉民　汪兆铭　蒋中正　冯玉祥　丁惟汾　叶楚伧
　　　　　孔祥熙　邹　鲁　陈立夫

　　　　　（五届一中全会，民国二十四年十二月七日通过）

　　　　　居　正　（第三十次会议，民国二十五年十二月二十三日通过）

秘书处

　秘书长　叶楚伧（兼）（五届一中全会，民国二十四年十二月七日通过）

组织部（第五十九次会议，民国二十六年十一月十六日通过暂时归并军事委员会）

　部　长　张厉生（五届一中全会，民国二十四年十二月七日通过）

　副部长　谷正纲（五届一中全会，民国二十四年十二月七日通过）

宣传部（第五十九次会议,民国二十六年十一月十六日通过暂时归并军事委员会）

部　长　刘芦隐（五届一中全会,民国二十四年十二月七日通过）

　　　　　（未到任）

　　　　方　治（代理）（第二十一次会议,民国二十五年九月十七日通过）

　　　　邵力子（五届三中全会,民国二十六年二月二十一日通过）

副部长　方　治（五届一中全会,民国二十四年十二月七日通过）

民众训练部（第五十九次会议,民国二十六年十一月十六日通过暂时归并军事委员会）

部　长　周佛海（五届一中全会,民国二十四年十二月七日通过）

　　　　（五届三中全会,民国二十六年二月二十一日辞职照准）

　　　　陈公博（五届三中全会,民国二十六年二月二十一日通过）

副部长　王陆一（五届一中全会,民国二十四年十二月七日通过）

海外党务计画委员会（第七十四次会议,民国二十七年四月二十一日决议裁撤）

主任委员　周启刚（五届一中全会,民国二十四年十二月七日通过）

副主任委员　萧吉珊（五届一中全会,民国二十四年十二月七日通过）

　　　　　　陈耀垣（五届一中全会,民国二十四年十二月七日通过）

委　员　戴愧生　郑占南　詹菊似　李次温　曾仲鸣
　　　　李绮庵　谢作民　崔广秀　王泉笙　林　叠
　　　　余俊贤

　　　　（以上第一次会议,民国二十四年十二月十二日通过）

地方自治计画委员会（第七十四次会议,民国二十七年四月二十一日决议裁撤）

主任委员　方觉慧（五届一中全会,民国二十四年十二月七日通过）

副主任委员　李宗黄（五届一中全会,民国二十四年十二月七日通过）

　　　　　　黄季陆（五届一中全会,民国二十四年十二月七日通过）

委　员　丁超五　余井塘　梁寒操　甘乃光　乐景涛　田昆山

周伯敏　萧忠贞　时子周　姚大海　陆幼刚

（以上第一次会议，民国二十四年十二月十二日通过）

国民经济建设计画委员会（第七十四次会议，民国二十七年四月二十一日决议裁撤）

主任委员　曾养甫（五届一中全会，民国二十四年十二月七日通过）

副主任委员　邓青阳（五届一中全会，民国二十四年十二月七日通过）

徐恩曾（五届一中全会，民国二十四年十二月七日通过）

委　员　林云陔　朱家骅　刘纪文　蒋伯诚　赵棣华

赖　琏　谷正鼎　萧　铮　邵　华　刘维炽

赵允义

（以上第一次会议，民国二十四年十二月十二日通过）

文化事业计画委员会（第七十四次会议，民国二十七年四月二十一日决议裁撤）

主任委员　陈果夫（五届一中全会，民国二十四年十二月七日通过）

副主任委员　褚民谊（五届一中全会，民国二十四年十二月七日通过）

张道藩（五届一中全会，民国二十四年十二月七日通过）

委　员　吴铁城　陈布雷　王世杰　焦易堂　溥　侗　王　祺

何思源　吴保丰　潘公展　张　冲　傅秉常

（以上第一次会议，民国二十四年十二月十二日通过）

国民军事训练计画委员会（第七十四次会议，民国二十七年四月二十一日决议裁撤）

主任委员　陈立夫（兼）（五届一中全会，民国二十四年十二月七日通过）

副主任委员　曾扩情（五届一中全会，民国二十四年十二月七日通过）

刘健群（五届一中全会，民国二十四年十二月七日通过）

委　员　王柏龄　杨　虎　张治中　钱大钧　谷正伦

陈　诚　胡宗南　吴挹峰　欧阳格　鄞　悌

陈　焯

（以上第一次会议，民国二十四年十二月十二日通过）

党史史料编纂委员会

主任委员　邵元冲（五届一中全会，民国二十四年十二月七日通过）

（民国二十五年十二月十四日逝世）

张　继（第三十一次会议，民国二十五年十二月二十九日通过）

副主任委员　罗家伦（五届一中全会，民国二十四年十二月七日通过）

梅公任（五届一中全会，民国二十四年十二月七日通过）

委　员　蒋中正　吴敬恒　王宠惠　胡汉民　戴传贤

于右任　邵元冲　叶楚伧　林　森　张　继

居　正　孔祥熙　邓家彦　汪兆铭　邹　鲁

李文范　丁惟汾　刘守中　萧佛成　张静江

冯玉祥　王法勤

（以上第三次会议，民国二十五年一月九日通过）

抚恤委员会

主任委员　王法勤（五届一中全会，民国二十四年十二月七日通过）

副主任委员　李文范（五届一中全会，民国二十四年十二月七日通过）

洪陆东（五届一中全会，民国二十四年十二月七日通过）

委　员　林　森　居　正　丁惟汾　孙　科　张　继

邵元冲　叶楚伧　陈立夫

（以上第一次会议，民国二十四年十二月十二日通过）

财务委员会（第五十九次会议，民国二十六年十一月十六日通过留二人在秘

书处继续办理未了事项，其余人员停薪留职；第七十四次会议，

民国二十七年四月二十一日决议裁撤）

主任委员　居　正（五届一中全会，民国二十四年十二月七日通过）

副主任委员　麦焕章（五届一中全会，民国二十四年十二月七日通过）

苗培成（五届一中全会，民国二十四年十二月七日通过）

委　员　张厉生　刘芦隐　周佛海　叶楚伧　周启刚

　　　　方觉慧　曾养甫　陈立夫　陈果夫　邵元冲

　　　　王法勤　王子壮　闻亦有

（以上第一次会议，民国二十四年十二月十二日通过）

刘芦隐、周佛海先后离职，改推邵力子、陈公博为委员。

（第三十八次会议，民国二十六年三月十一日通过）

邵元冲逝世，遗缺由张继继任。

（第三十九次会议，民国二十六年三月二十五日通过）

华侨捐款保管委员会

委　员　林　森　蒋中正　汪兆铭　于右任　叶楚伧　宋子文

　　　　陈树人

（以上第三次会议，民国二十五年一月九日通过）

革命债务调查委员会

主任委员　孙　科

委　员　张人杰　林　森　孙　科　陈树人　周启刚　郑螺生

　　　　张永福　黄隆生

　　　　李是男（民国二十六年五月二十八日病逝）　黄伯耀　薛汉英

　　　　　　冯自由　戴金华　李海云　黄鼎之

（以上第三次会议，民国二十五年一月九日通过）

汪兆铭（第三十七次会议，民国二十六年三月四日通过加推）

革命勋绩审查委员会

委　员　林　森　居　正　汪兆铭　朱培德（民国二十六年二月七日

　　　　病逝）　陈树人　周启刚　陈立夫（以上第三次会议，民国二

　　　　十五年一月九日通过）

中央广播事业管理处（第六十次会议，民国二十六年十二月二十三日通

过改由军事委员会宣传部指挥监督）

处　长　吴保丰（第三次会议，民国二十五年一月九日通过）

副处长　吴道一(第三次会议,民国二十五年一月九日通过)

中央统计处(第五十九次会议,民国二十六年十一月十六日通过停止工作)

主　任　吴大钧(第三次会议,民国二十五年一月九日通过)

华侨招待所

主　任　郑占南(第三次会议,民国二十五年一月九日通过)

中央广播事业指导委员会(第五次会议,民国二十五年二月六日通过设置)

主任委员　陈果夫(第五次会议,民国二十五年二月六日通过)

副主任委员　吴保丰(第五次会议,民国二十五年二月六日通过)

政治委员会(第五十九次会议,民国二十六年十一月十六日通过暂行停止,其职权由国防最高会议代行。)

主　席　汪兆铭(五届一中会会,民国二十四年十二月七日通过)

副主席　蒋中正(五届一中全会,民国二十四年十二月七日通过)

委　员　张人杰　阎锡山　许崇智　李烈钧　王宠惠　李文范
　　　　张学良　唐生智　陈璧君　宋子文　朱培德　顾孟余
　　　　朱家骅　马超俊　邵元冲　刘守中　陈公博　王伯群
　　　　程　潜　陈果夫　梁寒操　张定璠　何应钦　黄绍竑
　　　　王陆一

(以上五届一中全会,民国二十四年十二月七日通过)

邵元冲、朱培德逝世,遗缺由陈立夫、谷正纲递补

(第三十七次会议,民国二十六年三月四日通过)

秘书处

秘书长　顾孟余(五届一中全会,民国二十四年十二月七日通过)(因病请假)

(中央政治委员会第三十七次会议,民国二十六年三月三日通过辞职照准)

朱家骅(代理)(第四次会议,民国二十五年一月三十日通过备案)

（中央政治委员会第三十次会议,民国二十五年十二月十六日通过辞职照准）

张　群（中央政治委员会第三十七次会议,民国二十六年三月三日通过）

副秘书长　陈布雷（五届一中全会,民国二十四年十二月七日通过）

（中央政治委员会第三十七次会议,民国二十六年三月三日通过辞职照准）

曾仲鸣（中央政治委员会第三十七次会议,民国二十六年三月三日通过）

内政专门委员会

主任委员　陈公博

副主任委员　甘乃光

委　员　焦易堂　茅祖权　马超俊　张道藩　余井塘
　　　　萧吉珊　黄右昌　梅思平　杨栋林　廖维藩
　　　　陈石泉　徐庆誉　袁同畴　罗贡华　胡定安

外交专门委员会

主任委员　王正廷

张　群（第六十四次会议,民国二十七年一月十二日辞职照准备案）

王世杰（第六十四次会议,民国二十七年一月十二日通过）

副主任委员　徐　谟

委　员　张　群　吴铁城　谷正纲　傅秉常　何应钦
　　　　林　叠　徐道邻　郑亦同　吴颂皋　张邦翰
　　　　何方理　董显光　王家桢　樊　光　谢寿康

财政专门委员会

主任委员　徐　堪

副主任委员　陈其采

委　员　石　瑛　陈立夫　梁寒操　赵棣华　雷　震
　　　　陈长蘅　刘振东　靳鹤声　黄友郢　梁颖文
　　　　高秉坊　庞松舟　曾宗鉴　崔唯吾　李超英
经济专门委员会
　主任委员　宋子文
　副主任委员　彭学沛
　委　员　邵元冲　孔祥熙　刘纪文　马寅初　卫挺生
　　　　　骆美奂　李毓九　李仪祉　王世颖　王仲裕
　　　　　邓家彦　徐　箴
交通专门委员会
　主任委员　朱家骅
　副主任委员　曾养甫
　委　员　王伯群　俞飞鹏　曾仲鸣　黄麟书　连声海
　　　　　李范一　黄伯樵　夏光宇　朱文鑫　金家凤
　　　　　颜任光　许炳坤　高廷梓
教育专门委员会
　主任委员　经亨颐
　副主任委员　许崇清
　委　员　褚民谊　段锡朋　时子周　朱兆莘　万昌言
　　　　　方其道　赵洒传　高传珠　汪懋祖　陈天鸥
　　　　　王凤喈　刘真如　朱云光　伍　俶　雷铸寰
法制专门委员会
　主任委员　李文范
　副主任委员　叶楚伧
　委　员　戴传贤　王世杰　王用宾　洪兰友　林　彬
　　　　　胡次威　谢冠生　张彝鼎　赖特才　胡　翰
　　　　　赵连登　吴经熊　张知本　徐象枢

土地专门委员会

　主任委员　陈果夫

　副主任委员　萧　铮

　委　员　傅汝霖　叶秀峰　周伯敏　吴尚鹰　陶履谦

　　　　　张廷休　万国鼎　高　信　朱宗良　李庆麟

　　　　　汤惠荪　张丕介　祝　平

国防专门委员会

中央执监委员会于民国二十六年十二月六日在重庆开始办公。此次西迁遵中央第五十九次常会规定之处理办法，除两秘书处保留办公人员五分之一外，其余各处会一律停止工作。中央组织、宣传、民众训练三部则暂时归并军事委员会，财务委员会停止工作。惟财务委员会停止工作后，原有主管工作仍须有人主持，经第六十一次会议，民国二十六年十二月三十日通过，援照十六年前例，于常务委员中推定一人为财务委员，主持一切有关财务及经收捐款各事宜，并推定由丁惟汾担任。中央组织、宣传、民众训练三部亦于二十七年一月，国防最高会议常务委员第四十二次会议决议，仍直属中央执行委员会，处理一切经常事务；中央执行委员会对于组织、民众训练及宣传所决定之方针，授权军事委员会政治部执行。经二十七年一月十二日，中央常会第六十二次会议通过。是年二月三日中央常会第六十六次会议通过，三部各增设副部长一人，以因应工作上需要。是次会议并通过于武汉设置中国国民党中央执行委员会武汉临时办事处，推常务委员居正为办事处主任。此后至临时全国代表大会召开前尚通过下列两项人事案：

　主任委员　程　潜

　副主任委员　黄慕松

　组织部副部长　吴开先(第七十一次会议，民国二十七年三月四日通过)

　宣传部副部长　董显光(第七十一次会议，民国二十七年三月四日通过)

临时全国代表大会后之第五届中央执行委员会

总　裁　蒋中正(民国二十七年四月一日,临时全国代表大会推选)

副总裁　汪兆铭(民国二十七年四月一日,临时全国代表大会推选)

（第一○八次会议,民国二十八年一月一日通过永远开除党籍,并撤除其一切职务）

常务委员会

四中全会后

丁惟汾　居　正　于右任　戴传贤　孔祥熙　孙　科　阎锡山

冯玉祥　叶楚伦　邹　鲁　陈果夫　何应钦　李文范　白崇禧

陈公博

（五届四中全会,民国二十七年四月八日通过）

陈公博离职,五届五中全会推王法勤为常务委员。

（五届五中全会,民国二十八年一月二十九日通过）

六中全会后

五届六中全会决议以国民政府五院院长为常务委员会当然委员,不在规定名额之内,经推定十五人为常务委员,连同五位当然委员,名单如下：

蒋中正　孙　科　居　正　戴传贤　于右任(以上五人为当然委员)

王法勤　丁惟汾　邹　鲁　孔祥熙　冯玉祥　阎锡山　陈果夫

李文范　何应钦　白崇禧　陈济棠　陈树人　张厉生　王泉笙

邓家彦

（五届六中全会,民国二十八年十一月二十日通过）

其中王法勤于民国三十年五月二十八日病故,陈济棠辞职照准,经民国三十年十二月二十三日,五届九中全会通过补推叶楚伦、顾孟余为常务委员。

十中全会后

五届十中全会,除五院院长仍为当然常务委员外,其余改用记名选举方法选举。全部常务委员名单如下:

蒋中正　孙　科　居　正　戴传贤　于右任(以上五人为当然委员)

陈果夫　何应钦　孔祥熙　张厉生　白崇禧　宋子文　邹　鲁

叶楚伧　丁惟汾　李文范　冯玉祥　陈济棠　吴忠信　潘公展

邓家彦

(五届十中全会,民国三十一年十一月二十七日通过)

秘书长　朱家骅(五届四中全会,民国二十七年四月八日通过)

　　　　　　(五届六中全会,民国二十八年十一月二十日通过调组织部部长)

　　　　叶楚伧(五届六中全会,民国二十八年十一月二十日通过)

　　　　吴铁城(五届八中全会,民国三十年四月二日通过)

副秘书长　甘乃光(五届四中全会,民国二十七年四月八日通过)

　　　　　　(第二一五次会议,民国三十一年十二月七日调任国防最高委员会副秘书长)

　　　　狄　膺(第二一五次会议,民国三十一年十二月七日通过)

秘书处

调查统计局

　　局　长　朱家骅(兼)(第八十三次会议,民国二十七年六月三十日通过)

　　　　　徐恩曾(代理)(第二七七次会议,民国三十四年二月五日辞职照准)

　　　　　叶秀峰(第二七七次会议,民国三十四年二月五日通过)

　　副局长　徐恩曾(第八十三次会议,民国二十七年六月三十日通过)

　　　　　(第二七七次会议,民国三十四年二月五日辞职照准)

中央文化驿站总管理处(第一三八次会议,民国二十九年一月十一日通过设置)

（第二三六次会议，民国三十二年八月九日通过划归

中央出版事业管理委员会管辖）

处　长　钱其琛（第一三九次会议，民国二十九年一月二十五日通过）

（第一六四次会议，民国二十九年十二月九日辞职照准）

贺师俊（兼）（第一六四次会议，民国二十九年十二月九日通过）

副处长　潘树藩（第一三九次会议，民国二十九年一月二十五日通过）

（第一六一次会议，民国二十九年十月二十八日辞职照准）

温叔萱（兼）（第一六二次会议，民国二十九年十一月十一日通过）

（第二一九次会议，民国三十二年一月二十五日另有任用）

侯标庆（第二一九次会议，民国三十二年一月二十五日通过）

（第二六三次会议，民国三十三年八月二十一日辞职照准）

冯　用（第二六三次会议，民国三十三年八月二十一日通过）

工商运动委员会（社会部改隶行政院后，经第一六〇次常会决议，将工商运动

委员会改隶秘书处，嗣经秘书处酌加修订该会组织规程，于

民国三十年三月三日第一七〇次会议备案，至民国三十三年

八月二十一日，第二六三次会议撤销备案，原有工商运动委

员以中央工商运动会报名义，由秘书长分别函聘，一律为无

给职。）

设计考核委员会（第二三六次会议，民国三十二年八月九日组织规程备案）

宪草宣传指导委员会（第二四九次会议，民国三十三年二月二十一日通过设

置）

召集人　孙　科　戴传贤（第二四九次会议，民国三十三年二月二十一

日通过设置）

委　员　孙　科　戴传贤　孔祥熙　王宠惠　陈布雷　吴铁城

梁寒操　程天放　何应钦　朱家骅　张厉生　潘公展

谷正纲　陈立夫　邵力子　段锡朋　狄　膺　张治中

洪兰友　史尚宽　林　彬

（以上第二四九次会议，民国三十三年二月二十一日通过）

组织部

部　长　张厉生(五届四中全会,民国二十七年四月八日通过)

朱家骅(五届六中全会,民国二十八年十一月二十日通过)

　　(五届十二中全会,民国三十三年五月二十六日辞职照准)

陈果夫(五届十二中全会,民国三十三年五月二十六日通过)

　　(第二七〇次会议,民国三十三年十一月二十日辞职照准)

陈立夫(第二七〇次会议,民国三十三年十一月二十日通过)

副部长　谷正纲(五届四中全会,民国二十七年四月八日通过)

吴开先(五届四中全会,民国二十七年四月八日通过)

　　(第二一五次会议,民国三十一年十二月七日以未能到职
免职)

曾养甫(代理吴开先)(五届六中全会,民国二十八年十一月二十
日通过)

　　(五届八中全会,民国三十年四月二日通过另有任务)

马超俊(五届六中全会,民国二十八年十一月二十日通过)

张　冲(代理吴开先)(五届八中全会,民国三十年四月二日通过)

　　(民国三十年九月十一日病逝)

张　强(第二一五次会议,民国三十一年十二月七日通过)

　　(第二五九次会议,民国三十三年六月二十六日辞职照准)

余井塘(第二五九次会议,民国三十三年六月二十六日通过)

组织委员会(第二六〇次会议,民国三十三年七月十日备案设置,为该部最高
顾问机构。)

委　员　吴铁城　朱家骅　陈立夫　张厉生　张道藩

谷正纲　吴开先　段锡朋　徐恩曾　叶秀峰

贺衷寒　康　泽　刘咏尧　萧赞育　蒋经国

(第二六〇次会议,民国三十三年七月十日备案)

党团指导委员会(社会部改隶行政院后,关于党团指导事项,经第一六〇次常
会决议全部由组织部接管,将来或由组织部配合有关机关设

置党团指导委员会处理之。嗣经民国三十年一月六日,第一
六六次会议通过设置)

主任委员　朱家骅(兼)(依组织规程主任委员由组织部部长兼任)

委　员　叶楚伧　张厉生　陈立夫　张治中　王世杰

谷正纲　康　泽　梁寒操　段锡朋

(以上第一六八次会议,民国三十年二月三日通过)

马超俊(第二〇一次会议,民国三十一年五月十一日通过)

张道藩(第二一七次会议,民国三十一年十二月二十八日通过)

妇女运动委员会(社会部改隶行政院后,经第一六〇次常会决议,将妇女运动
委员会移转组织部接管,嗣经组织部拟具妇女运动委员会组
织规程,于第一六六次会议,民国三十年一月六日通过)

常务委员　沈慧莲　刘蘅静　陈逸云(第一六七次会议,民国三十年一
月二十日通过)

张岫岚　吕云章(第一六九次会议,民国三十年二月十七日
备案)

边疆语文编译委员会

专任委员　史秉麟(第二二九次会议,民国三十二年五月三十一日调该会
秘书)

杨质夫　陈翊周

赵石溪(第二二九次会议,民国三十二年五月三十一日调边疆
党务处科长)

梁寄凡(第二三八次会议,民国三十二年九月二十日辞职照准)

杨兆钧　梅公毅

(以上第二一五次会议,民国三十一年十二月七日通过)

杨　冰(第二二九次会议,民国三十二年五月三十一日通过)

(第二五七次会议,民国三十三年五月二十九日辞职照
准)

李咏林(第二三一次会议,民国三十二年六月十四日通过)

蒋致余(第二三三次会议,民国三十二年七月十二日通过)

　　　　(第二三九次会议,民国三十二年十月四日辞职照准)

李春先(第二三三次会议,民国三十二年七月十二日通过)

纳　忠　穆罕麦德伊敏(第二三四次会议,民国三十二年七
　　　月二十六日通过)

章熙林(第二四二次会议,民国三十二年十一月十五日通过)

宣传部

部　长　顾孟余(五届四中全会,民国二十七年四月八日通过)

　　　　(因病未到职)

周佛海(代理)(第七十五次会议,民国二十七年四月二十八日
　　　通过)

　　　　(第一〇九次会议,民国二十八年一月五日辞职照准)

叶楚伧(第一〇九次会议,民国二十八年一月五日通过暂由其
　　　办理部务)

　　　　(五届五中全会,民国二十八年一月二十九日通过)

　　　　(五届六中全会,民国二十八年十一月二十日调秘书长)

王世杰(五届六中全会,民国二十八年十一月二十日通过)

　　　　(第二一五次会议,民国三十一年十二月七日辞职照准)

张道藩(第二一五次会议,民国三十一年十二月七日通过)

　　　　(第二三九次会议,民国三十二年十月四日辞职照准)

梁寒操(第二三九次会议,民国三十二年十月四日通过)

　　　　(第二七〇次会议,民国三十三年十一月二十日调海外
　　　部部长)

王世杰(第二七〇次会议,民国三十三年十一月二十日通过)

副部长　周佛海(五届四中全会,民国二十七年四月八日通过)

　　　　(第一一四次会议,民国二十八年二月十六日免职)

董显光(五届四中全会,民国二十七年四月八日通过)

潘公展(第一一四次会议,民国二十八年二月十六日通过)

（五届十中全会,民国三十一年十一月二十七日当选中央
常务委员去职）

程沧波（第二一五次会议,民国三十一年十二月七日通过）

（第二四九次会议,民国三十三年二月二十一日辞职照准）

许孝炎（第二四九次会议,民国三十三年二月二十一日通过）

中央广播电台

台　长　吴道一（第一二八次会议,民国二十八年八月二十四日通过）

中央宣传部驻港办事处（原名宣传专员办事处,由吴铁城兼任专员,嗣因吴
氏出任中央执行委员会秘书长后难以兼顾,遂易名,
并于第一九○次会议,民国三十年十二月八日通过
组织规则。）

主　任　陈　策（第一九○次会议,民国三十年十二月八日备案）

副主任　温源宁（第一九○次会议,民国三十年十二月八日备案）

文化运动委员会（社会部改隶行政院后,经第一六○次常会决议,关于文化运
动事项划归宣传部接管,嗣经宣传部拟具文化运动委员会组
织大纲,于第一六六次会议,民国三十年一月六日通过）

主任委员　张道藩（第一六六次会议,民国三十年一月六日通过）

副主任委员　潘公展（第一六六次会议,民国三十年一月六日通过）

（第二三九次会议,民国三十二年十月四日辞职照
准）

洪兰友（第一六六次会议,民国三十年一月六日通过）

胡一贯（第二三九次会议,民国三十二年十月四日通过）

常务委员　梁寒操　程沧波　萧同兹　吴大钧　何浩若
张廷休　陶百川　许孝炎　刘百闵　李中襄
彭革陈　罗学濂　王冠青

（第一六六次会议,民国三十年一月六日通过）

宣传委员会（第二四三次会议,民国三十二年十一月二十九日通过组织规程；
第二五九次会议,民国三十三年六月二十六日通过修正组织规程）

主任委员　宣传部部长兼

副主任委员　宣传部副部长兼

委　员　潘公弼　王培仁(第二六二次会议,民国三十三年八月七日辞
职照准)　黄铁铮　章渊若　郭斌佳　张平群

黄少谷　杨宣诚(两人于第二五一次会议,民国三十三年三月
二十日因职务调动不克担任)

何凤山　王芃生　印维廉　李中襄　萧同兹

郑彦棻

(以上第二四六次会议,民国三十三年一月十日通过)

李俊龙　郑介民(第二五一次会议,民国三十三年三月二十日
通过)

汪奕林　孙静工

王国华(第二六八次会议,民国三十三年十月三十日因公出国改
派凌士芬充任)

彭百川　吴闻天　洪兰友　朱　济　卢郁文

唐　纵　陶希圣

(以上第二六二次会议,民国三十三年八月七日通过)

张金鉴(第二六二次会议,民国三十三年八月七日通过接王培仁
缺)

谢澄宇(第二六三次会议,民国三十三年八月二十一日通过)

凌士芬(第二六八次会议,民国三十三年十月三十日备案)

社会部(民国二十九年十二月依五届六中全会决议改隶国民政府)

部　长　陈立夫(五届四中全会,民国二十七年四月八日通过)

谷正纲(五届六中全会,民国二十八年十一月二十日通过)

副部长　张道藩(五届四中全会,民国二十七年四月八日通过)

马超俊(五届四中全会,民国二十七年四月八日通过)

王秉钧(五届六中全会,民国二十八年十一月二十日通过)

洪兰友(五届六中全会,民国二十八年十一月二十日通过)

妇女运动委员会(社会部改隶国民政府后,暂隶组织部)

主任委员　沈慧莲(第七十七次会议,民国二十七年五月十二日通过)

委　员　沈慧莲　任培道　陈逸云　吕云章　傅　岩

唐国桢　刘巨全　罗　衡

朱　纶　喻维华(第八十五次会议,民国二十七年七月十三日出缺)

莫国康(第一三八次会议,民国二十九年一月十一日久假不归应予免职)

刘蘅静　廖温音　陆翰芩

(以上第七十七次会议,民国二十七年五月十二日通过)

庄　静(第七十八次会议,民国二十七年五月二十六日通过)

陶寄天(第八十五次会议,民国二十七年七月十三日通过)

童逍予(第一三八次会议,民国二十九年一月十一日通过)

冯云仙(第二四三次会议,民国三十二年十一月二十九日另有任用)

崔纫秋(第二四三次会议,民国三十二年十一月二十九日通过)

工商运动委员会(第一二〇次会议,民国二十八年五月四日通过设置)

(社会部改隶国民政府后,暂隶秘书处。)

专任委员　张竞平　江述之(民国二十九年十一月被炸遇难)　穆华轩
沈铸臣

(以上第一二六次会议,民国二十八年七月二十七日通过)

王延松(第一二七次会议,民国二十八年八月十日通过)

姜绍田　萧懋谦(第一三三次会议,民国二十八年十一月二日备案)

谢澄宇(第一三八次会议,民国二十九年一月十一日通过)

(第一六三次会议,民国二十九年十一月二十五日另有

　　　　任用）

　　易礼容（第一四二次会议，民国二十九年三月七日通过）

　　　　（第一五九次会议，民国二十九年十月二日辞职照准改
　　　　聘聘任委员）

　　赵连城（第一四二次会议，民国二十九年三月七日通过）

　　彭仲年（第一四六次会议，民国二十九年五月二日通过）

　　曹沛滋（第一六〇次会议，民国二十九年十月十四日通过）

　　　　（第一六三次会议，民国二十九年十一月二十五日另有
　　　　任用）

　　余　琪（第一六二次会议，民国二十九年十一月十一日通过）

　　　　（第一六五次会议，民国二十九年十二月二十三日辞职
　　　　照准）

　　黄天佑（第一六三次会议，民国二十九年十一月二十五日另有
　　　　任用）

　　陈少甫（第一六三次会议，民国二十九年十一月二十五日另有
　　　　任用）

　　程--中（第一六五次会议，民国二十九年十二月二十三日通过）

海外部

部　长　陈树人（五届四中全会，民国二十七年四月八日通过）

　　吴铁城（五届六中全会，民国二十八年十一月二十日通过）

　　　　（五届八中全会，民国三十年四月二日调任中央执行委员
　　　　会秘书长）

　　刘维炽（五届八中全会，民国三十年四月二日通过）

　　　　（第二三九次会议，民国三十二年十月四日另有任用）

　　张道藩（第二三九次会议，民国三十二年十月四日通过）

　　　　（第二七〇次会议，民国三十三年十一月二十日另有任用）

　　梁寒操（第二七〇次会议，民国三十三年十一月二十日通过）

　　陈庆云（第二七二次会议，民国三十三年十二月十一日通过代理；

第二七四次会议,民国三十四年一月八日真除)

副部长　周启刚(五届四中全会,民国二十七年四月八日通过)

　　　　　(五届八中全会,民国三十年四月二日通过专任侨务委员

　　　　　会副委员长)

　　　　萧吉珊(五届四中全会,民国二十七年四月八日通过)

　　　　　(五届八中全会,民国三十年四月二日通过另有任务)

　　　　陈庆云(五届八中全会,民国三十年四月二日通过)

　　　　　(第二七四次会议,民国三十四年一月八日通过升任部长)

　　　　戴愧生(五届八中全会,民国三十年四月二日通过)

　　　　赖　琏(第二七四次会议,民国三十四年一月八日通过)

党务计画委员会(第一三九次会议,民国二十九年一月二十五日通过设置)

委　员　李竹瞻　邝金保　王吉士　胡少炎　黄素云　崔杰南

　　　　赵　昱(第二四二次会议,民国三十二年十一月十五日辞职照准)

　　　　骆介子　陈立人　朱瑞石　郑善政　谭贞林

　　　　张　绚　黄炳庚

　　　　陈雁声(第二七三次会议,民国三十三年十二月二十五日通过因

　　　　　病出缺)

　　　　李思辕　林福元(第二四二次会议,民国三十二年十一月十五

　　　　　日辞职照准)

　　　　(以上第二二〇次会议,民国三十二年二月八日通过)

　　　　温剑南　陈伟义(第二二五次会议,民国三十二年四月十九日

　　　　　通过)

　　　　郑满霖(第二三一次会议,民国三十二年六月十四日通过)

　　　　吴碧岩　香玉堂(第二四二次会议,民国三十二年十一月十五

　　　　　日通过)

　　　　陈宗珍(第二四四次会议,民国三十二年十二月十三日通过)

　　　　马元放　陈景阳(以上第二七三次会议,民国三十三年十二月

　　　　　二十五日通过)

罗浮仙(第二七三次会议,民国三十三年十二月二十五日通过)

叶挺生(第二七九次会议,民国三十四年三月五日通过)

陈景唐　许人堉(以上第二八一次会议,民国三十四年四月二
日通过)

叶崇濂(第二八四次会议,民国三十四年四月三十日通过)

侨民运动指导委员

王振相　黄树芬　陈宏典　刘伯群　张子田

邱新样　洪天庆　刘兖光　李瑞门　李道臻

李给岷　梁龙光

(以上第二二○次会议,民国三十二年二月八日通过)

梁卫苍(第二三八次会议,民国三十二年九月二十日辞职照准)

陈肇基　陈孝奇　王之五　谭永生　余恺湛

(以上第二二六次会议,民国三十二年五月三日通过)

刘子清(第二二七次会议,民国三十二年五月十七日通过)

周日东　冯灿列　李　湘　张达文　丁重民

香玉堂(第二四二次会议,民国三十二年十一月十五日调党务计
划委员)

何国材

吴碧岩(第二四二次会议,民国三十二年十一月十五日调党务计
划委员)

许人堉　蔡咸快　陈荣芳

(以上第二三三次会议,民国三十二年七月十二日通过)

蓝东海(第二三四次会议,民国三十二年七月二十六日通过)

韩　泉(第二三七次会议,民国三十二年八月二十三日通过)

陈恩成(第二三九次会议,民国三十二年十月四日辞职照准)

甄友廉　梁伟成　何尚平　陈其仁

(以上第二四○次会议,民国三十二年十月十八日通过)

张　珠(第二四四次会议,民国三十二年十二月十三日通过)

许秉武(第二四五次会议,民国三十二年十二月二十七日通过)

陶笏廷　林焯钧(第二五三次会议,民国三十三年四月十七日
通过)

刘翼凌(第二五五次会议,民国三十三年五月十五日通过)

翟肖佛(第二六二次会议,民国三十三年八月七日通过)

梅伯强　马泽民(第二八一次会议,民国三十四年四月二日通
过)

抚恤委员会

主任委员　王法勤(民国三十年五月二十八日病逝)

丁惟汾(第一七七次会议,民国三十年六月九日通过)

副主任委员　李文范

洪陆东

委　员　林森(民国三十二年八月一日病逝)　居　正

丁惟汾　孙　科　张　继　叶楚伧　陈立夫

吴铁城(第一七六次会议,民国三十年五月二十六日通过)

吴敬恒　周启刚(第二四二次会议,民国三十二年十一月十五
日通过)

党史史料编纂委员会

主任委员　张　继

副主任委员　梅公任(第一六五次会议,民国二十九年十二月二十三日改
任委员)

罗家伦

杨庶堪(第一六五次会议,民国二十九年十二月二十三日通
过)

(民国三十一年八月八日病逝)

徐忍茹(第二一二次会议,民国三十一年十月五日通过)

委　员　　蒋中正　吴敬恒　王宠惠　戴传贤　于右任

　　　　　叶楚伧　林　森　张　继　居　正　孔祥熙

　　　　　邓家彦　邹　鲁　李文范　丁惟汾　刘守中

　　　　　萧佛成　张静江　冯玉祥　王法勤

　　　　　梅公任(第一六五次会议,民国二十九年十二月二十三日通过)

　　　　　孙　科　陈果夫　吴铁城(刘守中、王法勤、杨庶堪三人先后

　　　　　　　　病故出缺,第二二次会议,民国三十二年五月三十一日

　　　　　　　　通过加推)

革命债务调查委员会(第二四二次会议,民国三十二年十一月十五日通

　　　　　　过裁撤)

主任委员　孙　科

革命勋绩审查委员会

主任委员　林　森(第七十七次会议,民国二十七年五月十二日通过)

　　　　　　(民国三十二年八月一日病逝)

　　　　　吴敬恒(第二三七次会议,民国三十二年八月二十三日通过)

委　员　　林　森　居　正　陈树人　周启刚　陈立夫

　　　　　吴敬恒　王法勤　林云陔

　　　　　(以上三人,第七十七次会议,民国二十七年五月十二日通过加派)

　　　　　邹　鲁　陈果夫　叶楚伧

　　　　　(第二三九次会议,民国三十二年十月四日通过吴敬恒函:革命勋

　　　　　绩委员会原设委员九人,自朱培德、王法勤两委员先后逝世,汪兆

　　　　　铭以附逆除籍后,前所有委员缺额,迄未补推,为收集思广益、审议

　　　　　周详起见,拟请加推邹鲁、陈果夫、叶楚伧为委员。)

华侨捐款保管委员会(第二四二次会议,民国三十二年十一月十五日通

　　　　　　过裁撤)

委　员　　林　森　蒋中正　于右任　叶楚伧　宋子文

　　　　　陈树人

甄审委员会（据第七十四次常会通过甄审办法大纲设置）

召集人　余井塘（第七十七次会议,民国二十七年五月十二日通过）

委　员　余井塘　方　治　潘公展　王漱芳　陈访先

王子壮　狄　膺

（以上第七十七次会议,民国二十七年五月十二日通过）

财务委员会（民国二十九年五月恢复设置）

主任委员　孔祥熙（第一四七次会议,民国二十九年五月十六日通过）

三民主义丛书编纂委员会（五届五中全会第五次会议,民国二十八年一月二十七日决议设置;第二五八次会议,民国三十三年六月十二日通过《关于三民主义丛书编纂委员会调整机构办法案》,决定业务移转宣传部主管。）

主任委员　戴传贤（第一二○次会议,民国二十八年五月四日通过）

（第二五八次会议,民国三十三年六月十二日辞职照准）

副主任委员（第二四一次会议,民国三十二年十一月一日通过之修正组织条例增设）

梁寒操（第二四一次会议,民国三十二年十一月一日通过）

赖　琏（兼）（第二五一次会议,民国三十三年三月二十日通过增设副主任委员一人）

出版事业管理委员会（第一八三次会议,民国三十年九月一日通过组织大纲;民国三十一年六月一日开始办公;第二五三次会议,民国三十三年四月十七日通过改组办法,决定主要工作划归宣传部接管。）

主任委员　叶楚伧（第二○二次会议,民国三十一年五月二十五日通过）

（第二五一次会议,民国三十三年三月二十日辞职照准）

方　治（代理）（第二五二次会议,民国三十三年四月三日备案）

副主任委员　甘乃光（第二○二次会议,民国三十一年五月二十五日通

　　　　　过)

　　　方　治(第二〇二次会议,民国三十一年五月二十五日通
　　　　　过)

党务委员会

主任委员(依该会办事规程,以秘书长为主任委员)

　　　朱家骅(兼)

　　　叶楚伧(兼)

　　　吴铁城(兼)

委　员　邵力子(民国三十年派赴驻苏大使离职)

　　　梁寒操(第一二二次会议,民国二十八年六月一日辞职照准)

　　　黄季陆(第一二二次会议,民国二十八年六月一日免职)

　　　段锡朋

　　　余井塘(民国三十三年六月二十六日在组织部副部长为当然委
　　　　　员)

　　　徐恩曾

　　　方　治(第一二二次会议,民国二十八年六月一日辞职照准)

　　　陈　诚　张　冲(民国三十年四月二日任组织部副部长为当然
　　　　　委员)

　　　叶溯中(第一五五次会议,民国二十九年八月二十二日辞职照准)

　　　林翼中(第二三三次会议,民国三十二年七月十二日另有任用)

　　　范予遂(第一九六次会议,民国三十一年三月二日另有任用)

　　　李中襄　齐世英

　　　刘健群(第一二二次会议,民国二十八年六月一日免职)

　　　贺衷寒(第一二二次会议,民国二十八年六月一日辞职照准)

　　　王漱芳(第一二二次会议,民国二十八年六月一日辞职照准)

　　　李任仁(第一二二次会议,民国二十八年六月一日辞职照准)

　　　(以上第七十四次会议,民国二十七年四月二十一日通过)

陆翰芹(第二六六次会议,民国三十三年八月二日另有任用)

邓飞黄(第二三三次会议,民国三十二年七月十二日另有任用)

李超英

(以上三人第一二二次会议,民国二十八年六月一日通过)

王星舟(第二〇八次会议,民国三十一年八月十日另有任用)

李翼中

(以上二人第一三九次会议,民国二十九年一月二十五日通过)

康　泽(第一四〇次会议,民国二十九年二月八日通过)

刘炳藜(第一四一次会议,民国二十九年二月二十二日通过)

柳克述(第一四一次会议,民国二十九年二月二十二日通过)

　　　(第二三一次会议,民国三十二年六月十四日以在前方服

　　　务不克参加会务解职)

洪瑞钊(第一四二次会议,民国二十九年三月七日通过)

马　亮(第一五五次会议,民国二十九年八月二十二日通过)

陈绍贤　刘爵凌(第一六八次会议,民国三十年二月三日通过)

陶百川　宋述樵(第一七六次会议,民国三十年五月二十六日

　　　通过)

张国焘(第一九六次会议,民国三十一年三月二日通过)

黄　强(第二〇八次会议,民国三十一年八月十日通过)

许孝炎(第二一七次会议,民国三十一年十二月二十八日通过)

　　　(第二六〇次会议,民国三十三年七月十日另有任用)

叶实之(第二三一次会议,民国三十二年六月十四日通过)

陈剑如(第二三三次会议,民国三十二年七月十二日通过)

阳叔保(第二三三次会议,民国三十二年七月十二日通过)

宋渊源(第二三三次会议,民国三十二年七月十二日通过)

章渊若(第二六〇次会议,民国三十三年七月十日通过)

潘公弼(第二六一次会议,民国三十三年七月二十四日通过)

梁　栋(第二六六次会议,民国三十三年八月二日通过)

当然委员　依该会办事规程,各部正副部长及副秘书长为当然委员;依第一六六次会议,民国三十年一月六日通过修正办事规程,增列中央训练委员会主任委员及副主任委员为当然委员;第二〇一次会议,民国三十一年五月十一日备案,增列三民主义青年团中央团部书记长为当然委员。

训练委员会

委员长　蒋中正

主任委员　陈　诚(第七十七次会议,民国二十七年五月十二日通过)

段锡朋(第二六一次会议,民国三十三年七月二十四日通过)

副主任委员(第一一七次会议通过修正组织条例增设副主任委员二人)

段锡朋(第一一七次会议,民国二十八年三月二十三日通过)

(第二六一次会议,民国三十三年七月二十四日升任主任委员)

周亚卫(第一一七次会议,民国二十八年三月二十三日通过)

朱怀冰(第二六一次会议,民国三十三年七月二十四日通过)

何联奎(第二六一次会议,民国三十三年七月二十四日通过)

委　员　陈　诚　陈立夫　张厉生

谷正纲(第一一九次会议,民国二十八年四月二十日免兼)

邓飞黄

黄季陆(第一一七次会议,民国二十八年三月二十三日免兼)

韦永成(第一一七次会议,民国二十八年三月二十三日免兼)

朱家骅　王世杰

刘健群(第一一九次会议,民国二十八年四月二十日免兼)

程思远(第一一七次会议,民国二十八年三月二十三日免兼)

周佛海(第一一七次会议,民国二十八年三月二十三日免兼)

何　廉　蒋廷黻

李扬敬（第一一七次会议，民国二十八年三月二十三日免兼）

万耀煌（第一一九次会议，民国二十八年四月二十日免兼）

潘宜之（第一一九次会议，民国二十八年四月二十日辞职照准）

刘士毅（第一一九次会议，民国二十八年四月二十日免兼）

周至柔（第一一七次会议，民国二十八年三月二十三日免兼）

陈继承（第一一九次会议，民国二十八年四月二十日免兼）

梁寒操（第一一九次会议，民国二十八年四月二十日免兼）

黄麟书（第一一七次会议，民国二十八年三月二十三日开缺）

郑彦棻（第一一七次会议，民国二十八年三月二十三日开缺）

段锡朋　徐培根　桂永清　贺衷寒　戴　笠　康　泽

（以上第七十四次会议，民国二十七年四月二十一日通过）

黄琪翔（第一一九次会议，民国二十八年四月二十日免兼）

卢作孚

（以上二人第七十七次会议，民国二十七年五月十二日通过）

严立三（第九十七次会议，民国二十七年十月十三日通过）

　　　　（第一一九次会议，民国二十八年四月二十日免兼）

张治中　周亚卫　王东原　何联奎　顾毓琇

（以上五人第一一七次会议，民国二十八年三月二十三日通过）

刘瑶章（第一一九次会议，民国二十八年四月二十日通过）

谷正纲　吴铁城　刘士毅　雷　殷

（以上四人第一三五次会议，民国二十八年十一月三十日通过）

刘绍先（第一六四次会议，民国二十九年十二月九日通过）

　　　　（民国三十年五月病故）

李培基（第二〇二次会议，民国三十一年五月二十五日免职）

宋希濂　倪文亚

（以上三人第一七七次会议，民国三十年六月九日通过）

沈仲九（第二〇一次会议，民国三十一年五月十一日通过）

王子壮(第二〇二次会议,民国三十一年五月二十五日通过)

沈遵晦(第二五一次会议,民国三十三年三月二十日通过)

中央训练委员会训练团(第八十二次会议,民国二十七年六月二十三日通过组织条例)

团　　长　蒋中正(依组织条例规定团长由训练委员会委员长兼任)

教育长　陈　诚(第一五九次会议,民国二十九年十月二日辞职照准备案)

王东原(第一五九次会议,民国二十九年十月二日备案)

陈　仪(兼)(第二六一次会议,民国三十三年七月二十四日备案)

(第二六六次会议,民国三十三年八月二日专任)

副教育长　宋希濂(兼任)(第一六二次会议,民国二十九年十一月十一日通过)

蒋经国(第二六七次会议,民国三十三年十月十六日备案)

台湾行政干部训练班班主任　陈　仪(兼)(第二六七次会议,民国三十三年十月十六日备案)

三民主义青年团(另列)

团　　长　蒋中正

政治委员会(五届四中全会,民国二十七年四月八日通过组织仍旧,惟不设副主席。是年六月,原设内政、外交、财政、经济、教育、法制、交通、土地、国防等九专门委员会,归并改组为法制、外交、财政、经济、教育五委员会。)

主　　席　汪兆铭

委　　员　张人杰　阎锡山　许崇智　李烈钧　王宠惠

李文范　张学良　唐生智　陈璧君　宋子文

顾孟余　朱家骅　马超俊　刘守中　陈公博

王伯群　程　潜　陈果夫　梁寒操　张定璠

何应钦　黄绍竑　王陆一　陈立夫　谷正纲

秘书处

秘书长 张 群(五届四中全会,民国二十七年四月八日通过)

(第八十八次会议,民国二十七年八月十一日辞职照准)

叶楚伧(第八十八次会议,民国二十七年八月十一日通过)

副秘书长 曾仲鸣(五届四中全会,民国二十七年四月八日通过)

法制专门委员会

主任委员 王世杰

副主任委员 甘乃光

委 员 张知本 茅祖权 余井塘 洪兰友 吴经熊
黄季陆 魏道明 林 彬 梅思平 廖维藩
陈石泉 黄右昌 金宝善 钱端升 陈之迈
卢 铸 张彝鼎 鲁学瀛 李朴生 陈 洪
戴克光

外交专门委员会

主任委员 王宠惠

副主任委员 周鲠生

委 员 陈布雷 徐 谟 傅秉常 蒋廷黻 傅斯年
董显光 甘介侯 王家桢 陶希圣 王芃生
张彭春 张忠绂 吴颂皋 陈博生 时昭瀛
郭斌佳 李圣五 郑震宇 李唯果 崔唯吾
张显之 曹树铭 张道行 李迪俊

财政专门委员会

主任委员 徐 堪

副主任委员 彭学沛

委 员 陈其采 陈立夫 赵棣华 雷 震 梁寒操
区芳浦 傅汝霖 闻亦有 庞松舟 李 傥
曾熔浦 高秉坊 陈长蘅 梁颖文 靳鹤声
金国宝 李肇甫 谷春帆 陈豹隐 徐柏园

　　　　李庆麟　邹安众

经济专门委员会

　　主任委员　陈公博

　　副主任委员　萧　铮

　　委　员　陈璧君　吴尚鹰　马寅初　何　廉　卢作孚
　　　　　　卫挺生　张肖梅　高叔康　祝　平　张梁任
　　　　　　戴铭礼　卓宣谋　何炳贤　万国鼎　颜任光
　　　　　　杨锐灵　朱　朴　金家凤　陈君慧　孟广厚
　　　　　　张廷休　汤良礼

教育专门委员会

　　主任委员　邵力子

　　副主任委员　段锡朋

　　委　员　潘公展　陶百川　顾毓琇　韦卓民　吴贻芳
　　　　　　范寿康　高君珊　高传珠　汪懋祖　刘真如
　　　　　　伍　傲　张伯谨　王仲裕　高廷梓　王世颖
　　　　　　罗霞天　吴俊升　徐蔚南　曾约农　许炳堃
　　　　　　罗方中

国防最高会议（第五十次会议，民国二十六年八月十二日通过设立，为全国国防最高决定机关，对于中央执行委员会政治委员会负责。）

　　主　席　军事委员会委员长
　　副主席　中央政治委员会主席
　　国防最高会议由下列各员组织，并由主席指定常务委员九人：

　　　（国防最高会议组织条例于第五十次会议，民国二十六年八月十二日通过，经第七十次会议，民国二十七年三月一日、第八十次会议，民国二十七年六月九日两度修正，此处系依第八十次会议通过之修正组织条例。）

　　（一）中央执行委员会常务委员、秘书长、各部部长，中央监察委员会常务委员，中央政治委员会秘书长。

（二）五院院长、副院长。

（三）行政院秘书长、各部部长。

（四）军事委员会委员。参谋总长、副参谋总长。军令部、军政部、军训部、政治部各部部长。军事参议院院长。

（五）由主席提出经国防最高会议通过者。

秘书处

秘书长　张　群

叶楚伧（五届四中全会，民国二十七年四月八日通过）

国防最高委员会（五届五中全会，民国二十八年一月二十九日决议设置，统一党政军指挥，并代行中央政治委员会之职权。原中央政治委员会所属各专门委员会亦一并改隶。国防最高委员会于是年二月七日正式成立，迄至民国三十六年四月二十四日撤销。）

委员长　蒋中正

委　员　国防最高委员会以下列各员为委员，并由委员长于委员中指定十一人为常务委员：

（一）中央执行委员会常务委员、监察委员会常务委员。

（二）国民政府五院院长、副院长。

（三）军事委员会委员。

（四）由委员长提出经中央执行委员会常务委员会通过者。

常务委员　于右任　居　正　孔祥熙　孙　科　戴传贤

王宠惠（第一八〇次会议，民国三十年七月二十一日辞职照准备案）

何应钦　白崇禧

陈果夫　邹　鲁

叶楚伧（第一五五次会议，民国二十九年八月二十二日辞职照

准备案)

（以上十一人第一一二次会议,民国二十八年二月二日
通过）

顾孟余(第一五五次会议,民国二十九年八月二十二日通过备
案)

郭泰祺(第一七九次会议通过为国防最高委员,奉委员长指定
为常务委员;第一八〇次会议,民国三十年七月二十一
日通过备案)

（因职务变更于民国三十一年一月十日,经蒋委员长核
定辞职照准）

秘书厅

秘书长　张　群(第一一二次会议,民国二十八年二月二日通过)

（五届八中全会,民国三十年四月二日通过另有任务）

陈布雷(兼代)(第一六三次会议,民国二十九年十一月二十五日
通过)

王宠惠(五届八中全会,民国三十年四月二日通过)

副秘书长　陈布雷(第一一六次会议,民国二十八年三月九日通过)

甘乃光(第二一五次会议,民国三十一年十二月七日通过增设
副秘书长一人)

法制专门委员会

主任委员　王世杰

副主任委员　甘乃光

专任委员　陈　洪　戴克光(民国二十八年五月一日派任)

委　员　张知本　余井塘　洪兰友　魏道明　林　彬
　　　　陈石泉　黄右昌　金宝善　张彝鼎　鲁学瀛
　　　　陈之迈　黄友郢　夏　勤

外交专门委员会

主任委员　王宠惠(国防最高委员会第七十四次常务会议,民国三十年十

二月二十七日报告)

　　　　　郭泰祺(中国国民党第五届九中全会通过,民国三十年十二月)

副主任委员　周鲠生

专任委员　郭斌佳　陈岱础(民国二十八年五月一日派任)

　　　　　曹树铭(民国二十八年五月十八日派任)

委　员　徐　谟　傅秉常　蒋廷黻　傅斯年　董显光

　　　　甘介侯　王家桢　王芃生　张忠绂　陈博生

　　　　郑震宇　李唯果　崔唯吾　张显之　张道行

财政专门委员会

主任委员　徐　堪

副主任委员　彭学沛

专任委员　李超英　钱荔浦　靳鹤声(民国二十八年五月一日派任)

委　员　陈其采　陈立夫　赵棣华　雷　震　傅汝霖

　　　　闻亦有　庞松舟　李　傥　陈豹隐　高秉坊

　　　　陈长蘅　梁颖文　金国宝　李庆麟

经济专门委员会

主任委员　刘维炽(民国二十八年五月二十九日,委员长核定)

副主任委员　萧　铮

专任委员　高叔康　金家凤　范苑声　郎醒石(民国二十八年五月

　　　　一日派任)

委　员　吴尚鹰　何　廉　卫挺生　张肖梅　戴铭礼

　　　　卓宣谋　万国鼎　孟广厚　罗霞天

教育专门委员会

主任委员　邵力子

　　　　　陈布雷

副主任委员　段锡朋

专任委员　罗方中　张九如　彭镇寰(民国二十八年五月一日派任)

委　员　潘公展　顾毓琇　范寿康　高君珊　伍　傲　张伯谨

　　　　王仲裕　高廷梓　王世颖　吴俊升　张廷休

中央设计局(第一五六次会议,民国二十九年九月五日备案)

　　　　(第二六二次会议,民国三十三年八月七日修正组织大纲备案)

总　裁　国防最高委员会委员长兼任

秘书长　王世杰(第二三七次会议,民国三十二年八月二十三日辞职照准备案)

　　　　熊式辉(第二三七次会议,民国三十二年八月二十三日通过备案)

副秘书长　彭学沛(国防最高委员会第一三二次常务会议,民国三十三年三月十三日,委员长报告)

　　　　(国防最高委员会第一五三次常务会议,民国三十四年一月二十九日,委员长报告辞职照准)

　　　　邱昌渭(国防最高委员会第一五三次常务会议,民国三十四年一月二十九日,委员长报告)

党政工作考核委员会(第一五六次会议,民国二十九年九月五日备案)

委员长　蒋中正(国防最高委员会第四十次常务会议,民国二十九年十二月通过)

副委员长　孔祥熙(国防最高委员会第四十次常务会议,民国二十九年十二月通过)

　　　　于右任(国防最高委员会第四十次常务会议,民国二十九年十二月通过)

当然委员　蒋中正　孙　科　居　正　于右任　戴传贤

　　　　叶楚伦　王子壮　张　群

　　　　(以上第一五七次会议,民国二十九年九月十八日通过)

聘任委员　薛笃弼　贾景德　魏道明

　　　　(以上第一五七次会议,民国二十九年九月十八日通过)

　　　　(以上第一九九次会议,民国三十一年四月十三日均另有任务免职)

陈　仪(国防最高委员会第九十九次常务会议,民国三十一年十二月二十一日辞职照准)

钮永建　李宗黄

(以上第一九九次会议,民国三十一年四月十三日备案)

张厉生(国防最高委员会第九十九次常务会议,民国三十一年十二月二十一日通过)

秘书长　张厉生(第一五七次会议,民国二十九年九月十八日通过)

(第二一六次会议,民国三十一年十二月十四日另有任用备案)

陈　仪(第二一六次会议,民国三十一年十二月十四日备案)

(第二六六次会议,民国三十三年八月二日另有任用)

沈鸿烈(第二六六次会议,民国三十三年八月二日备案)

党务组　主任　陈果夫(国防最高委员会第四十五次常务会议,民国二十九年十一月十八日辞职)

李文范(国防最高委员会第四十五次常务会议,民国二十九年十一月十八日通过)

副主任　张道藩(国防最高委员会第五十三次常务会议,民国三十年二月二十四日辞职)

王子壮(国防最高委员会第五十三次常务会议,民国三十年二月二十四日通过)

政务组　主任　蒋作宾(国防最高委员会第四十次常务会议,民国二十九年九月十二日通过)

雷　殷(国防最高委员会第九十八次常务会议,民国三十一年十二月七日通过)

副主任　蒋廷黻(国防最高委员会第四十次常务会议,民国二十九年九月十二日通过)

李基鸿(国防最高委员会第九十八次常务会议,民国三十一年十二月七日通过)

物价审查委员会(第一五六次会议,民国二十九年九月五日备案)

　　　　（国防最高委员会第五十三次常务会议,民国三十年二月二
　　　　十四日备案撤销）

　　主任委员　谷正纲

　　委　员　谷正纲　翁文灏　张厉生　卢作孚　何　廉

　　　　　　何浩若　吴国桢　徐恩曾　吴大钧

　　　　　　（以上第一五六次会议,民国二十九年九月五日备案）

国防工业委员会

　　主任委员　张　群

　　　　　　翁文灏（国防最高委员会第四十七次常务公议,民国二十九年
　　　　　　十二月十六日备案）

　　副主任委员　贺耀组（国防最高委员会第四十七次常务会议,民国二十九
　　　　　　年十二月十六日备案）

　　委　员　顾孟余（国防最高委员会第四十七次常务会议,民国二十九年十
　　　　　　二月十六日备案）

第五届中央监察委员会

常务委员

林　森　张　继　萧佛成　吴敬恒　蔡元培

（第五届中监会第一次全体会议,民国二十四年十二月三日通过）

　　萧佛成因病逝世,推蒋作宾为常务委员。

　　　　（第五届中监会第六次全体会议,民国二十八年十一月十五日通过）

　　蔡元培在港逝世,推王宠惠为常务委员。

　　　　（第五届中监会第七次全体会议,民国二十九年七月四日通过）

　　蒋作宾、林森先后逝世,遗缺选举程天放、邵力子两委员补充。

　　　　（第五届中监会第十一次全体会议,民国三十二年九月十二日通过）

秘书处

秘书长　王子壮（第五届中监会第一次全体会议，民国二十四年十二月三日通过）

审核委员会（中监会第十六次常会，民国二十七年九月二十七日决议通过设立）

主任委员　王子壮（中监会第十六次常会，民国二十七年九月二十七日通过）

委　员　王秉钧　刘文岛　闻亦有　狄　膺　王子壮
　　　（中监会第十六次常会，民国二十七年九月二十七日通过）

中央党务工作考核委员会（中监会第二十九次常会，民国二十九年八月十二日通过设置）

主任委员　张　继（中监会第三十次常会，民国二十九年十月七日通过）

委　员　张　继　刘文岛　贺耀组　林云陔　王子壮
　　　闻亦有　狄　膺
　　　（中监会第三十次常会，民国二十九年十月七日通过）

第六届中央执行、监察委员会

第六届中央执行、监察委员会于民国三十四年五月二十日选出，计中央执行委员二百二十二人、候补中央执行委员九十人、中央监察委员一百零四人、候补中央监察委员四十四人。

第六届中央执行委员会于民国三十四年五月二十八日至三十一日，举行第一次全体会议，通过《中央执行委员会组织大纲修正要点》：中央常务委员名额增为二十五人，不设当然委员；中央执行委员会设秘书处、组织部、宣传委员会、海外部、训练委员会、财务委员会等业务单位，另设置农工运动委员会、妇女运动委员会、文化运动委员会等单位，处理各项民众运动及设计与推动事宜，其余则维持旧制。其中宣传委员会原系取代上届之宣传部，宣传部所掌管有关国家行政之事项，经第一次全体会议决议，移由政府设置宣传部或情报局办理，嗣经中常会第二次会议通过《宣传部改隶行政院实施办法要点》，要求宣传部于三十四年八月前完成改隶，但此事一直未予执行，而宣传委员会又已成立，因此形成两单位并存之现象。

民国三十四年八月，抗战胜利。三十五年三月，第六届中央执行委员会举行第二次全体会议，通过《对于党务报告之决议案》，认为"抗战胜利，建国伊始，国家已达由训政而渐进于宪政之阶段，本党组训宣传及民运工作，确有革新之必要"，对于今后党务工作制定多项改进要点，交由中央常会切实执行，其中改进各级机构部分，决议：（一）中央执行委员会常务委员名额扩充为三十六人（其中应有四分之一专任），由每次全会改选三分之一；（二）中央执行委员会下分设秘书处，组织、宣传、海外、边疆、农民、工人、工商、妇女等部，文化运动委员会及财务、抚恤、革命勋绩审查等委员会，其组织另定之。会中同时通过裁撤党务委员会、党务工作人员从政资格甄审委员会、训练委员会、海外党务计画委员会、华侨招待所等单位。会后，中央常务委员会根据上项决议，于五月十五日通过《修正中央执行委员会组织大纲案》，中央执行委员会下设秘书处、组织部、宣传部、海外部、农工部、妇女运动委员会、文化运动委员会、抚恤委员会、革命勋绩审查委员会、党史史料编纂委员会、财务委员会、甄选委员会等单位；另有政治委员会，掌理政纲政策之实施计划，重要政治问题之处理方针，及重要干部之决定等事宜。

民国三十六年九月，第六届中央执行委员会举行第四次全体会议，通过《统一中央党部团部组织案》，对党团合并后之中央执行、监察委员会之组织，订定办法如下：

一、三民主义青年团，本届中央干事，一律为本党本届中央执行委员；候补干事，一律为候补中央执行委员；中央监察，一律为本届中央监察委员；候补监察，一律为候补中央监察委员。全会通过后，提请第七次全国代表大会追认。

二、中央执行委员会常务委员名额，扩增为四十五人至五十五人；中央监察委员会常务委员名额，扩增为十五人至十九人。其人选，由总裁提请全会决定之。

三、中央执行委员会除原有各部会外，增设青年部，为本党领导及组训青年之机构，其组织另定之。

四、中央执行委员会各部各设委员会，为决策及检讨机构。各该部部长为当然委员，并为委员会开会时之主席，其办法另定之。

五、中央执行委员会设理论研究委员会，负对主义及政纲政策之理论研究责任，其组织另定之。

六、党团统一组织以后，为适应宪政时期之需要，本党组织之改进，由常会指定若干人成立研究委员会，负责研究具体方案，提出第七次全国代表大会讨论。

同时通过党团合并后之中央执行委员与监察委员名单，以及总裁提出中央执行委员会、中央监察委员会常务委员人选。是月十八日，中常会第八十三次会议亦依据上项决议，通过青年部及理论研究委员会两新设单位之人事案。

民国三十八年四月二十三日，国军撤离南京，"戡乱"情势逆转，中央常务委员会为因应非常时期紧急事态之需要，于是月二十八日通过组织非常委员会，为中国国民党对于政治问题之决策机构，代行中央政治委员会职权。非常委员会由委员十一至十五人组成，以总裁为主席，副主席一至二人由总裁就委员中，提请中央常务委员会决定。是年七月一日，总裁办公室在台北成立，其内部组织，分为九组，分掌党务、经济、宣传、国际问题研究、秘书、情报、警卫、总务等各项业务，及设计委员会，研究有关党务与政务。

第六届中央监察委员会于民国三十四年五月三十日举行第一次全体会议，经总裁核定常务委员七人，组织常务委员会。随即于六月二十六日，举行第一次会议，通过《中央监察委员会组织条例》，设秘书处、党务考核委员会、政治考核委员会、财务稽核委员会等单位，办理各项业务。民国三十五年三月十六日，第二次全体会议决议修正组织条例，将常务委员名额扩增至十二人；三十六年九月，党团合并后，常务委员名额再增为十五人至十九人。

第六届中央执行、监察委员会职名录

总　裁　蒋中正(第六次全国代表大会，民国三十四年五月十七日通过)

一、中央执行委员二二二人

于右任　何应钦　叶楚伧　居　正　孙　科

陈诚	戴传贤	吴铁城	邹鲁	宋子文
丁惟汾	白崇禧	陈果夫	张治中	梁寒操
陈立夫	陈布雷	朱家骅	胡宗南	冯玉祥
朱绍良	贺衷寒	顾祝同	钱大钧	何成濬
马超俊	宋庆龄	程潜	阎锡山	张厉生
谷正伦	傅作义	谷正纲	麦斯武德	刘健群
杨杰	蒋鼎文	段锡朋	鹿钟麟	余井塘
潘公展	甘乃光	陈继承	焦易堂	李文范
吴忠信	于学忠	狄膺	方觉慧	刘维炽
王正廷	刘峙	曾扩情	周伯敏	余汉谋
黄旭初	黄季陆	方治	张群	卫立煌
薛笃弼	谷正鼎	张道藩	萧同兹	陈策
俞飞鹏	陈庆云	陈树人	徐源泉	柏文蔚
丁超五	熊式辉	傅秉常	洪兰友	林翼中
沈鸿烈	曾养甫	周启刚	李品仙	蒋伯诚
陈绍宽	罗家伦	马鸿逵	邓家彦	刘纪文
赖琏	何键	彭学沛	陈仪	刘建绪
李宗黄	朱霁青	李扬敬	洪陆东	顾孟余
缪培南	李任仁	戴愧生	陈济棠	张强
罗桑坚赞	唐生智	吴保丰	陈肇英	王泉笙
苗培成	茅祖权	夏斗寅	吴挹峰	叶秀峰
杨爱源	萧吉珊	赵允义	时子周	余俊贤
黄实	吴开先	萧铮	孔祥熙	徐堪
田昆山	傅汝霖	梅公任	林叠	王东原
罗卓英	骆美奂	蒋宋美龄	桂永清	宋希濂
关麟徵	康泽	黄宇人	顾维钧	翁文灏
吴绍澍	周至柔	张镇	黄仲翔	王耀武

邓文仪	郑介民	王启江	陈石泉	孙蔚如
马元放	顾希平	朱怀冰	俞鸿钧	李惟果
刘瑶章	李默庵	汤恩伯	郑彦棻	邓宝珊
冯钦哉	胡健中	卢 汉	王缵绪	李翼中
范予遂	楼桐荪	庞镜棠	袁守谦	李中襄
张之江	梅贻琦	万福麟	白云梯	甘家馨
邓飞黄	陈剑如	向传义	邓锡侯	夏 威
陈希豪	柳克述	张 维	项定荣	燕化棠
吴尚鹰	沙克都尔扎布	韩振声	潘公弼	彭昭贤
刘季洪	程思远	齐世英	李书华	达理扎雅
许绍棣	杨端六	董显光	王宗山	方青儒
郭 忏	王陵基	李大超	陈雪屏	张廷休
魏道明	李汉魂	徐 箴	陈联芬	林学渊
罗霞天	陆福廷	周异斌	刘文辉	吕云章
沈慧莲	梅友卓	李培基	龚自知	欧阳驹
陆崇仁	热 振	张嘉璈	张国焘	陈国础
陈访先	工懋功			

二、候补中央执行委员九十人

张 钫	张 贞	罗翼群	石敬亭	赵棣华
陈耀垣	谢作民	郑亦同	程天固	吴经熊
陈泮岭	赵丕廉	区芳浦	詹菊似	高桂滋
马占山	李士珍	毛邦初	宋宜山	郑洞国
黄镇球	张九如	李玉堂	周兆棠	马绍武
杜聿明	邹志奋	马星野	王星舟	胡秋原
王芃生	胡次威	伍智梅	吴铸人	陈逸云
李文斋	何辑五	张平群	何浩若	刘 戡
邓龙光	白海风	罗时实	韦永成	傅启学

刘　斐　　张清源　　谭伯羽　　吴国桢　　黄正清

王　俊　　郭寄峤　　程中行　　李　觉　　钱昌照

于望德　　傅　岩　　马继周　　满楚克扎布　唐　纵

罗贡华　　任卓宣　　胡　瑛　　孙越崎　　邹作华

李朴生　　徐景唐　　梁敦厚　　刘玫芸　　葛　覃

郝任夫　　倪文亚　　张宝树　　刘多荃　　许惠东

杨继曾　　徐象枢　　王隽英　　吕晓道　　李先良

邢森洲　　高宗禹　　萨本栋　　杜镇远　　潘文华

王若僖　　叶　汛　　彭　善　　潘秀仁　　张静愚

三、中央监察委员一〇四人

吴敬恒　　张　继　　王宠惠　　李宗仁　　邵力子

张发奎　　王世杰　　张人杰　　商　震　　孙连仲

贺耀组　　秦德纯　　王子壮　　雷　震　　程天放

杨　虎　　李烈钧　　黄绍竑　　徐永昌　　闻亦有

何思源　　薛　岳　　熊克武　　张知本　　覃　振

林云陔　　李敬斋　　章　嘉　　刘文岛　　李福林

张任民　　张默君　　香翰屏　　王秉钧　　李煜瀛

姚大海　　谭道源　　邓青阳　　彭国钧　　邵　华

龙　云　　鲁荡平　　李嗣璁　　许崇智　　李次温

胡庶华　　钮永建　　黄少谷　　李延年　　吴奇伟

祝绍周　　张伯苓　　上官云相　　冯治安　　刘茂恩

尧乐博士　许孝炎　　蒋梦麟　　张砺生　　杨　森

林　蔚　　李永新　　曾万钟　　何柱国　　蒋光鼐

王星拱　　马鸿宾　　曹浩森　　马步芳　　万耀煌

雷　殷　　周　嵒　　周震鳞　　朱经农　　谢冠生

范汉杰　　王靖国　　李明扬　　马法五　　张邦翰

唐式遵　　贾景德　　吴南轩　　李梦庚　　李培炎

李树森　吴鼎昌　林　彬　袁　雍　李肇甫
李济琛　张维桢　霍揆彰　刘伯群　刘尚清
王宪章　宋述樵　陈　方　崔震华　沈宗濂
罗良鉴　郭泰祺　黄麟书　陆幼刚

四、候补中央监察委员四十四人

胡文灿　孙镜亚　李绮庵　崔广秀　杨熙绩
穆罕默德伊敏　孙　震　熊　斌　李铁军　格桑泽仁
刘汝明　钟天心　刘蘅静　喜饶嘉错　黄建中
卓衡之　王德溥　何联奎　王子弦　毛炳文
赵兰坪　陈　焯　迪鲁瓦　刘和鼎　黄天爵
陈固亭　王仲廉　张伯谨　章　益　陈大庆
钱用和　张　轸　叶溯中　周福成　祝秀侠
赵仲容　曾以鼎　刘廉克　陈绍贤　韩德勤
余成勋　张笃伦　丁德隆　刘成灿

附记：一、中央执行委员当选人萧赞育、刘多荃自愿放弃当选资格，经大会同意以万福麟、沙克都尔扎布递补。

二、候补中央执行委员当选人戴笠、俞济时、刘咏尧自愿放弃当选资格，经大会同意以马占山、高桂滋、刘多荃递补。

党团合并后之中央执行、监察委员名录

（民国三十六年九月十二日六届四中全会通过）

一、中央执行委员二八五人

于右任　何应钦　居　正　孙　科　陈　诚
戴传贤　吴铁城　邹　鲁　宋子文　丁惟汾
白崇禧　陈果夫　张治中　梁寒操　陈立夫
陈布雷　朱家骅　胡宗南　冯玉祥　朱绍良

贺衷寒	顾祝同	钱大钧	何成濬	马超俊
宋庆龄	程　潜	阎锡山	张厉生	谷正伦
傅作义	谷正纲	麦斯武德	刘健群	杨　杰
蒋鼎文	段锡朋	鹿钟麟	余井塘	潘公展
甘乃光	陈继承	焦易堂	李文范	吴忠信
于学忠	狄　膺	方觉慧	刘维炽	王正廷
刘　峙	曾扩情	周伯敏	余汉谋	黄旭初
黄季陆	方　治	张　群	卫立煌	薛笃弼
谷正鼎	张道藩	萧同兹	陈　策	俞飞鹏
陈庆云	陈树人	徐源泉	丁超五	熊式辉
傅秉常	洪兰友	林翼中	沈鸿烈	曾养甫
周启刚	李品仙	蒋伯诚	陈绍宽	罗家伦
马鸿逵	邓家彦	刘纪文	赖　琏	何　键
彭学沛	陈　仪	刘建绪	李宗黄	朱霁青
李扬敬	洪陆东	顾孟余	缪培南	李任仁
戴愧生	陈济棠	张　强	罗桑坚赞	唐生智
吴保丰	陈肇英	王泉笙	苗培成	茅祖权
夏斗寅	吴扼峰	叶秀峰	杨爱源	萧吉珊
赵允义	时子周	余俊贤	黄　实	吴开先
萧　铮	孔祥熙	徐　堪	田昆山	傅汝霖
梅公任	林　叠	王东原	罗卓英	骆美奂
蒋宋美龄	桂永清	宋希濂	关麟徵	康　泽
黄宇人	顾维钧	翁文灏	吴绍澍	周至柔
张　镇	黄仲翔	王耀武	邓文仪	郑介民
王启江	陈石泉	孙蔚如	马元放	顾希平
朱怀冰	俞鸿钧	李惟果	刘瑶章	李默庵
汤恩伯	郑彦棻	邓宝珊	冯钦哉	胡健中

卢　汉	王缵绪	李翼中	范予遂	楼桐荪
庞镜塘	袁守谦	李中襄	张之江	梅贻琦
万福麟	白云梯	甘家馨	邓飞黄	陈剑如
向传义	邓锡侯	夏　威	陈希豪	柳克述
张　维	项定荣	燕化棠	吴尚鹰	韩振声
潘公弼	彭昭贤	刘季洪	程思远	齐世英
李书华	达理扎雅	许绍棣	杨端六	董显光
王宗山	方青儒	郭忏	王陵基	李大超
陈雪屏	张廷休	魏道明	李汉魂	徐箴
陈联芬	林学渊	罗霞天	陆福廷	周异斌
刘文辉	吕云章	沈慧莲	梅友卓	李培基
龚自知	欧阳驹	陆崇仁	张嘉璈	张国焘
陈国础	陈访先	王懋功	张钫	张贞
罗翼群	石敬亭	黄少谷	何联奎	何浩若
倪文亚	赵仲容	蒋经国	郑通和	俞济时
余纪忠	萧赞育	刘咏尧	张其昀	陈介生
任觉五	汤如炎	李国俊	涂公遂	骆力学
黄珍吾	詹纯鉴	李蒸	李俊龙	吴兆棠
万昌言	胡轨	杨玉清	寇永吉	季天行
李天民	张宗良	余拯	周天贤	戴仲玉
张作谋	李友邦	杨尔瑛	胡维藩	吴春晴
周　南	郭澄	王焕彬	臧元骏	袁永馥
沈祖懋	韦赞唐	王宁华	马敦静	徐会之
艾　沙	任国荣	田培林	竺可桢	上官业佑
常德普	韦润珊	陈烈甫	李寿雍	覃异之
眭光禄	胡木兰	吴菊芳	许素玉	徐瘦秋

二、候补中央执行委员一〇五人

赵棣华	陈耀垣	谢作民	郑亦同	程天固
吴经熊	陈泮岭	赵丕廉	区芳浦	高桂滋
马占山	李士珍	毛邦初	宋宜山	郑洞国
黄镇球	张九如	李玉堂	周兆棠	马绍武
杜聿明	邹志奋	马星野	王星舟	胡秋原
胡次威	伍智梅	吴铸人	陈逸云	李文斋
何辑五	张平群	刘戡	邓龙光	白海风
罗时实	韦永成	傅启学	刘斐	张清源
谭伯羽	吴国桢	黄正清	王俊	郭寄峤
程中行	李觉	钱昌照	于望德	傅岩
马继周	满楚克扎布	唐纵	罗贡华	任卓宣
胡瑛	孙越崎	邹作华	李朴生	徐景唐
梁敦厚	刘攻芸	葛覃	郝任夫	张宝树
刘多荃	许惠东	杨继曾	徐象枢	王隽英
吕晓道	李先良	邢森洲	高宗禹	萨本栋
杜镇远	潘文华	叶汛	彭善	潘秀仁
张静愚	蔡劲军	许伯超	罗才荣	曹俊
周世光	穆提义	王志远	杜元载	镇天锡
刘真	刘树勋	祁宗汉	陶维琪	邓发清
汪秀瑞	王学绪	林民熔	刘广瑛	韩文溥
刘先云	萧忠国	张兴周	经天禄	林一民

三、中央监察委员一四七人

吴敬恒	张继	王宠惠	李宗仁	邵力子
张发奎	王世杰	张人杰	商震	孙连仲
贺耀组	秦德纯	王子壮	雷震	程天放
杨虎	黄绍竑	徐永昌	闻亦有	何思源
薛岳	熊克武	张知本	林云陔	李敬斋

章　嘉	刘文岛	李福林	张任民	张默君
香翰屏	王秉钧	李煜瀛	姚大海	邓青阳
彭国钧	邵　华	龙　云	鲁荡平	李嗣璁
许崇智	李次温	胡庶华	钮永建	李延年
吴奇伟	祝绍周	张伯苓	上官云相	冯治安
刘茂恩	尧乐博士	许孝炎	蒋梦麟	张砺生
杨　森	林　蔚	李永新	曾万钟	何柱国
蒋光鼐	王星拱	马鸿宾	曹浩森	马步芳
万耀煌	雷　殷	周　碞	周震鳞	朱经农
谢冠生	范汉杰	王靖国	李明扬	马法五
张邦翰	唐式遵	贾景德	吴南轩	李培炎
李树森	吴鼎昌	林　彬	袁　雍	李肇甫
张维桢	霍揆彰	刘伯群	王宪章	宋述樵
陈　方	崔震华	沈宗濂	罗良鉴	郭泰祺
黄麟书	陆幼刚	胡文灿	孙镜亚	李绮庵
崔广秀	穆罕默德伊敏	孙　震	谭平山	李仙洲
宋志伊	朱光潜	刘赞周	黄文山	傅光海
顾锡九	宋　恪	阎　伟	陶　熔	罗又伦
白　瑜	张　明	张元良	陈苍正	洪　轨
王元辉	刘公武	左　铎	孟昭瓒	卢孰竞
黄璞心	张民权	阿哈孜	夏克勤	陈宗鉴
廖世承	管泽民	方叔轩	梁　贞	罗香林
陈　颐	甘若思	朱　雯	罗泽闿	胡　素
童怀政	李曼瑰	黄佩兰	伍天生	李炳瑞
李世军	李　荷			

四、候补中央监察委员五十三人

熊　斌	李铁军	刘汝明	钟天心	刘蘅静

喜饶嘉错　黄建中　卓衡之　王德溥　王子弦

毛秉文　赵兰坪　陈　焯　迪鲁瓦　刘和鼎

黄天爵　陈固亭　王仲廉　张伯谨　章　益

陈大庆　钱用和　张　轸　叶溯中　周福成

祝秀侠　曾以鼎　刘廉克　陈绍贤　韩德勤

余成勋　张笃伦　丁德隆　刘成灿　陆翰芹

骆德荣　王维墉　郭维屏　周文化　徐量如

薛纯德　罗文谟　张　超　王文俊　谢玉裁

刘葆瑛　黄　通　罗正亮　帕拉提　陈志明

欧阳樊　方宏孝　薛传道

本届中央执行、监察委员出缺递补名录

一、中央执行委员

沙克都尔扎布病故出缺，以张钫递补。

（第十一次会议，民国三十四年十月一日暨二日通过）

叶楚伧于民国三十五年二月十五日病故出缺，以张贞递补。

（第二十四次会议，民国三十五年二月二十八日通过）

柏文蔚、热振先后病故出缺，以罗翼群、石敬亭依次递补。

（第八十二次会议，民国三十六年九月三日通过）

冯玉祥开除党籍（第一三五次会议，民国三十七年一月七日通过照办）（按：冯玉祥出缺，依次由赵棣华递补。）

陈树人、陈布雷、彭学沛、段锡朋先后病故出缺，以陈耀垣、谢作民、郑亦同、程天固依次递补。

（第一七四次会议，民国三十七年十二月三十日通过）

戴传贤、徐箴先后病故出缺，杨玉清开除党籍，以吴经熊、陈泮岭、赵丕廉依次递补。

（第二〇一次会议，民国三十八年七月七日通过）

罗翼群发表不当言论，背叛党国，经中央监察委员会第七十一次常会决议开除党籍。

（第二一〇次会议，民国三十八年八月十一日通过照办）

刘建绪妄发和平言论，违反中央决议，经中央监察委员会第七十二次常会决议开除党籍。（第二一〇次会议，民国三十八年八月十一日通过照办）

李任仁、李默庵、覃异之开除党籍，陈策病故，杨杰被刺身亡，以李士珍、毛邦初、宋宜山、郑洞国、黄镇球依次递补。

（第二一九次会议，一九四九年十月六日通过除郑洞国因滞留共区暂不置议，余照递补）

张治中、宋庆龄、傅作义、周伯敏、吴绍澍、邓宝珊、范予遂、李蒸、竺可桢、卢汉、刘文辉、陈仪、陈绍宽、丁超五等经中常会先后决议永远开除党籍，又陈耀垣、张镇病故，其所有遗缺由张九如、李玉堂、周兆棠、马绍武、杜聿明、邹志奋、马星野、王星舟、胡秋原、胡次威、伍智梅、吴铸人、陈逸云、李文斋、何辑五、张平群等依次递补，除杜聿明、胡次威留滞共区，马绍武现址不明，依中央第二一九次常会凡留滞共区态度不明者，应暂不递补之决定，暂不递补外，其余依次递补。

（第二三二次会议，九五〇年五月十一日通过）

唐生智、傅汝霖、邓锡侯、李俊龙、刘瑶章、邓飞黄、达理扎雅等经常会先后决议永远开除党籍，其所有遗缺应由刘戡、邓龙光、白海风、罗时实、韦永成、傅启学、刘斐等依次递补，惟刘戡于民国三十七年三月一日在陕西宜川阵亡，白海风、刘斐经常会决议先后开除党籍，应不在递补外，依次以邓龙光、罗时实、韦永成、傅启学、张清源、谭伯羽、吴国桢等递补。

（第二三六次会议，一九五〇年七月六日通过）

二、中央监察委员

李梦庚于民国三十五年一月病故出缺，以胡文灿依次递补。

（第二十五次会议，民国三十五年三月二十五日查照转陈）

李烈钧于民国三十五年二月二十日病故出缺,以孙镜亚递补。

（中监会第二次全体会议,民国三十五年三月十三日报告）

谭道源于民国三十五年八月二日病故出缺,以李绮庵依次递补。

（第三十九次会议,民国三十五年九月四日查照转陈）

刘尚清于民国三十六年二月二十日病故出缺,以崔广秀依次递补。

（第六十三次会议,民国三十六年四月二日查照转陈）

罩振于民国三十六年四月十八日病故出缺,以穆罕默德伊敏递补。

（第七十次会议,民国三十六年五月十四日查照转陈）

李济琛因违反党纪,开除党籍,遗缺由孙震依次递补。

（第八十二次会议,民国三十六年九月三日查照转陈）

黄少谷辞职照准、张继病故出缺,以熊斌、李铁军依次递补。

（第一三四次会议,民国三十七年一月五日查照转陈）

王子壮于民国三十七年八月四日病故出缺,以刘汝明递补。

（第一五九次会议,民国三十七年八月十二日查照转陈）

林云陔于民国三十七年十月七日病故出缺,以钟天心递补。

（第一七〇次会议,民国三十七年十二月二日查照转陈）

罗良鉴病故出缺,以刘蘅静递补。

（第一八五次会议,民国三十八年四月二十日查照转陈）

杨虎因背叛党国,开除党籍,遗缺由喜饶嘉错依次递补。

（第二〇一次会议,民国三十八年七月七日查照转陈）

蒋光鼐、谭平山参加中共召开新政协,经中央监察委员会第七十二次常会决议开除党籍。（第二一〇次会议,民国三十八年八月十一日通过照办）

贺耀组、胡庶华妄发和平言论,违反中央决议,经中央监察委员会第七十二次常会决议开除党籍。（第二一〇次会议,民国三十八年八月十一日通过照办）

黄绍竑在香港《大公报》妄发和平言论,违反中央"戡乱"决策,经中央监察委员会第七十二次常会决议开除党籍。（第二一〇次会议,民国三十八年八月十一日通过照办）

按：蒋光鼐、谭平山、贺耀组、胡庶华、黄绍竑五人遗缺依次由卓衡之、王德溥、王子弦、毛秉文、赵兰坪五人递补。

吴奇伟因策动叛变，开除党籍，遗缺以黄建中递补。

（第二一一次会议，民国三十八年八月十八日查照转陈）

龙云、邵力子、李世军、李明扬、刘公武投共，开除党籍，遗缺以陈焯、迪鲁瓦、刘和鼎、黄天爵、陈固亭依次递补。

（第二二二次会议，一九五〇年一月五日查照转陈）

唐式遵于一九五〇年三月殉职。

马鸿宾、喜饶嘉错叛党，开除党籍，遗缺由王仲廉、张伯谨依次递补。

（第二三五次会议，一九五〇年六月二十二日查照转陈）

李延年因作战不力，经军法会审判刑确定，开除党籍，遗缺由陈大庆递补。

（中监会第八十三次常会，一九五〇年七月三日通过）

第六届中央执行委员会

常务委员会

一中全会

于右任　居　正　孙　科　戴传贤　陈果夫

陈　诚　何应钦　叶楚伧　邹　鲁　吴铁城

宋子文　丁惟汾　白崇禧　冯玉祥　陈布雷

李文范　潘公展　张厉生　朱家骅　张治中

程　潜　陈立夫　段锡朋　张道藩　陈济棠

（六届一中全会第三次会议，民国三十四年五月三十一日选举通过）

二中全会

于右任　孙　科　戴传贤　居　正　陈果夫

陈　诚　白崇禧　邹　鲁　何应钦　梁寒操

宋庆龄　陈立夫　朱家骅　吴铁城　贺衷寒

谷正纲　张道藩　张治中　李文范　宋子文

段锡朋　刘建群　丁惟汾　潘公展　朱霁青

萧同兹　赖　琏　陈布雷　田昆山　萧　铮

白云梯　王启江　麦斯武德　邓文仪　柳克述

（原为蒋宋美龄，坚辞，由柳递补）

（六届二中全会第十九次大会，民国三十五年三月十七日选举通过）

三中全会

三中全会依二中全会决定中央常务委员三十六人，每次全会改选三分之一，经第八次会议抽签决定本次全会改选三分之一名单之顺序为：于右任、孙科、邹鲁、何应钦、谷正纲、段锡朋、潘公展、赖琏、陈果夫、李文范、邓文仪、柳克述。改选结果为：

孙　科　陈果夫　于右任　邹　鲁　赖　琏

李文范　张　群　钱大钧　康　泽　谷正纲

柳克述　李宗黄（六届三中全会，民国三十六年三月二十四日改选）

民国三十六年四月十七日，中央常会第六十五次会议通过中央常务委员孙科、居正、戴传贤、于右任、张群等五人，业经选任为国民政府五院院长，依三中全会决议为当然常务委员，应以得票次多数潘公展、段锡朋、邓文仪、马超俊、范予遂五委员递补。

四中全会及中央党团联席会议

丁惟汾　居　正　于右任　朱霁青　李文范

麦斯武德　邹　鲁　马超俊　吴铁城　李宗黄

戴传贤　张　群　张治中　陈布雷　宋庆龄

朱家骅　田昆山

白云梯　孙　科（第二三〇次会议，一九五〇年四月二十日辞职照准）

陈果夫　宋子文（第二三四次会议，一九五〇年六月八日辞职照准）

白崇禧　钱大钧　潘公展（第二三四次会议，一九五〇年六月八日辞职照

准）

萧同兹　范予遂　梁寒操（第二三〇次会议，一九五〇年四月二十日辞职照
　　　准）

陈　诚　段锡朋　张道藩　张厉生　陈立夫　贺衷寒

谷正纲　王启江

赖　琏（第二三四次会议，一九五〇年六月八日辞职照准）

刘健群　萧　铮　柳克述　邓文仪　康　泽　吴忠信

何浩若（依非常时期管制出国人员要点丙项第三款规定，经第二三四次会议，一
　　　九五〇年六月八日取消其资格）

张其昀　蒋经国　袁守谦　黄少谷　何联奎　倪文亚　赵仲容

汤如炎（第二三〇次会议，一九五〇年四月二十日辞职照准）

郑彦棻　李　蒸

程思远　黄宇人（以上两人未抵台，第二三〇次会议，一九五〇年四月二十日
　　　通过取消其资格）

　　　（六届四中全会第三次会议，民国三十六年九月十三日总裁提出通
　　　过）

秘书处

秘书长　吴铁城（第一七四次会议，民国三十七年十二月三十日通过已奉命
　　　　　　　　担任行政院副院长兼外交部长，秘书长一职无法兼顾，请予
　　　　　　　　解除）

郑彦棻（代理）（第一七四次会议，民国三十七年十二月三十日通过）

副秘书长　郑彦棻（第二次会议，民国三十四年六月二十五日通过）

　　　　　　　（第四十一次会议，民国三十五年十月二日通过已派任三
　　　　　　　民主义青年团副书记长）

　　　　　　　（第八十四次会议，民国三十六年九月二十四日通过）

洪兰友（第四十一次会议，民国三十五年十月二日通过）

王启江（第四十一次会议，民国三十五年十月二日通过）

　　　　（第八十四次会议，民国三十六年九月二十四日通过）

张寿贤(临时会议,一九四九年十一月二十七日通过)

调查统计局(第六十五次会议,民国三十六年四月十七日通过撤销,改设党员
通讯局)

局　长　叶秀峰

副局长　郭紫峻

党员通讯局(奉总裁〈卅九〉台资代电,以党员通讯局应即全部结束,经报请第
二二七次会议,一九五〇年三月九日鉴察)

局　长　叶秀峰(第七十五次会议,民国三十六年七月九日通过)

副局长　郭紫峻(第八十三次会议,民国三十六年九月十八日通过)

季源溥(第八十三次会议,民国三十六年九月十八日通过)

组织部

部长　陈立夫

谷正鼎(第一五七次会议,民国三十七年七月十五日通过代理;第一
七六次会议,民国三十八年一月二十四日真除)

副部长　马超俊(第十次会议,民国三十四年九月十七日暨二十一日另有
任用)

彭昭贤(第十次会议,民国三十四年九月十七日暨二十一日通过)

(第三十五次会议,民国三十五年七月十日另有任用)

谷正鼎(第三十五次会议,民国三十五年七月十日通过)

张清源(第一七六次会议,民国三十八年一月二十四日通过)

萧赞育(第一七六次会议,民国三十八年一月二十四日通过)

组织委员会(依民国三十四年六月,六届一中全会通过《中央执行委员会组织
大纲修正要点》第三项规定设置)

委　员　张厉生　李宗黄　吴开先　谷正纲　程思远　贺衷寒
蒋经国

(以上第十次会议,民国三十四年九月十七日暨二十一日通过)

海外部

部长　陈庆云

副部长　戴愧生

　　　　赖　琏(第二三四次会议,一九五〇年六月八日辞职照准)

海外委员会(依民国三十四年六月,六届一中全会通过《中央执行委员会组织
　　　大纲修正要点》第三项规定设置)

委　员　陈树人　刘维炽　周启刚　陈耀垣　王泉笙　詹菊似
　　　　林庆年　陈国础　何葆仁　许文顶　谢作民

　　　　(以上第十次会议,民国三十四年九月十七日暨二十一日通过)

海外党务计画委员会　(六届二中全会,民国三十五年二月通过裁撤,经
　　　　　　　　　　　六届中常会第三十二次会议,民国三十五年六月
　　　　　　　　　　　十二日决议业务移交海外部接收)

宣传部(依民国三十四年六月,六届一中全会通过《中央执行委员会组织大纲
　　　修正要点》第三项规定:原宣传部所掌管有关国家行政之事项,移由政
　　　府设置宣传部或情报局办理。嗣经六届中常会第二次会议,民国三十
　　　四年六月二十五日通过宣传部改隶行政院实施办法要点,规定宣传部
　　　于本年八月内实行改隶于行政院。惟该案并未实行,以致形成宣传部
　　　与宣传委员会并存之情形。民国三十四年十一月十九日,国防最高委
　　　员会常务会议第一七六次会议,委员长报告:宣传部暂仍照原机构不
　　　予变更,俟将来再行决定。民国三十五年五月十五日,六届中常会第
　　　三十次会议通过《中央执行委员会组织大纲》,规定中央执行委员会仍
　　　设宣传部掌理党义理论之阐扬及本党宣传工作之指导与设计。)

部　长　王世杰(第九次会议,民国三十四年八月三十一日辞职照准)
　　　　吴国桢(第九次会议,民国三十四年八月三十一日通过)
　　　　　　　(第三十次会议,民国三十五年五月十五日另有任用)
　　　　彭学沛(第三十次会议,民国三十五年五月十五日通过)
　　　　　　　(第七十五次会议,民国三十六年七月九日辞职照准)
　　　　李惟果(第七十五次会议,民国三十六年七月九日通过)
　　　　黄少谷(第一五七次会议,民国三十七年七月十五日通过代理;第

一七七次会议,民国三十八年二月八日真除)

（第一八二次会议,民国三十八年四月九日辞职照准）

程天放（第一八二次会议,民国三十八年四月九日通过）

（第二二八次会议,一九五○年三月二十三日辞职照准）

张其昀（第二二八次会议,一九五○年三月二十三日通过）

副部长　董显光（第九次会议,民国三十四年八月三十一日辞职照准）

李惟果（第十次会议,民国三十四年九月十七日暨二十一日通过）

（第七十五次会议,民国三十六年七月九日通过调任部长）

陶希圣（第七十六次会议,民国三十六年七月二十三日通过）

（第二二八次会议,一九五○年三月二十三日辞职照准）

李俊龙（第七十六次会议,民国三十六年七月二十三日通过）

（第二○五次会议,民国三十八年七月二十一日辞职照准）

任卓宣（第二○五次会议,民国三十八年七月二十一日通过）

沈昌焕（第二二八次会议,一九五○年三月二十三日通过）

宣传委员会（据六届一中全会,民国三十四年五月三十日通过《中央执行委员会组织大纲修正要点》设置。六届二中全会,民国三十五年二月通过中执会仍设宣传部,经六届中常会第三十二次会议,民国三十五年六月十二日决议三民主义丛书编纂委员会移交宣传部接收）

主任委员　潘公展（第十次会议,民国三十四年九月十七日暨二十一日通过）

副主任委员　许孝炎（第十次会议,民国三十四年九月十七日暨二十一日通过）

黄少谷（第十次会议,民国三十四年九月十七日暨二十一日通过）

委　员　叶楚伧　王世杰　梁寒操　甘乃光　董显光

萧同兹　程天放　李惟果　胡健中　李中襄

罗时实　马星野　张平群　程中行　方　治

张九如　李寿雍　姚大海

（以上第十次会议，民国三十四年九月十七日暨二十一日通过）

三民主义丛书编纂委员会（六届二中全会，民国三十五年二月通过裁撤，经六届中常会第三十二次会议，民国三十五年六月十二日决议业务移交宣传部接收）

秘　书　黎东方（第十六次会议，民国三十四年十二月十日通过试用）

宣传委员会（第二〇六次会议，民国三十八年七月二十五日通过设置）

委　员　马超俊　倪文亚　张道藩　杭立武　洪兰友
　　　　叶秀峰　萧同兹
　　　　（第二〇九次会议，民国三十八年八月四日通过）
　　　　谷正鼎（第二一五次会议，民国三十八年九月八日通过）
　　　　黄少谷　梁寒操　郑彦棻　袁守谦　董显光
　　　　陈雪屏　沈昌焕　叶溯中
　　　　（据宣传委员会组织规程第三条：委员十一人至十五人，修正为二十一人至二十五人，增聘，临时会议，一九四九年十一月二十七日通过）

训练委员会（六届二中全会，民国三十五年二月通过裁撤，经六届中常会第三十二次会议，民国三十五年六月十二日决议业务移交组织部接收）

委员长　蒋中正

主任委员　段锡朋（第十次会议，民国三十四年九月十七日暨二十一日通过）

副主任委员　朱怀冰（第十次会议，民国三十四年九月十七日暨二十一日通过）

　　　　　何联奎（第十次会议，民国三十四年九月十七日暨二十一日通过）

委　员　陈　诚　陈立夫　张厉生　张治中　谷正纲

朱经农　刘瑶章　邓飞黄　吴挹峰　邓文仪

吴铸人　李嗣璁　李敬斋　葛武棨　蒋经国

（以上第十次会议，民国三十四年九月十七日暨二十一日通过）

中央训练团

团　长　蒋中正(兼)（第十三次会议，民国三十四年十月二十九日通过）

副团长　张治中（第三十次会议，民国三十五年五月十五日另有任用）

　　　　陈　诚（第三十次会议，民国三十五年五月十五日鉴察）

教育长　陈　仪（第十二次会议，民国三十四年十月十五日另有任用）

　　　　陈　诚(兼)（第十二次会议，民国三十四年十月十五日通过）

　　　　　　（第三十二次会议，民国三十五年六月十二日辞职备案）

　　　　薛　岳（第三十二次会议，民国三十五年六月十二日通过备案）

副教育长　蒋经国（第十七次会议，民国三十四年十二月二十四日免职）

　　　　　黄　杰（第十七次会议，民国三十四年十二月二十四日备案）

财务委员会

主任委员　陈果夫（第十次会议，民国三十四年九月十七日暨二十一日通过）

　　　　　徐　堪(代理)

　　　　　俞鸿钧(代理)（第二二八次会议，一九五〇年三月二十三日通过）

副主任委员　徐　堪(兼)（第十四次会议，民国三十四年十一月十四日通过）

　　　　　　（第二二八次会议，一九五〇年三月二十三日辞职照准）

　　　　　俞鸿钧（第二二八次会议，一九五〇年三月二十三日通过，并兼代主委）

委　员　吴敬恒　居　正　张　继　孔祥熙　宋子文

　　　　李文范　叶楚伦　俞鸿钧　徐　堪　赵棣华

刘攻芸

（以上第十次会议，民国三十四年九月十七日暨二十一日通过）

贝祖诒（第三十九次会议，民国三十五年九月四日通过补叶楚伧
遗缺）

（民国三十六年九月，因已交卸中央银行总裁职务，经奉总
裁谕令改派张嘉璈出任）

张嘉璈（第八十二次会议，民国三十六年九月三日通过）

孙　科　王宠惠　邓文仪

（以上第一五六次会议，民国三十七年六月三十日通过）

农工运动委员会（六届二中全会后改为农工部）

主任委员　谷正纲（第十次会议，民国三十四年九月十七日暨二十一日通过）

副主任委员　李中襄（第十九次会议，民国三十五年一月二十一日通过）

　　　　　　葛武棨（第十九次会议，民国三十五年一月二十一日通过）

委　员　萧　铮　吴开先　朱霁青　叶秀峰　范予遂

　　　　张国焘　贺衷寒　唐　纵　钱昌照　孙越崎

　　　　祝　平　寿勉成　包华国　刘不同　范争波

　　　　吴任伦　朱学范　陈泮岭　李　雄　倪文亚

　　　　于锡来　吴望伋　顾建中　刘健群　王启江

　　　　滕　杰

（以上第十次会议，民国三十四年九月十七日暨二十一日通过）

农工部

部　长　马超俊（第四十四次会议，民国三十五年十月三十日通过）

副部长　陈剑如（第四十七次会议，民国三十五年十二月六日通过）

　　　　骆美奂（第四十七次会议，民国三十五年十二月六日通过）

　　　　（第一一五次会议，民国三十六年十二月十日通过辞职照
准）

陆京士(第一一五次会议,民国三十六年十二月十日通过)

妇女运动委员会

主任委员　蒋宋美龄(第十次会议,民国三十四年九月十七日暨二十一日通过)

(第十三次会议,民国三十四年十月二十九日辞职照准)

刘蘅静(第十三次会议,民国三十四年十月二十九日通过)

副主任委员　刘蘅静(第十次会议,民国三十四年九月十七日暨二十一日通过)

(第十三次会议,民国三十四年十月二十九日另有任用)

吕云章(第十次会议,民国三十四年九月十七日暨二十一日通过)

吕晓道(第十六次会议,民国三十四年十二月十日通过)

委　员　张维桢　陶　玄

陈逸云(第十六次会议,民国三十四年十二月十日改任中央文化运动委员会委员)

傅　岩　钱用和　张岫岚　朱　纶　廖温音

唐国桢　罗　衡　楼亦文　王文田　钱剑秋

吕晓道(第十六次会议,民国三十四年十二月十日派任副主任委员)　刘巨全　庄　静　李雪荔　劳君展　崔纫秋　陶寄天　任培道　徐阆瑞　陆翰芩　冯云仙　包德明

(以上第十次会议,民国三十四年九月十七日暨二十一日通过)

费　侠(第十六次会议,民国三十四年十二月十日通过补陈缺)

尉素秋(第十八次会议,民国三十五年一月七日通过补吕缺)

林瑞霞(第七十二次会议,民国三十六年六月十一日通过)

　　　　李秀芝(第一三五次会议,民国三十七年一月七日通过)

指导员　沈慧莲　张默君　崔震华　伍智梅

　　(以上第十次会议,民国三十四年九月十七日暨二十一日通过)

文化运动委员会(第二〇七次会议,民国三十八年七月二十八日决议作事实上之结束)

主任委员　张道藩(第十次会议,民国三十四年九月十七日暨二十一日通过)

副主任委员　叶溯中(第十次会议,民国三十四年九月十七日暨二十一日通过)

　　　　　　胡一贯(第十次会议,民国三十四年九月十七日暨二十一日通过)

委　员　洪兰友　邓家彦　甘乃光　罗家伦　潘公弼

　　　　吴经熊　柳克述　顾毓琇　杭立武　刘百闵

　　　　陶百川　谢仁钊　任觉五　洪瑞钊　李琢仁

　　　　张铁君　王冠青　鲁觉吾　刘光炎　杨玉清

　　　　谢澄宇　李锡恩　李蒸

　　(以上第十次会议,民国三十四年九月十七日暨二十一日通过)

　　　　陈逸云(第十六次会议,民国三十四年十二月十日通过)

青年部(据民国三十六年九月六届四中全会通过统一中央党部团部组织案增设)

部　长　陈雪屏(第八十三次会议,民国三十六年九月十八日通过)

　　　　　(第一八二次会议,民国三十八年四月九日辞职照准)

　　　　倪文亚(第一八二次会议,民国三十八年四月九日通过)

副部长　郑通和(第八十四次会议,民国三十六年九月二十四日通过)

　　　　赵仲容(第八十四次会议,民国三十六年九月二十四日通过)

理论研究委员会(据民国三十六年九月六届四中全会通过统一中央党部团部组织案增设)

（第二三〇次会议，一九五〇年四月二十日通过结束，业
务并入宣传部）

主任委员　梁寒操（第八十三次会议，民国三十六年九月十八日通过）

（第一六一次会议，民国三十七年九月二日辞职照准，嗣
奉总裁批示慰留，再经第二三〇次会议，一九五〇年四
月二十日通过辞职照准）

副主任委员　倪文亚（第八十四次会议，民国三十六年九月二十四日通
过）

国防最高委员会（依民国三十五年三月，六届二中全会决议："国民政府为
决定国务之最高机关，过去所有国防最高委员会之设计
局、考核委员会及各专门委员会应予裁并。"惟据中常会
第二十六次会议，民国三十五年四月一日暨二日，决议上
项决议"还都后再议"。至民国三十六年四月二十四日，
该会正式撤销。）

委员长　蒋中正

委　员　国防最高委员会以下列各员为委员，并由委员长于委员
中指定十一人为常务委员：

（一）中央执行委员会常务委员、监察委员会常务委员。

（二）国民政府五院院长、副院长。

（三）军事委员会委员。

（四）由委员长提出经中央执行委员会常务委员会通过
者。

常务委员　于右任　居　正　孔祥熙　孙　科　戴传贤
何应钦　白崇禧　陈果夫　邹　鲁　顾孟余

秘书厅

秘书长　王宠惠

副秘书长　陈布雷（第一一六次会议，民国二十八年三月九日通过）

甘乃光（第二一五次会议，民国三十一年十二月七日通过增设

副秘书长一人）

（民国三十四年九月十日，国防最高委员会第一七〇次常务会议，委员长报告，另有任用应免本职）

梁寒操（民国三十四年九月十日，国防最高委员会第一七〇次常务会议，委员长报告派任）

法制专门委员会

主任委员　王世杰

副主任委员　甘乃光

专任委员　陈　洪　陈国廉　赖特才

委　员　张知本　余井塘　洪兰友　林　彬　陈石泉
　　　　黄右昌　金宝善　萨孟武　张维翰　黄友郢
　　　　夏　勤　刘克俊　史尚宽　马洪焕　程中行
　　　　许孝炎　钱乃信

外交专门委员会

主任委员　郭泰祺

副主任委员　周鲠生

专任委员　樊德芬　郭斌佳　张德流

委　员　陆炳熊　傅斯年　蒋廷黻　董显光　甘介侯
　　　　王家桢　张忠绂　陈博生　郑震宇　李唯果
　　　　崔唯吾　彭革陈　陈石孚　张道行　徐敦璋
　　　　曹树铭　梅汝璈

财政专门委员会

主任委员　徐　堪

副主任委员　彭学沛

专任委员　钱荔浦　李超英　靳鹤声

委　员　陈其采　陈立夫　赵棣华　雷　震　傅汝霖
　　　　闻亦有　庞松舟　李　傥　陈豹隐　陈长蘅

梁颖文　俞鸿钧　李庆麟　端木恺　刘光华

李崇实　李立侠

经济专门委员会

主任委员　刘维炽

副主任委员　萧　铮

专任委员　高叔康　汤惠荪

委　员　吴尚鹰　何　廉　卫挺生　张梁任　张肖梅

戴铭礼　黄元彬　万国鼎　孟广厚　黄　通

赵兰坪　张丕介　楼桐荪　卢毓骏　姚传法

陈勉修

教育专门委员会

主任委员　陈布雷

副主任委员　段锡朋

专任委员　彭镇寰　罗方中

委　员　潘公展　顾毓琇　范寿康　王世颖　吴俊升

张九如　赵迺传　洪瑞钊　杨幼炯　沈士远

朱经农　沙孟海　叶溯中　杨子镜　秦亦文

中央设计局

总　裁　蒋中正(依规定此职由国防最高委员会委员长兼任)

秘书长　熊式辉(民国三十四年九月十日,国防最高委员会第一七〇次常

务会议,委员长报告,另有任用辞职照准)

吴鼎昌(代理)(民国三十四年九月十日,国防最高委员会第一七

〇次常务会议,委员长报告派代理)

党政工作考核委员会

委员长　蒋中正

副委员长　孔祥熙　于右任

当然委员　蒋中正　孙　科　居　正　于右任　戴传贤

　　　　　　叶楚伧　王子壮　张　群

聘任委员　陈　仪　钮永建　李宗黄(民国三十四年十二月三十一日,
　　　　　国防最高委员会第一八〇次常务会议,委员长报告,另有任用)
　　　　　吴挹峰(民国三十四年十二月三十一日,国防最高委员会第一
　　　　　八〇次常务会议,委员长报告派任)

秘书长　　沈鸿烈(第二十三次会议,民国三十五年二月十八日另有任用)
　　　　　李宗黄(第二十三次会议,民国三十五年二月十八日通过)
　　　　　　　　(政治委员会第二十二次会议提报主席准辞本兼各职,见
　　　　　　　　第一四四次会议,民国三十七年三月三日)

　党务组　主　任　李文范
　　　　　副主任　王子壮

　政务组　主任　雷　殷
　　　　　副主任　李基鸿

政治委员会〔六届二中全会,民国三十五年三月决议:"县(市)以上各级党部
　　　　　设政治委员会";中常会第二十六次会议,民国三十五年四月一
　　　　　日暨二日通过组织条例;民国三十六年四月正式成立,是月二十
　　　　　八日举行第一次会议。〕

　主　席　蒋中正(民国三十八年一月二十一日总统下野)
　　　　　孙　科(代理)(第一七六次会议,民国三十八年一月二十四日通过)

当然委员　依组织条例规定:"中央执监委员会常务委员,及本党同
　　　　　志之担任国民政府委员与文官长者均为当然委员。"

　委　员　张人杰　李煜瀛
　　　　　冯玉祥(第一八〇次会议,民国三十八年三月十七日通过开除党
　　　　　籍除名)
　　　　　阎锡山　柏文蔚(民国三十六年四月二十六日病故)　熊克武
　　　　　孔祥熙　程　潜　李宗仁　何应钦　徐永昌　朱
　　　　　绍良　陈济棠　李敬斋　徐　堪　甘乃光(第一八

○次会议,民国三十八年三月十七日通过任职海外辞职)

余井塘　彭学沛(民国三十七年底飞机失事罹难)

曾养甫(第一八○次会议,民国三十八年三月十七日通过夙疾未痊辞职)

方　治　齐世英　谷正鼎

袁守谦(六届四中全会中被推定为中央常务委员,依规定为中央政治委员会当然委员)

郑彦棻(六届四中全会中被推定为中央常务委员,依规定为中央政治委员会当然委员)

鹿钟麟

(以上第六十五次会议,民国三十六年四月十七日通过)

洪兰友(第七十二次会议,民国三十六年六月十一日通过补柏文蔚缺)

宋述樵(第一一五次会议,民国三十六年十二月十日通过补袁守谦缺)

狄　膺(第一一五次会议,民国三十六年十二月十日通过补郑彦棻缺)

余汉谋(第一八○次会议,民国三十八年三月十七日通过补冯玉祥缺)

薛　岳(第一八○次会议,民国三十八年三月十七日通过补彭学沛缺)

黄绍竑(第一八○次会议,民国三十八年三月十七日通过补甘乃光缺)

张发奎(第一八○次会议,民国三十八年三月十七日通过补曾养甫缺)

秘书长　陈立夫(第六十五次会议,民国三十六年四月十七日通过)

(第一五三次会议,民国三十七年六月二日辞职照准)

陈布雷(代理)(第一五三次会议,民国三十七年六月二日通过)

（民国三十七年十一月十三日逝世）

张　群（第一六九次会议，民国三十七年十一月二十六日通过）

　　　　（第一七六次会议，民国三十八年一月二十四日辞职照准）

李惟果（第一七六次会议，民国三十八年一月二十四日通过）

洪兰友（代理）（第一八三次会议，民国三十八年四月十四日通过）

副秘书长　郑彦棻（第七十五次会议，民国三十六年七月九日通过）

　　　　（第八十四次会议，民国三十六年九月二十四日通过任

　　　　中执会副秘书长）

　　　洪兰友（第八十四次会议，民国三十六年九月二十四日通过）

　　　　（第一七六次会议，民国三十八年一月二十四日辞职照

　　　　准）

党务委员会（六届二中全会，民国三十五年二月通过裁撤，经六届中常会第

　　　　三十二次会议，民国三十五年六月十二日决议业务移交秘书处

　　　接收）

当然委员　依组织条例规定："本会以组织部、海外部部长、宣传委员

　　　会、训练委员会、财务委员会主任委员为当然委员。"

专任委员　王子弦　潘公弼　宋宜山

　　　邹志奋（第十二次会议，民国三十四年十月十五日另有任用）

　　　罗贡华

　　　张九如（第十二次会议，民国三十四年十月十五日另有任用）

　　　李翼中（第十二次会议，民国三十四年十月十五日另有任用）

　　　梁　栋（第十二次会议，民国三十四年十月十五日另有任用）

　　　张潜华

　　　陈剑如（第十四次会议，民国三十四年十一月十四日改派兼任）

　　　伍家宥

　　　（以上第十次会议，民国三十四年九月十七日暨二十一日通过）

　　　朱贯三　徐　浩　刘炳藜　黄　强

（以上第十二次会议，民国三十四年十月十五日通过）

白　瑜（第十四次会议，民国三十四年十一月十四日通过）

兼任委员　李中襄　陈访先　齐世英　王启江　叶实之

章渊若　彭革陈

白　瑜（第十四次会议，民国三十四年十一月十四日改派专任）

倪文亚

张国焘（第十三次会议，民国三十四年十月二十九日另有任用）

陈绍贤

（以上第十次会议，民国三十四年九月十七日暨二十一日通过）

周兆棠（第十三次会议，民国三十四年十月二十九日通过）

陈剑如（第十四次会议，民国三十四年十一月十四日通过）

党史史料编纂委员会

主任委员　张　继（民国三十六年十二月十五日病故）

徐忍茹（代理）（第一三四次会议，民国三十七年一月五日通过代行其职权）

李敬斋（代理）（第二二九次会议，一九五〇年四月六日通过）

副主任委员　徐忍茹

抚恤委员会

主任委员　丁惟汾

副主任委员　李文范

洪陆东

委　员　居　正　丁惟汾　孙　科　张　继（民国三十六年十二月十五日病故）　叶楚伧　陈立夫　吴铁城（第六十九次会议，民国三十六年五月五日辞职照准）　吴敬恒　周启刚

王启江（第六十九次会议，民国三十六年五月五日通过递补吴铁城缺）

革命勋绩审查委员会

主任委员　吴敬恒

中央甄选委员会（第三十次会议,民国三十五年五月十五日通过设置）

主任委员　陈果夫（辞职,第六十三次会议,民国三十六年四月二日报请鉴察）

　　　　　吴铁城（总裁批示,第六十三次会议,民国三十六年四月二日报请鉴察）

委　员　陈果夫　于右任　李敬斋　陈　诚　段锡朋
　　　　朱家骅　贺衷寒　张厉生　吴铁城　谷正纲

（以上第四十次会议,民国三十五年九月十八日票选产生后,呈送总裁圈定,于第四十三次会议,民国三十五年十月十六日报告。）

中央合作指导委员会

主任委员　陈立夫（原推陈果夫担任,惟陈不克兼任,经第六十次中常会,民国三十六年三月十二日决定改推陈立夫担任。）

副主任委员　谷正纲

　　　　　　陈　诚

　　　　　　寿勉成

委　员　陈立夫　谷正纲　赵仲容　王世颖　陈果夫
　　　　寿勉成　吴铁城　陈　诚　马超俊　蒋经国
　　　　萧　铮　钱天鹤　楼桐荪　于树德　陈仲明

（以上第五十五次会议,民国三十六年二月十二日通过）

中央图书杂志审查委员会

主任委员　潘公展（第九次会议,民国三十四年八月三十一日辞职照准）

　　　　　印维廉（代理）（第九次会议,民国三十四年八月三十一日通过）

副主任委员　印维廉

三民主义研究会

主任委员　潘公展（第十次会议,民国三十四年九月十七日暨二十一日辞职照准）

中央执行委员会非常委员会（民国三十八年七月十六日——一九五〇

年八月七日）

主 席 蒋中正

副主席 李宗仁（第二○三次会议，民国三十八年七月十六日通过）

委 员 蒋中正 李宗仁 孙 科 居 正 于右任

　　　　 何应钦 阎锡山 吴忠信 张 群 吴铁城

　　　　 朱家骅 陈立夫

　　　（以上第一九七次会议，民国三十八年六月十一日通过）

秘书长 洪兰友（第二○三次会议，民国三十八年七月十六日通过）

副秘书长 程思远（第二○三次会议，民国三十八年七月十六日通过）

第一分会（非常委员会第一次会议决议设置，以西南军政长官辖区，即川康

　　　　 滇黔渝及陕西省为范围）

委 员 张 群 向传义 徐 堪 李肇甫 黄季陆

　　　　 钱大钧 刘健群 张道藩 曾扩情 龚自知

　　　　 高桂滋

秘书长 钱大钧

第二分会（非常委员会第一次会议决议设置，以江浙闽台京沪四省两市为范

　　　　 围）

委 员 王世杰 张厉生 张道藩 陈 诚 吴国桢

　　　　 蒋鼎文 周至柔 谷正纲 桂永清 林 蔚

秘书长 黄少谷

总裁办公室（民国三十八年七月一日——一九五○年三月底）

设计委员会

　　设计委员 王世杰 俞大维 张道藩 俞鸿钧 吴国桢

　　　　　　 胡健中 方 治 余井塘 雷 震 端木恺

　　　　　　 任卓宣 叶公超 徐柏园 罗时实

　　秘 书 黄少谷（兼）

第一组 组 长 谷正纲

```
         副组长   蒋经国
第二组  组  长   吴国桢(一九五〇年十二月二十一日任台湾省主席后去
                        职)
                 严家淦
         副组长   (未派人)
第三组  组  长   王东原
         副组长   唐君铂
第四组  组  长   董显光
         副组长   沈昌焕
第五组  组  长   陶希圣
         副组长   蒋君章
第六组  组  长   张其昀
         副组长   周宏涛
                 曹圣芬
第七组  组  长   唐  纵
         副组长   张  师
第八组  组  长   施觉民
         副组长   楼秉国
第九组  组  长   陈舜耕
         副组长   黄寄慈
办公室  秘  书   李士英
                 周灵钧
```

第六届中央监察委员会

常务委员会

第一次全体会议

张　继　吴敬恒　邵力子　程天放　王宠惠　王秉钧　林云陔

（以上七人，第六届中监会第一次全体会议，民国三十四年五月三十日当选）

第二次全体会议

吴敬恒　张　继　王宠惠　邵力子　程天放

贺耀组　姚大海　邵　华　刘文岛　鲁荡平

林云陔　李敬斋

　　（以上十二人，中监会第二次全会，民国三十五年三月十六日当选）

第三次全体会议

吴敬恒　张　继　王宠惠　邵力子　刘文岛

姚大海　王秉钧　邵　华　张知本　张默君

李永新　鲁荡平

　　（以上十二人，中监会第三次全会，民国三十六年三月二十三日当选）

第四次全体会议

吴敬恒　张　继（民国三十六年十二月二十五日病故）

王宠惠　邵力子（开除党籍）　刘文岛　姚大海　王秉钧

邵　华　张知本　张默君　李永新　鲁荡平

朱经农（中监会第八十二次常会，一九五〇年六月十七日辞职照准）

李曼瑰　白　瑜　刘赞周　李世军（开除党籍）

朱光潜（行踪不明，中监会第八十二次常会，一九五〇年六月十七日决议应解除

　　常委职务）

程天放

（以上十九人，六届四中全会及中央党团联席会议，民国三十六年九月十三日通过，报请中监会第三十八次常会，民国三十六年九月二十五日鉴察）

秘书长　王子壮（中监会第二次常会，民国三十四年八月一日辞职照准）

　　　　　狄　膺（中监会第二次常会，民国三十四年八月一日通过）

副秘书长　白　瑜（党团合并后增设，经总裁核定，中监会第四十次常会，

　　　　　民国三十六年十月二十三日通过）

党务考核委员会

主任委员　李敬斋(民国三十四年九月,总裁申元侍秘代电派充,经中监会
第四次常会,民国三十四年九月十八日通过)

(中监会第十次常会,民国三十五年三月二十六日辞职)

王秉钧(民国三十五年四月十九日,总裁核定)

(中监会第二十六次常会,民国三十六年四月十日辞职
照准)

宋述樵(中监会第二十六次常会,民国三十六年四月十日通过)

委　员　王子壮　李次温　张默君　崔震华　雷　震
许孝炎　李永新　宋述樵　何联奎　钟天心
(以上中监会第四次常会,民国三十四年九月十八日通过)

钮永建　崔震华　张邦翰　王子壮　刘和鼎
宋述樵　黄建中　李明扬　陆幼刚　何联奎
陈绍贤
(以上中监会第二十七次常会,民国三十六年四月二十六日通过)

政治考核委员会

主任委员　鲁荡平(民国三十四年九月,总裁申元侍秘代电派充,经中监会
第四次常会,民国三十四年九月十八日通过)

(中监会第十次常会,民国三十五年三月二十六日辞职)

黄少谷(民国三十五年四月十九日,总裁核定)

(中监会第二十六次常会,民国三十六年四月十日辞职
照准)

李敬斋(中监会第二十六次常会,民国三十六年四月十日通过)

(中监会第三十二次常会,民国三十六年七月三日辞职
照准)

钮永建(中监会第三十二次常会,民国二十六年七月三日通过)

委　员　刘文岛　林　彬　黄少谷　张维桢　陈　方
雷　殷　郭泰祺　陆幼刚

格桑泽仁（民国三十五年六月五日病逝）　王德溥

（以上中监会第四次常会，民国三十四年九月十八日通过）

钮永建　雷　震　许孝炎　宋述樵　罗良鉴

（以上中监会第六次常会，民国三十四年十一月二十三日通过）

李敬斋　蒋梦麟　谢冠生

（以上中监会第三十三次常会，民国三十六年七月十七日通过）

财务稽核委员会

主任委员　李嗣璁（民国三十四年九月，总裁申元侍秘代电派充，经中监会第四次常会，民国三十四年九月十八日通过）

（中监会第五次常会，民国三十四年十月十六日辞职照准）

刘文岛（中监会第七次常会，民国三十四年十二月十一日核备）

（中监会第十次常会，民国三十五年三月二十六日辞职）

闻亦有（民国三十五年四月十九日，总裁核定）

委　员　闻亦有　姚大海　李梦庚（民国三十五年一月病逝）　王宪章　朱经农　赵兰坪　李绮庵　胡文灿

叶溯中　王子弦

（以上中监会第四次常会，民国三十四年九月十八日通过）

秦德纯　罗良鉴　贺耀组　刘蘅静

（以上中监会第九次常会，民国三十五年二月十九日通过）

中央党部迁台后，经中监会第七十九次常会，一九五〇年三月十五日通过三会人事重行调整。

党务考核委员会

主任委员　李嗣璁

委　员　宋述樵　陆幼刚　孙镜亚　刘和鼎　黄建中

傅光海　陈苍正　卢叙竞　黄　通

（以上中监会第七十九次常会，一九五〇年三月十五日通过）

徐永昌　章　嘉　方宏孝　王仲廉　张　明

刘茂恩

（以上六人经中监会第八十次常会，一九五〇年四月十九日通过）

政治考核委员会

主任委员　李敬斋

委　员　钮永建　崔震华　雷　殷　雷　震　刘汝明
　　　　谢冠生　刘廉克　周　喦　李树森　陈志明
　　　　李　荷　罗正亮　孙连仲　韩德勤　顾锡九
　　　　钱用和

（以上中监会第七十九次常会，一九五〇年三月十五日通过）

　　　　张伯谨　陈　颐　林　蔚　王世杰　陶　熔　杨　森
　　　　孙　震　袁　雍　丁德隆　王元晖　李炳瑞　祝绍周

（以上十二人经中监会第八十次常会，一九五〇年四月十九日通过）

财务稽核委员会

主任委员　王子弦

委　员　赵兰坪　秦德纯　万耀煌　冯治安　王德溥
　　　　叶溯中　陈固亭　陈宗蓥　陆翰芹　薛纯德
　　　　张　超　阎　伟

（以上中监会第七十九次常会，一九五〇年三月十五日通过）

　　　　张民权　黄佩兰

（以上二人经中监会第八十次常会，一九五〇年四月十九日通过）

黄天爵（中监会第八十一次常会，一九五〇年五月二十九日通过）

三民主义青年团

民国二十七年三月二十九日,中国国民党临时全国代表大会在武昌举行,会中通过修正《中国国民党总章》,增列第五条:"本党为训练青年设青年团,其办法另定之。"四月六日,中国国民党第五届中央执行委员会第四次全体会议通过《三民主义青年团组织要旨》,决议:"为谋全国青年意志之统一,能力之集中,以充实国民革命之力量起见,依照本党总章第五条之规定,设立三民主义青年团。"

民国二十七年七月九日,三民主义青年团正式成立,蒋总裁兼任团长,组织中央临时干事会,着手各项筹备工作。中央临时干事会由团长选派三十一位干事组成,以陈诚为书记长,下设书记长办公处、组织处、训练处、宣传处、社会服务处、经济处及总务处等七处,负责办理各项事务。民国二十八年七月十七日,中央临时干事会举行第四次会议,决定成立中央干事会,以加速团务发展,并增设中央监察会。

民国二十八年九月一日,中央干事会及中央监察会正式成立。中央干事会经团长选派陈诚等三十五人为干事、程思远等十五人为候补干事,并指派陈诚等九人为常务干事,仍以陈诚为书记长。中央干事会之职权为:(一)执行团长命令及全国代表大会决议案;(二)决定工作计划;(三)组织下级团部并指挥监督之;(四)办理中央监察会移付执行之案件;(五)编制预算决算支配全团财务;每半年举行会议一次,闭会期间由常务干事会执行其职权。中央干事会设书记长办公室、总务处、组织处、训练处、宣传处、经济处及社会服务处等单位。民国二十九年四月十一日,第一届中央干监联席会议第一次会议，决议增设女青年处。是年九月一日，中央干事会进行改组，以张治中为书记长，并对干事会所属单位进行调整，原有总务处归并于书记长办公室，经济处撤销，其业务分别并入组织、宣传及社会服务三处。此外，为加强人事、财务及法规之审核，各设委员会，分司其事。

民国三十年十一月，中央干事会干事任期届满，由团长重新选派，并将干事名额由三十五人增为四十九人，候补干事由十五人增为十九人，以充实中央执行机构。此外，复经决定聘请指导员九至十五人，以备团长咨询，并指导中央团部团务之进行。中央干事会之组织结构，亦再度调整，改书记长办公室为秘书处，撤销社会服务处与女青年处，将其职掌分别并入组织、训练、宣传三处。另设视导室、编审室及女青年工作指导委员会、体育运动指导委员会。

民国三十二年三月二十九日，三民主义青年团在重庆举行第一次全国代表大会，四月十一日，选举产生第一届中央干事会干事七十二人、候补干事二十五人；十二日，修正通过《三民主义青年团团章》，于中央干事会增设副书记长一人，协助书记长处理一切事务，并增列"中央团部设评议会，由团长聘任三十五人至四十九人组织之，评议本团人事与工作等之重大事宜，其组织条例另定之"条文。是月十九日，第一届中央干事监察第一次联席会议修正大体通过《中央干事会组织条例》，各处室方面，恢复女青年处及社会服务之单位，更名为服务处，增设青年工作管理处；各委员会方面，取消女青年工作指导委员会，增设文化建设运动委员会、国防科学技术运动委员会及海外团务计划委员会，同时正式成立体育运动指导委员会。

民国三十五年九月一日，三民主义青年团第二次全国代表大会在庐山举行，至十二日闭幕。会中完成第二届中央干事会干事及候补干事之选举，其名额与第一届相同。十月十七日，中央常务干事会议依大会决议及团长指示重行规划调整中央干事会组织，分五处一室。第一处主管人事;第二处主管组织;第三处主管文化、宣传;第四处主管社会服务及工作管理;第五处主管视督研究;另设书记长办公室。次(三十六)年九月,中国国民党第六届中央执行委员会第四次全体会议及中央党团联席会议在南京开幕,十二日通过《统一中央党部团部组织案》,党团合并。

中央监察会成立时,经团长选派王世杰等三十五人为监察、袁守谦等九人为候补监察,并以王世杰等五人为常务监察,王世杰为书记长。中央监察会设书记长办公室,分总务、审查、稽核三组。民国三十年十一月,第一届中央监察会任期届满,除病故及部分调任中央干事外,余均连任。民国三十二年四月十一日,第一次全国代表大会选举王世杰等四十九人为监察、韦永成等十九人为候补监察,并经团长指派王世杰等九人为常务监察,以王世杰为书记长。是月十九日,第一届中央干事监察第一次联席会议修正通过《中央监察会组织条例》,将书记长办公室改为秘书处,下分总务、审查、稽核、指导四组。民国三十五年九月,第二次全国代表大会选举谭平山等四十九人为监察、陆翰芹等十九人为候补监察。

三民主义青年团职名录

团 长 蒋中正

三民主义青年团筹备会(民国二十七年春成立)

筹备员 陈 诚 陈立夫 贺衷寒 谷正纲 康 泽

中央临时干事会(民国二十七年七月九日正式成立)

书记长 陈 诚(民国二十七年七月九日——民国二十八年八月底止)(中

央临时干事会成立未久,陈氏因兼负前方军事重寄,团长乃
加派朱家骅兼代书记长一职)

朱家骅(代理)(民国二十七年七月——民国二十八年八月底止)

常务干事 陈　诚　陈立夫　朱家骅　谭平山　张厉生

段锡朋　陈布雷　谷正纲　贺衷寒　(以上民国二十七年

七月十六日,团长手谕派任)

干　事 陈　诚　陈立夫　朱家骅　梁寒操　康　泽

张厉生　李任仁　周佛海　陈布雷　李扬敬

谷正纲　曾宝荪　严立三　段锡朋　王世杰

张道藩　刘健群　郑彦棻　贺衷寒　谭平山

黄仁霖　胡宗南　王东原　黄季陆　甘乃光

卢作孚　何　廉　陈　良　叶溯中　程沧波

章乃器

书记长办公处

处　长　叶溯中

副处长　项定荣

秘书室

主　任　李惟果

副主任　谢然之

组织处

处　长　胡宗南(另有任务,未能实际主持)

康　泽(代理)

副处长　任觉五

程思远

训练处

处　长　王东原(主持中训团工作,未能实际主持)

李扬敬(代理)

副处长　戴之奇

谷正鼎

宣传处

处　长　黄季陆(后兼任四川省党部主任委员,辞职)

包华国(代理)

副处长　郭斌佳(未到职)

邓文仪(后奉派第三战区政治部主任,辞职)

包华国

李惟果(兼)

社会服务处

处　长　卢作孚

副处长　黄宇人

张伯谨

经济处

处　长　何　廉

副处长　白　瑜

陈介生

总务处

处　长　陈　良

副处长　黄　雍

人事室

主　任　刘咏尧

副主任　徐君佩

陈叔渠(代理)

计政室

主　任　闻亦有

副主任　余成源
调查室
　主　任　毛庆祥
　副主任　张子扬

中央干事、监察会<small>（民国二十八年九月——民国三十二年三月）</small>

中央干事会<small>（民国二十八年九月一日成立）</small>

（民国二十八年九月——民国三十年十月）

书记长　陈　诚<small>（民国二十八年九月一日——民国二十九年八月）</small>

　　　　　张治中<small>（民国二十九年九月一日起）</small>

常务干事　陈　诚　陈立夫　谭平山　张厉生　段锡朋
　　　　　贺衷寒　黄季陆　郑彦棻　李惟果

干　事　陈　诚　陈立夫　谭平山　张厉生　段锡朋
　　　　　贺衷寒　黄季陆　郑彦棻　李惟果　梁寒操
　　　　　邓飞黄　甘乃光　张道藩　程沧波　叶溯中
　　　　　胡宗南　谷正纲　林翼中　何　廉　陈　良
　　　　　卢作孚　柳克述　王东原　邓文仪　张霭贞
　　　　　范予遂　杭立武　康　泽　余井塘　顾毓琇
　　　　　梁敦厚　丘　誉　何联奎　戴　笠　庄明远
　　　　（以上三十五人，民国二十八年九月选派）

候补干事　程思远　项定荣　毛庆祥　张伯谨　刘叔模
　　　　　包华国　吴兆棠　谢然之　余纪忠　陈逸云
　　　　　戴之奇　陈介生　涂公遂　徐君佩　张　龄
　　　　（以上十五人，民国二十八年九月选派）

书记长办公室

主　任　柳克述(民国二十八年九月一日——民国二十九年八月)

　　　　项定荣(民国二十九年九月派任)

副主任　谢然之(旋调宣传处副处长)

　　　　丁心普

　　　　廖剑父

总务处(民国二十九年九月归并于书记长办公室)

处　长　庄明远(辞职)

　　　　项定荣

副处长　项定荣

组织处

处　长　胡宗南(辞职)

　　　　康泽

副处长　程思远

　　　　钟天心

训练处

处　长　王东原

副处长　戴之奇(辞职)

　　　　梁化中

　　　　徐君佩

宣传处

处　长　叶溯中(辞职)

　　　　何浩若

副处长　高良佐(辞职)

　　　　谢然之

　　　　陈庆瑜

经济处（民国二十九年九月撤销）

处　长　何　廉

副处长　吴景超

社会服务处

处　长　卢作孚（民国二十八年九月一日——二十九年八月）

谷正纲（民国二十九年九月派任）

副处长　张伯谨

李俊龙（民国二十九年九月派任）

涂公遂（民国二十九年九月派任）

女青年处

处　长　陶　玄

法规审查委员会（民国二十九年九月一日设置）

主任委员　范予遂

人事甄审委员会（民国二十九年九月一日设置）

主任委员　李惟果

财务委员会（民国二十九年九月一日设置）

主任委员　陈　良

（民国三十年十一月——民国三十二年四月）

指导员　吴敬恒　戴传贤　孙　科　何应钦　白崇禧　陈果夫

叶楚伧　张伯苓　蒋梦麟

（以上九人，民国三十年十一月聘请）

书记长　张治中

常务干事　张治中　陈立夫　段锡朋　张厉生　贺衷寒　梁寒操

李惟果　范予遂　陶百川　谷正纲　何浩若

（以上十一人，民国三十年十一月选派）

干　事	张治中	陈立夫	段锡朋	张厉生	贺衷寒
	梁寒操	李惟果	范予遂	陶百川	谷正纲
	何浩若	陈　诚	谭平山	黄季陆	胡宗南
	王东原	康　泽	林翼中	张道藩	陈　良
	柳克述	张霭贞	何联奎	杭立武	郑彦棻
	邓飞黄	邓文仪	顾毓琇	甘乃光	卢作孚
	黄仁霖	袁守谦	程思远	项定荣	朱经农
	汤恩伯	张其昀	陶　玄	顾希平	滕　杰
	黄少谷	周至柔	蒋经国	倪文亚	李树森
	姚从吾	吴绍澍	钟天心	李中襄	

（以上四十九人，民国三十年十一月选派）

候补干事	毛庆祥	包华国	吴兆棠	张伯谨	谢然之
	陈逸云	余纪忠	陈介生	涂公遂	秦启荣
	徐君佩	程登科	何义均	李俊龙	汤如炎
	郑震宇	王汝沔	任觉五	黄宇人	

（以上十九人，民国三十年十一月选派）

秘书处

处　长　项定荣

副主任　丁心普

组织处

处　长　康　泽

副处长　汤如炎

训练处

处　长　倪文亚

副处长　张　桓

宣传处

处　长　洪瑞钊

副处长　杨玉清

视导室

主　任　张治中（兼）

程思远

副主任　涂公遂

编审室

主　任　谭平山

倪文亚（兼）

法规审查委员会

主任委员　范予遂

人事甄审委员会

主任委员　李惟果

女青年工作指导委员会（未成立）

体育运动指导委员会（未成立）

财务委员会

主任委员　陈　良

中央监察会（民国二十八年九月一日成立）

（民国二十八年九月——民国三十年十月）

书记长　王世杰（民国二十八年九月选派）

常务监察　王世杰　朱家骅　邵力子（民国二十九年四月，派任驻苏大

使辞职）　陈布雷　罗家伦

（以上五人，民国二十八年九月选派）

张伯苓（补邵力子遗缺）

监　察　　王世杰　朱家骅　邵力子　陈布雷　罗家伦

　　　　　　叶楚伧　张伯苓　蒋梦麟　周鲠生　周炳琳

　　　　　　李任仁　严立三　陶孟和　竺可桢　胡庶华

　　　　　　杨振声　萨本栋　王星拱　陈裕光　熊庆来

　　　　　　马君武　廖世承　臧启芳　陈豹隐　吴贻芳

　　　　　　梅贻琦　程天放　张凌高　叶元龙　谷正鼎

　　　　　　杨端六　萧忠贞　韦永成　黄仁霖　胡健中

　　　　　（以上三十五人,民国二十八年九月选派)

候补监察　袁守谦　刘咏尧　黄　雍　李士珍　陶百川　白　瑜

　　　　　　萧自诚　黄佩兰　谢文秋

　　　　　（以上九人,民国二十八年九月选派)

（民国三十年十一月——民国三十二年四月）

书记长　　王世杰(民国三十年十一月连任)

常务监察　王世杰　朱家骅　陈布雷　罗家伦　张伯苓

　　　　　（以上五人,民国三十年十一月选派)

监　察　　王世杰　朱家骅　邵力子　陈布雷　罗家伦

　　　　　　叶楚伧　张伯苓　蒋梦麟　周鲠生　周炳琳

　　　　　　李任仁　严立三　陶孟和　竺可桢　胡庶华

　　　　　　杨振声　萨本栋　王星拱　陈裕光　熊庆来

　　　　　　廖世承　臧启芳　陈豹隐　吴贻芳　梅贻琦

　　　　　　程天放　张凌高　叶元成　谷正鼎　杨端六

　　　　　　萧忠贞　韦永成　胡健中　顾孟余　吴南轩

　　　　　（以上三十五人,民国三十年十一月选任)

候补监察　刘咏尧　黄　雍　李士珍　白　瑜　萧自诚　黄佩兰

　　　　　　谢文秋　张洪元　余井塘

　　　　　（以上九人,民国三十年十一月选派)

第一届中央干事、监察会

（民国三十二年四月——民国三十五年九月）

中央干事会

指导员　吴敬恒　戴传贤　孙　科　何应钦　李宗仁
白崇禧　叶楚伧　张伯苓　蒋梦麟　陈果夫
顾孟余

（以上十一人，民国三十二年四月二十一日聘请）

居　正　于右任　丁惟汾　陈济棠　邹　鲁
李文范　孔祥熙　冯玉祥　宋子文　吴忠信
潘公展　邓家彦　张　继　王宠惠

（以上十四人，民国三十二年五月十五日聘请）

评议员　周鲠生　李任仁　严立三　陈豹隐　杨端六
卢作孚　傅斯年　顾颉刚　李　蒸　陈　策

（以上十人，民国三十二年四月二十一日聘请）

童冠贤　金曾澄　王云五　于　斌　范　锐
胡政之　钱端升　萨孟武　谢冰心　冯友兰
钱　穆　陈寅恪　李四光　俞大维　吴蕴初
王懋功　曾养甫　陈树人　王芸生　成舍我
萧同兹　胡先骕　张洪元　凌鸿勋　张凌高
熊式辉　丁文渊

（以上二十七人，民国三十二年七月九日聘请）

李书华　蒋复聪　陈文渊　贺　麟　许恪士
袁昌英　吴尚鹰　陈芷汀　朱学范　蔡乐生
晏阳初　夏维海　杨绰庵

（以上十三人，民国三十四年二月八日聘请）

书记长 张治中（民国三十二年四月二十一日派任）

（民国三十五年三月二十九日，任新疆省政府主席辞职）

陈　诚（民国三十五年四月任）

副书记长（民国三十二年四月，第一次全国代表大会决议设置；民国三十四年秋，增设一人。）

胡庶华（民国三十二年四月二十一日派任）

（民国三十四年八月一日免）

刘健群（民国三十四年八月一日选派）

李　蒸（民国三十四年八月一日选派）

常务干事 张治中　陈立夫　朱家骅　张厉生　段锡朋

梁寒操　谷正纲

王东原（出任湖北省主席开缺）

贺衷寒　何浩若　张霭贞　刘健群　倪文亚（旋调任浙江支团干事长开缺）

袁守谦　黄宇人（调长青年工作管理处开缺）

（以上十五人，民国三十二年四月二十一日派任）

蒋经国　柳克述　任卓宣（民国三十四年八月，补倪文亚、王东原、黄宇人缺）

干　事 张治中　陈　诚　陈立夫　朱家骅　陈布雷

胡宗南　谷正纲　王东原　汤恩伯　贺衷寒

康　泽　李惟果　段锡朋　何浩若　张厉生

蒋经国　邓文仪　胡木兰　梁寒操　张道藩

李树森　任觉五　倪文亚　顾希平　黄宇人

汤如炎　陈　良　刘咏尧　刘健群　袁守谦

滕　杰　范予遂　涂公遂　郑彦棻　黄珍吾

吴兆棠　程思远　吴菊芳　李国俊　黄季陆

陈雪屏　余井塘　项定荣　骆力学　黄少谷

葛武棨　王启江　王汝泮　郑通和　陈逸云

吴绍澍　任卓宣　徐君佩　邓飞黄　包华国

张伯谨　张其昀　秦启荣　胡　轨　何义均

林翼中　万昌言　洪瑞钊　刘世达　赵仲容

余纪忠　张霭贞　柳克述　沈祖懋　胡定安

姚从吾　钟天心

（以上七十二人，民国三十二年四月十一日选出）

候补干事　李俊龙　陈开国　寇永吉　杭立武　杨尔瑛

袁永馥　顾毓琇　王友直　李名章　徐瘦秋

周志新　钟鼎文　陈介生　韦赞唐　周天贤

陈苍正　何联奎　李天民　郎维汉　程登科

杨玉清　詹纯鉴　张　桓　梁干乔　王　政

（以上二十五人，民国三十二年四月十一日选出）

秘书处

处　长　项定荣（民国三十二年四月二十一日派任）

（民国三十四年八月一日免）

刘孟纯（民国三十四年八月一日派任）

副主任　倪炳声（民国三十二年四月二十一日派任）

（民国三十四年八月一日免）

上官业佑（民国三十二年四月二十一日调任）

余易麟（民国三十四年冬，增设副处长一人）

组织处

处　长　康　泽（民国三十二年四月二十一日派任）

（民国三十四年八月一日免）

倪文亚（民国三十四年八月一日派任）

副处长　胡　轨（民国三十二年四月二十一日派任）

（民国三十四年八月一日前已不在职）

徐君佩（民国三十二年四月二十一日派任）

（民国三十四年八月一日前已不在职）

上官业佑（民国三十四年八月一日免）

汤如炎（民国三十四年八月一日派任）

胡长怡（民国三十四年八月一日派任）（未到职）

训练处

处　长　李惟果（民国三十二年四月二十一日派任）

（民国三十四年八月一日免）

王文俊（民国三十四年八月一日派任）

副处长　吴兆棠（民国三十二年四月二十一日派任）

（民国三十四年八月一日免）

张　桓（民国三十二年四月二十一日派任）

（民国三十四年八月一日前已不在职）

余　拯（民国三十四年八月一日派任）

宣传处

处　长　郑彦棻（民国三十二年四月二十一日派任）

（民国三十四年八月一日免）

李寿雍（民国三十四年八月一日派任）

副处长　余纪忠（民国三十二年四月二十一日派任）

（民国三十四年八月一日免）

刘公武（民国三十二年四月二十一日派任）

（民国三十四年八月一日前已不在职）

王次青（民国三十四年八月一日派任）

服务处

处　长　程思远（民国三十二年四月二十一日派任）

副处长　王冶民（民国三十二年四月二十一日派任）

（民国三十四年八月一日前已不在职）

袁永馥（民国三十二年四月二十一日派任）

（民国三十四年八月一日免）

陈志明（民国三十四年八月一日派任）

青年工作管理处

处　长　胡庶华(兼)（民国三十二年四月二十一日任，后呈辞兼职）

黄宇人

副处长　李俊龙（民国三十二年四月二十一日派任）

（民国三十四年八月一日前已不在职）

杨柏森（民国三十二年四月二十一日派任）

（民国三十四年八月一日免）

陈宗鉴（民国三十四年八月一日派任）

女青年处（民国二十九年四月十一日，第二届中央干监联席会第一次会议决议成立。）

处　长　吴贻芳（民国三十二年四月二十一日派任，因金陵女大校务繁重，不获兼顾，处长一职先由张霭真代理，后辞职）

张霭真(代理)（民国三十二年四月二十一日派任）（因事辞职）

张维桢

副处长　张维桢（民国三十二年四月二十一日派任）

李曼瑰（民国三十二年四月二十一日派任）

（民国三十四年八月一日前已不在职）

王立文（民国三十四年八月一日派任）

视导室

主　任　刘健群（民国三十二年四月二十一日派任）

（民国三十四年八月一日免）

涂公遂（民国三十四年八月一日升任）

副主任　涂公遂（民国三十二年四月二十一日派任）

（民国三十四年八月一日免）

张民权（民国三十四年八月一日派任）

编审室

主　任　洪瑞钊（民国三十二年四月二十一日派任，后因病辞职照准）

柳克述

副主任　汪昭声（民国三十二年四月二十一日派任）

（民国三十四年八月一日前已不在职）

许大川（代理）

法规审查委员会

主任委员　谭平山（民国三十二年四月二十一日派任，后辞职）

洪瑞钊

副主任委员　倪炯声（兼）（民国三十二年四月二十一日派任）

（民国三十四年八月一日前已不在职）

陆舒农

人事甄核委员会（第一次全国代表大会后，改设常务委员；常委制于民国三十三年下半年取消，仍设主任委员）

常务委员　王东原　段锡朋　贺衷寒（民国三十二年四月二十一日派任）

主任委员　贺衷寒

文化建设运动委员会

主任委员　倪文亚（民国三十二年四月二十一日派任，后调浙江支团干事长，辞职）

郑彦棻（兼）

副主任委员　杨玉清（民国三十二年四月二十一日派任）

国防科学技术运动委员会

主任委员　何浩若（民国三十二年四月二十一日派任，后辞职）

顾毓琇

副主任委员　顾毓琇(民国三十二年四月二十一日派任)

体育指导委员会

主任委员　程登科(民国三十二年四月二十一日派任)

副主任委员　萧忠国(民国三十二年四月二十一日派任)

海外团务计划委员会

主任委员　林翼中(民国三十二年四月二十一日派任)

副主任委员　侯西反(民国三十二年四月二十一日派任)

(民国三十四年八月一日前已不在职)

设计考核委员会

主任委员　胡庶华(兼)

财务委员会(未设专任人员)

中央监察会

书记长　王世杰(民国三十二年四月二十一日派任)

常务监察　王世杰　胡庶华(注)　邵力子　吴铁城　罗家伦　朱经农　甘乃光　李士珍　李曼瑰

(以上九人,民国三十二年四月二十一日派任)

注:初稿中载胡庶华因奉派任中央干事会副书记长,旋由谭平山接任。惟据第一届中央监察会相关名录并无此项调整。

监察	王世杰	胡庶华	邵力子	吴铁城	罗家伦
	薛岳	谭平山	李汉魂	翁文灏	关麟徵
	宋希濂	谷正鼎	傅作义	朱经农	梅贻琦
	甘乃光	宣铁吾	李默庵	竺可桢	李士珍
	黄文山	程天放	周炳琳	李延年	杨振声
	王星拱	裴存藩	白瑜	陶孟和	张荫梧

臧启芳　徐中齐　俞济时　陈裕光　李曼瑰

吴贻芳　王星舟　廖世承　黄旭初　萧赞育

张　镇　陆翰芹　宋志伊　萨本栋　黄仁霖

王文俊　萧自诚　周至柔　李仙洲

（以上四十九人，民国三十二年四月十一日选出）

候补监察　韦永成　吴南轩　丁基实　郭有守　熊庆来

陈宗鎣　陶　玄　鲁冀参　骆德荣　李煦寰

张　超　胡维藩　朱光潜　李世军　黄　雍

高　信　黄佩兰　顾锡九　刘赞周

（以上十九人，民国三十二年四月十一日选出）

秘书处

处　长　宋志伊（民国三十二年四月二十一日派任）

副处长　傅光海（民国三十二年四月二十一日派任）

第二届中央干事、监察会

（民国三十五年九月——民国三十六年六月）

中央干事会

指导员　吴敬恒　戴传贤　孙　科　何应钦　丁惟汾

李宗仁　白崇禧　张伯苓　蒋梦麟　陈果夫

居　正　于右任　邹　鲁　宋子文　张　继

王宠惠　李文范　张治中　吴铁城　邵力子

陈布雷　王世杰　朱家骅　陈立夫　翁文灏

（以上二十五人，民国三十五年九月聘请）

评议员　周鲠生　卢作孚　顾颉刚　金曾澄　于　斌

冯友兰　胡先骕　凌鸿勋　贺　麟　陈　方

傅斯年　童冠贤　王云五　胡　霖　王星拱

钱　穆　李四光　李书华　陈文渊　谢冰心

陈树人　成舍我　俞大维　杨端六　胡　适

梅贻琦　吴贻芳　周炳琳　燕树棠　甘乃光

罗家伦　黄季陆　张道藩　杨振声　陶孟和

吴有训　陈裕光　陈衡哲　姚从吾　萧自诚

何义均　张厉生　段锡朋　梁寒操　柳克述

谷正纲　李石曾　臧启芳　萨本栋

（以上四十九人，民国三十五年九月聘请）

书记长　陈　诚（民国三十五年九月十四日任）

副书记长　袁守谦（民国三十五年九月十四日任）

郑彦棻（民国三十五年九月十四日任）

常务干事　陈　诚　蒋经国　贺衷寒　何浩若　袁守谦

黄少谷　何联奎　倪文亚　赵仲容　张其昀

汤如炎　郑彦棻　李　蒸　程思远　黄宇人

（以上十五人，民国三十五年九月十四日推定）

干　事　陈　诚　蒋经国　贺衷寒　何浩若　袁守谦

黄少谷　何联奎　郑通和　俞济时　余纪忠

倪文亚　萧赞育　刘咏尧　赵仲容　张其昀

李惟果　陈介生　任觉五　汤如炎　吴绍澍

李国俊　涂公遂　骆力学　黄珍吾　郑彦棻

詹纯鉴　李　蒸　程思远　李俊龙　吴兆棠

万昌言　胡　轨　杨玉清　寇永吉　季天行

李天民　张宗良　余　拯　周天贤　戴仲玉

张作谋　李友邦　杨尔瑛　胡维藩　吴春晴

周　南　郭　澄　王焕彬　臧元骏　袁永馥

沈祖懋　韦赘唐　王宁华　马敦静　徐会之

　　　　　　艾　沙　陈雪屏　任国荣　田培林　竺可桢

　　　　　　上官业佑　常德晋　韦润珊　陈烈甫　李寿雍

　　　　　　黄宇人　覃异之　睦光禄　胡木兰　吴菊芳

　　　　　　许素玉　徐瘦秋

　　　（以上七十二人，民国三十五年九月十二日选出）

候补干事　蔡劲军　许伯超　罗才荣　曹　俊　周世光

　　　　　　穆提义　王志远　杜元载　镇天锡　刘　真

　　　　　　刘树勋　祁宗汉　陶维祺　邓发清　汪秀瑞

　　　　　　王学绪　林民熔　刘广瑛　韩文溥　刘先云

　　　　　　萧忠国　鲁冀参　张兴周　经天禄　林一民

　　　（以上二十五人，民国三十五年九月十二日选出）

书记长办公室

主　任　余文杰

副主任　丁心普

　　　　张世爱

第一处

处　长　陈春霖

副处长　郭　骥

　　　　张宝树

第二处

处　长　蒋经国

副处长　刘　真

　　　　顾　如

第三处

处　长　李俊龙

副处长　刘业昭

　　　　吴锡泽

第四处

处　长　赵仲容

副处长　鲁冀参

　　　　冯　树

第五处

处　长　胡　轨

副处长　郑代思

　　　　戴轶群

（以上各处处长、副处长人事，民国三十五年十月十七日通过）

人事甄核委员会

主任委员　倪文亚

农工运动委员会

主任委员　贺衷寒

女青年工作委员会

主任委员　李曼瑰

海外团务计划委员会

主任委员　梁寒操

文化建设运动委员会

主任委员　柳克述

国防科学技术委员会

主任委员　邓文仪

法规审查委员会

主任委员　范予遂

财务委员会

主任委员　白　瑜

中央监察会

常务监察 谭平山　朱经农　朱光潜　刘健群　李曼瑰

（以上五人，民国三十五年九月十四日推定）

刘赞周　白　瑜　李世军

监　察 谭平山　朱经农　李仙洲　宋志伊　朱光潜

刘赞周　黄文山　傅光海　吴南轩　刘健群

顾锡九　宋　恪　胡庶华　阎　伟　陶　熔

罗又伦　白　瑜　张　明　张元良　陈苍正

洪　轨　王元辉　刘公武　左　铎　孟昭瓒

卢叕竞　黄璞心　张民权　阿哈孜　夏克嘉

陈宗鎏　廖世承　方叔轩　梁　贞　罗香林

陈　颐　甘若愚　朱　雯　谷正鼎　罗泽闿

胡　素　童怀政　李曼瑰　黄佩兰　伍天生

李炳瑞　李世军　李　荷

（以上四十九人，民国三十五年九月十二日选出）

候补监察 陆翰芹　骆德荣　王维墉　郭维屏　周文化

徐量如　薛纯德　罗文谟　张　超　王文俊

谢玉裁　刘葆瑛　黄　通　罗正亮　帕拉提

陈志明　欧阳樊　方宏孝　薛传道

（以上十九人，民国三十五年九月十二日选出）

中央改造委员会

一九四九年十二月十一日,中国国民党中央党部开始在台北办公。次(一九五〇)年七月二十二日,第六届中央常务委员会召开临时会议,通过《本党改造案》,包含《关于实施本党改造之说明》、《本党改造纲要》及《本党改造之措施及其程序》三项文件,展开党的改造。依据《本党改造之措施及其程序》,为实施本党改造案,以促进本党之彻底改造,关于中央党部方面应立即采取下列各项措施:

(一)第六届中央执行委员会暨中央监察委员会,均停止行使职权。

(二)成立中央改造委员会,行使中央执行委员会及中央监察委员会之职权,中央改造委员会名额为十五人至二十五人,由总裁遴选之。

(三)中央改造委员会下设各种工作部门或委员会,其人员由总裁遴派之。

(四)本党设中央评议委员若干人,对党的改造负督导与监察之责,由总裁聘任之。

一九五〇年七月二十六日,蒋总裁遴派吴敬恒、居正等二十五人为中央评议委员,(注)陈诚、张其昀等十六人为中央改造委员;八月五日,中央改造委员会正式成立,随即召开第一次会议,由蒋总裁主持,通过《中央改造委员会组织大纲草案》、《中央改造委员会组织系统表草案》及相关人事案。中央改造委员会设秘书长一人,副秘书长一人或二人,秘书长承总裁之命,与改造委员会之决议,掌理会务并对各组会工作负综合与督导之责。改造委员会设下列各处、组、会:

秘书处：掌理本会议事、总务、文书、会计、人事及党员之抚恤、抚助与其他不属于各组会职掌之事项。

第一组：掌理"自由地区"及大陆地区各级党部或秘密工作之组织，与党员之训练及指导其活动。

第二组：掌理产业职业等团体、知识青年及其他特种党部之组织，党员之训练、及指导其活动，并负有关民众运动指导之责。

第三组：掌理海外党部之组织，与党员之训练，并指导其活动。

第四组：掌理宣传工作之指导、设计，党义理论之阐扬，及对文化运动之策划。

第五组：掌理民意机关与政府党员之组织与政治活动，及对各"反共抗俄民主政党"联络之有关事宜。

第六组：掌理对社会、经济、政治等动态有关资料之搜集、整理、研究，与对敌斗争之策划。

第七组：掌理党营事业之管理，及党员经济生活之辅导。

干部训练委员会：掌理干部训练有关业务。

纪律委员会：掌理党纪案件之审议，及监察党员执行党的政策、决议、命令之有关事宜，及决算之审核。

财务委员会：掌理本党财务之统筹及预算之审议，党费基金之募集、保管与运用事宜。

党史史料编纂委员会：掌理党史史料之搜集、整理、编纂，及革命文献之保管事宜。

设计委员会：掌理有关加强党政及反共工作之设计，与本会交议案件之审议。

各组设主任一人，副主任一至三人，各委员会设主任委员一人，副主任委员一至三人，委员若干人。秘书处则由秘书长主持，不另设主管人员。

中央改造委员会于一九五二年十月九日，举行第四二〇次会议后正式结束,党的改造工作至此告一段落。

（注）蒋总裁后又增聘何成濬、钱公来、时子周、萧同兹四人为中央评议委员。

中央改造委员会职名录

总　裁　蒋中正

一、中央评议委员二十九人

吴敬恒	居　正	于右任	钮永建	丁惟汾
邹　鲁	王宠惠	阎锡山	吴忠信	张　群
李文范	吴铁城	何应钦	白崇禧	陈济棠
马超俊	陈果夫	朱家骅	张厉生	刘健群
王世杰	董显光	吴国桢	章　嘉	张默君
何成濬	钱公来	时子周	萧同兹	

二、中央改造委员十六人

陈　诚	张其昀	张道藩	谷正纲	郑彦棻
陈雪屏	胡健中	袁守谦	崔书琴	谷凤翔
曾虚白	蒋经国	萧自诚	沈昌焕	郭　澄
连震东				

秘书长　张其昀（第一次会议,一九五〇年八月五日通过）

副秘书长　周宏涛（第一次会议,一九五〇年八月五日通过）

　　　　　　谷凤翔（第一六五次会议,一九五一年七月四日通过）

第一组

　主　任　陈雪屏（第一次会议,一九五〇年八月五日通过）

　副主任　王星舟（第九次会议,一九五〇年八月二十日通过）

　　　　　胡　轨（第九次会议,一九五〇年八月二十日通过）

　　　　　　　　　（第四十八次会议，一九五〇年十一月十五日辞职照准）

　　　　　邓传楷（第四十八次会议，一九五〇年十一月十五日通过）

第二组

　　主　任　谷正纲（第一次会议，一九五〇年八月五日通过）

　　副主任　张　明（第九次会议，一九五〇年八月二十日通过）

　　　　　　　　　（第三〇九次会议，一九五二年三月十二日另有任用）

　　　　　梁永章（第九次会议，一九五〇年八月二十日通过）

　　　　　罗才荣（第三〇九次会议，一九五二年三月十二日通过）

第三组

　　主　任　郑彦棻（第一次会议，一九五〇年八月五日通过）

　　副主任　李朴生（第九次会议，一九五〇年八月二十日通过）

　　　　　吴春晴（第十六次会议，一九五〇年九月六日通过）

第四组

　　主　任　曾虚白（第一次会议，一九五〇年八月五日通过）

　　　　　　　　　（第三十七次会议，一九五〇年十月十三日辞职照准）

　　　　　陶希圣（第三十七次会议，一九五〇年十月十三日通过）

　　　　　　　　　（第一七五次会议，一九五一年七月二十五日辞职照准）

　　　　　萧自诚（第一七五次会议，一九五一年七月二十五通过）

　　　　　　　　　（第三八二次会议，一九五二年八月八日另有任用免职）

　　　　　沈昌焕（兼）（第三八二次会议，一九五二年八月八日通过）

　　副主任　蒋君章（第九次会议，一九五〇年八月二十日通过）

　　　　　李士英（第一八四次会议，一九五一年八月七日通过）

　　　　　　　　　（第三八二次会议，一九五二年八月八日另有任用免职）

　　　　　许闻渊（第三八五次会议，一九五二年八月十四日通过）

第五组

　　主　任　袁守谦（第一次会议，一九五〇年八月五日通过）

　　副主任　张寿贤（第九次会议，一九五〇年八月二十日通过）

郭　骥（第九次会议，一九五〇年八月二十日通过）

第六组

主　任　唐　纵（第一次会议，一九五〇年八月五日通过）

副主任　徐晴岚（第九次会议，一九五〇年八月二十日通过）

第七组

主　任　郭　澄（第一次会议，一九五〇年八月五日通过）

副主任　朱国材（第九次会议，一九五〇年八月二十日通过）（未到职前，派
　　　　　　　陈汉平代理）

　　　　　　　（第二十三次会议，一九五〇年九月二十二日辞职照准）

　　　　陈汉平（第二十三次会议，一九五〇年九月二十二日通过）

纪律委员会

主任委员　李文范（第一次会议，一九五〇年八月五日通过）

副主任委员　狄　膺（第九次会议，一九五〇年八月二十日通过）

委　员　居　正　何应钦　吴铁城　朱家骅　马超俊

　　　　谢冠生　林　彬

　　　　（以上第十六次会议，一九五〇年九月六日通过）

干部训练委员会

主任委员　蒋经国（第一次会议，一九五〇年八月五日通过）

　　　　　　　（第三十七次会议，一九五〇年十月十三日辞职照准）

　　　　万耀煌（第三十七次会议，一九五〇年十月十三日通过）

副主任委员　沈祖懋（第九次会议，一九五〇年八月二十日通过）

　　　　　任觉五（第二一五次会议，一九五一年十月一日通过）

委　员　王东原　刘文岛　邓文仪　何联奎　谷正鼎

　　　　周鸿经　张宝树　李曼瑰　上官业佑　吕晓道

　　　　罗才荣　任觉五　王志鹄　郑品聪　许闻渊

　　　　王　昇　李白虹

　　　　（以上第十六次会议，一九五〇年九月六日通过）

梁华盛（第六十九次会议，一九五〇年十二月二十八日通过）

程天放（第一〇八次会议，一九五一年四月四日通过）

张　明（第三二一次会议，一九五二年四月二日通过）

财务委员会

主任委员　俞鸿钧（第一次会议，一九五〇年八月五日通过）

副主任委员　赵棣华（第九次会议，一九五〇年八月二十日通过）

徐柏园（第三十六次会议，一九五〇年十月十二日通过）

委　员　俞鸿钧　赵棣华　徐柏园　吴敬恒　王宠惠

陈果夫　李文范　陈　诚　张其昀　黄少谷

（以上第十九次会议，一九五〇年九月十四日通过）

设计委员会

主任委员　陶希圣（第一次会议，一九五〇年八月五日通过）

（第三十七次会议，一九五〇年十月十三日另有任用免职）

萧自诚（第三十七次会议，一九五〇年十月十三日通过）

（第一七五次会议，一九五一年七月二十五日通过调第四组主任，主任委员职务暂由副主任委员李士英代理）

崔书琴（第一七七次会议，一九五一年七月三十日通过）

副主任委员　萧自诚（第九次会议，一九五〇年八月二十日通过）

李士英（第九十六次会议，一九五一年三月九日通过）

（第一八四次会议，一九五一年八月七日通过调第四组副主任）

马星野（第三八二次会议，一九五二年八月八日通过）

委　员　邱昌渭　方　治　黄季陆　雷　震　罗时实

李中襄　叶溯中　滕　杰　端木恺　章任堪

沈宗瀚　李寿雍　王师复　罗敦伟　刘　杰

鲍德澂　萧作梁　李士英

（以上第四十四次会议，一九五〇年十一月二日通过）

黄正铭（第一二〇次会议，一九五一年四月二十三日通过）

方子卫（第一三二次会议，一九五一年五月十五日通过）

党史史料编纂委员会

主任委员　罗家伦（第二次会议，一九五〇年八月八日通过）

副主任委员　洪兰友（第二次会议，一九五〇年八月八日通过）

委　员　吴敬恒　于右任　丁惟汾　钮永建　王宠惠

邹　鲁　李文范　张　群　张其昀　王世杰

罗家伦　吴铁城　张厉生　狄　膺　洪兰友

（以上第四一二次会议，一九五二年十月一日通通）

人事审核委员　王世杰　吴国桢　黄少谷　连震东

（以上第一〇二次会议，一九五一年三月二十二日通过聘任）

研究委员　张铁君（第一二二次会议，一九五一年四月二十五日通过推荐，呈请总裁核可后聘任）

任卓宣　崔载阳　罗时实

（以上第一三一次会议，一九五一年五月十四日通过推荐，呈请总裁核可后聘任）

第七届中央委员会

　　一九五二年十月十日,中国国民党第七次全国代表大会在台北开幕,至二十日闭幕。本次会议是中国国民党迁台以来首度举行的全国代表大会,会中通过修正《中国国民党党章》(原称总章),将原中央执行委员会与中央监察委员会合而为一,成立中央委员会,以建立组织之单一制,其职权为:(一)对外代表本党;(二)执行全国代表大会之决议;(三)组织各级党部并指挥之;(四)支配本党经费;(五)管理从政党员;(六)执行党的纪律。另于中央党部设评议委员,其人选由总裁就党内先进同志卓著功绩者聘请若干人,提请全国代表大会通过。评议委员职权为:(一)关于党政重要兴革之建议事项;(二)关于重大纪律案件之审议事项;(三)中央委员会提请评议事项;(四)总裁咨询事项。十八日,大会通过主席团提案,请蒋中正同志连任总裁;十九日,大会通过蒋总裁提任吴敬恒、于右任、钮永建等四十八人为中央评议委员,并选举陈诚、蒋经国等三十二人为第七届中央委员,郑介民等十六人为候补中央委员。

　　一九五二年十月二十三日,第七届中央委员会举行第一次全体会议,通过《中央委员会组织大纲》,中央委员会互选常务委员十人组织常务委员会,在全体会议闭幕期间执行职务,对中央委员会负责。常务委员会开会时由总裁主席,总裁因事不克出席时,由常务委员互推一人为主席。

　　中央委员会设秘书长一人,副秘书长若干人,秘书长承总裁之命,与中央委员会或常务委员会之决议,掌理一切事宜,并对各组会工作负综合与督导之责,为党的幕僚长。中央委员会设下列各处、组、会:

（一）秘书处掌理本会议事、总务、文书、会计、人事及党员之抚恤、抚助与其他不属于各组会职掌之事项。

（二）第一组掌理"自由地区"各种各级党部之组织与党员之训练及指导其活动。

（三）第二组掌理大陆地区各种各级党部之组织与党员之训练及指导其活动。

（四）第三组掌理海外地区各级党部之组织与党员之训练及指导其活动。

（五）第四组掌理宣传工作之指导设计，党义理论之阐扬，及干部分子训练有关业务。

（六）第五组掌理民众运动之指导与人民团体之党团活动。

（七）第六组掌理对社会、经济、政治等动态有关资料之搜集，研究整理与对敌斗争之策划。

（八）设计考核委员会掌理有关党政工作之设计与考核。

（九）纪律委员会掌理党纪案件之审议及决算之审核。

（十）财务委员会掌理本党财务之统筹支配，预算之审定与稽核，党费基金之募集、保管与运用及党营事业之管理。

（十一）党史史料编纂委员会掌理党史史料之搜集、整理、编纂及革命文献之保管。各组设主任一人，副主任一人或二人；各委员会设主任委员一人，副主任委员一人或二人，委员若干人。秘书处由秘书长主持，副秘书长襄助，不另设主管人员。此外中央委员会另设有党政关系会议，由秘书长主持，办理党政有关事宜。

一九五三年十一月，第七届中央委员会第三次全体会议通过增设妇女工作会，掌理妇女运动工作及妇女团体之党团活动；同时设置妇女工作指导会议，为常务委员会指导妇女工作之机构。此外各组之副主任名额，由原来之一或二人，改为一至三人。

一九五五年九月十四日，中央常务委员会第二一九次会议通过《中央党政关系改进办法》，改组"中央常务委员会党政关系会议"为"中央常务委员会政策委员会",研讨有关党的政策及处理党政关系事宜。十月,七届六中全会,再度修正中央委员会组织大纲,将"党政关系会议"正式更名为"政策委员会"。政策委员会之位阶较中央委员会之各处、组、会为高,其决议报由中央常务委员会核定行之。委员未定额,经常参加人员包括中央常务委员会推定之中央常务委员二至四人,中央委员会正副秘书长、第一组及设计考核委员会主管、"五院"从政主管同志及"总统府"秘书长。委员会设召集人三至五人,由中央常务委员会推定之常务委员及秘书长担任,处理有关该会事宜,并于开会时轮流担任主席;设秘书长、副秘书长各一人,由中央委员会秘书长、副秘书长兼任之,协助召集人处理有关该会事宜。

一九五七年三月举行之七届八中全会,第三度修正中央委员会组织大纲,秘书处不再由秘书长主持,增设主任一人,综理各项业务;另增设宣传工作指导委员会、"敌后工作指导委员会"及"海外对匪斗争工作统一指导委员会"三单位,以研讨相关业务。

第七届中央委员会职名录

总　裁　蒋中正(第七次全国代表大会,一九五二年十月十八日通过)

一、中央评议委员四十八人

吴敬恒	于右任	钮永建	丁惟汾	王宠惠
邹鲁	阎锡山	吴忠信	李煜瀛	李文范
张群	吴铁城	何应钦	邓家彦	陈济棠
朱家骅	马超俊	张厉生	王世杰	何成濬
贾景德	时子周	章嘉	蒋宋美龄	云竹亭
戴愧生	蒋梦麟	徐永昌	薛岳	胡宗南
黄杰	狄膺	罗奇	张默君	钱公来
邝瑶普	桂永清	万耀煌	尧乐博士	俞飞鹏
洪兰友	谢冠生	叶公超	严家淦	田炯锦

田昆山　萧吉珊　王宗山

二、中央委员三十二人

陈　诚　蒋经国　张其昀　周至柔　谷正纲

郑彦棻　吴国桢　陈雪屏　彭孟缉　郭寄峤

孙立人　沈昌焕　上官业佑　袁守谦　张道藩

王叔铭　俞鸿钧　倪文亚　陶希圣　唐　纵

石　觉　黄季陆　黄朝琴　黄少谷　胡　琏

杨尔瑛　王星舟　吴化鹏　陈逸云　张子田

蒋赐福　梅友卓

三、候补中央委员十六人

郑介民　马纪壮　黄镇球　毛人凤　陶一珊

谷凤翔　罗家伦　李　弥　马呈祥　刘圣斌

孙桂籍　李永新　张希文　陈甘亨　林天祥

蔡功南

附记：陶一珊原当选中央委员，声明退让为候补中央委员，经大会通过以俞鸿钧为中央委员；候补中央委员当选人俞济时声明放弃，以次多数李弥补充。

本届中央委员出缺递补名录

吴国桢开除党籍，以郑介民递补。（第一三一次会议，一九五四年七月三十一日通过）

孙立人开除党籍，以马纪壮递补。（第二七一次会议，一九五六年五月二日通过）

第七届中央委员会

常务委员会
一中全会

陈　诚　张道藩　谷正纲　吴国桢　黄少谷

陈雪屏　袁守谦　陶希圣　蒋经国　倪文亚

（第七届中央委员会第一次全体会议，一九五二年十月二十三日通过总裁交议）

二中全会

陈　诚　张道藩　谷正纲　吴国桢　黄少谷

陈雪屏　袁守谦　陶希圣　蒋经国　倪文亚

（第七届中央委员会第二次全体会议，一九五三年五月七日通过连任）

三中全会

陈　诚　张道藩　谷正纲　吴国桢（在美发表荒谬言论，诋毁本党及当局，经七届中常会第九十次会议，一九五四年三月十七日通过开除党籍）　黄少谷　陈雪屏　袁守谦　陶希圣　蒋经国　倪文亚

（第七届中央委员会第三次全体会议，一九五三年十一月十四日通过连任）

四中全会

陈　诚　张道藩　谷正纲　黄少谷　张其昀

陈雪屏　袁守谦　陶希圣　蒋经国　倪文亚

（第七届中央委员会第四次全体会议，一九五四年八月五日通过总裁交议）

五中全会

陈　诚　俞鸿钧　张道藩　谷正纲　黄少谷　蒋经国

袁守谦（一九五五年三月五日，总裁批示辞职照准，遗缺以陈雪屏递补）　周至柔　张其昀　陶希圣

（第七届中央委员会第五次全体会议，一九五五年三月三日选举通过）

陈雪屏（补袁守谦遗缺）

六中全会

六中全会第五次会议，一九五五年十月五日决议："本次全会对中央委员，毋庸改选。"

七中全会

陈　诚　蒋经国　俞鸿钧　黄少谷　张道藩

谷正纲　陶希圣　周至柔　陈雪屏　张其昀

(第七届中央委员会第七次全体会议,一九五六年五月八日选举通过)

八中全会

陈　诚　蒋经国　俞鸿钧　陈雪屏　周至柔

张道藩　黄少谷　陶希圣　谷正纲　张其昀

(第七届中央委员会第八次全体会议,一九五七年三月七日选举通过)

秘书长　张其昀(一中全会,一九五二年十月二十三日通过)

　　　　　　(四中全会,一九五四年八月五日因当选中央常务委员缺职)

　　　　张厉生(四中全会,一九五四年八月五日通过)

副秘书长　周宏涛(一中全会,一九五二年十月二十三日通过)

　　　　谷凤翔(一中全会,一九五二年十月二十三日通过)

　　　　　　(第一三四次会议,一九五四年八月十八日辞职照准)

　　　　郭　澄(第一次会议,一九五二年十月三十日通过)

　　　　　　(第三十二次会议,一九五三年五月十三日另有任用)

　　　　谢东闵(第三十二次会议,一九五三年五月十三日通过)

　　　　　　(第一三四次会议,一九五四年八月十八日辞职照准)

　　　　邓传楷(第一三四次会议,一九五四年八月十八日通过)

　　　　黄启瑞(第一三四次会议,一九五四年八月十八日通过)

　　　　　　(第三七六次会议,一九五七年七月二十二日因当选台北市市长辞职照准)

第一组

　主　任　唐　纵(第一次会议,一九五二年十月三十日通过)

　副主任　郭　骥(第二次会议,一九五二年十一月六日通过)

　　　　罗才荣(第二次会议,一九五二年十一月六日通过)

第二组

　主　任　郑介民(第一次会议,一九五二年十月三十日通过)

　副主任　邓传楷(第二次会议,一九五二年十一月六日通过)

（第三十二次会议，一九五三年五月十三日另有任用）

叶翔之（第二次会议，一九五二年十一月六日通过）

沈祖懋（第三十二次会议，一九五三年五月十三日通过）

（一九五四年十一月十六日病逝）

王任远（第一五八次会议，一九五四年十二月六日通过）

丁树中（第三八六次会议，一九五七年九月四日通过）

第三组

主　　任　郑彦棻（第一次会议，一九五二年十月三十日通过）

副主任　李朴生（第二次会议，一九五二年十一月六日通过）

董世芳（第九十次会议，一九五四年三月十七日通过）

戴仲玉（第九十次会议，一九五四年三月十七日通过）

（第一七六次会议，一九五五年三月九日另有任用）

陈　　元（第一七六次会议，一九五五年三月九日通过）

第四组

主　　任　沈昌焕（第一次会议，一九五二年十月三十日通过）

（第一三四次会议，一九五四年八月十八日辞职照准）

马星野（第一三四次会议，一九五四年八月十八日通过）

副主任　许闻渊（第二次会议，一九五二年十一月六日通过）

任觉五（第二次会议，一九五二年十一月六日通过）

（第一三四次会议，一九五四年八月十八日辞职照准）

沈　　锜（第一三四次会议，一九五四年八月十八日通过）

秦孝仪（第一三四次会议，一九五四年八月十八日通过）

第五组

主　　任　连震东（第一次会议，一九五二年十月三十日通过）

（第三十二次会议，一九五三年五月十三日另有任用）

郭　　澄（第三十二次会议，一九五三年五月十三日通过）

（一九五四年一月十二日当选台湾省委员会主任委员辞

职）

上官业佑（第七十九次会议，一九五四年一月十三日通过）

副主任　沈祖懋（第二次会议，一九五二年十一月六日通过）

（第三十二次会议，一九五三年五月十三日另有任用）

梁永章（第二次会议，一九五二年十一月六日通过）

陈逸云（第三十二次会议，一九五三年五月十三日通过）

（第一二四次会议，一九五四年七月十二日辞职照准）

（第四十五次会议，一九五三年七月四日通过增设副主任一人）

张宝树（第四十八次会议，一九五三年七月二十二日通过）

张泰祥（第一二四次会议，一九五四年七月十二日通过）

第六组

主　任　张炎元（第一次会议，一九五二年十月三十日通过）

（第三二六次会议，一九五六年十二月三十一日因任情报局局长辞职照准）

陈建中（第三二六次会议，一九五六年十二月三十一日通过）

副主任　徐晴岚（第二次会议，一九五二年十一月六日通过）

（第三二六次会议，一九五六年十二月三十一日通过调设考会副主任委员）

陈建中（第二次会议，一九五二年十一月六日通过）

（第三二六次会议，一九五六年十二月三十一日通过调升主任）

李白虹（第三四三次会议，一九五七年三月十八日通过）

设计考核委员会

主任委员　崔书琴（第一次会议，一九五二年十月三十日通过）

（一九五七年七月十七日病逝）

副主任委员　李士英（第二次会议，一九五二年十一月六日通过）

（第一九二次会议，一九五五年五月十一日另有任

用）

　　　　马星野（第二次会议，一九五二年十一月六日通过）

　　　　（第一九二次会议，一九五五年五月十一日另有任

　　　　　用）

　　　　张　峻（第一九二次会议，一九五五年五月十一日通过）

　　　　滕　杰（第一九二次会议，一九五五年五月十一日通过）

　　　　（第二〇七次会议，一九五五年七月六日辞职照准）

　　　　杨家麟（第二〇七次会议，一九五五年七月六日通过）

　　　　徐晴岚（第三二六次会议，一九五六年十二月三十一日通过

　　　　　增派副主委一人）

纪律委员会

　主任委员　李文范（第一次会议，一九五二年十月三十日通过）

　　　　　　（一九五三年六月二十三日病逝）

　　　　　吴忠信（第四十七次会议，一九五三年七月十五日通过）

　副主任委员　洪兰友（第二次会议，一九五二年十一月六日通过）

　　　　　　张寿贤（第二次会议，一九五二年十一月六日通过）

　委　员　李文范（一九五三年六月二十三日病逝）　吴忠信　何成濬

　　　　　陈济棠（一九五四年十一月三日病逝）　钱公来　马超俊

　　　　　王子弦　谢冠生　林　彬　洪兰友　张寿贤

　　　　　（以上第二次会议，一九五二年十一月六日通过）

财务委员会

　主任委员　俞鸿钧（第一次会议，一九五二年十月三十日通过）

　　　　　　（第一八二次会议，一九五五年四月四日辞职照准）

　　　　　徐柏园（第一八二次会议，一九五五年四月四日通过）

　副主任委员　徐柏园（第五次会议，一九五二年十一月二十日通过）

　　　　　　（第一八二次会议，一九五五年四月四日升任主任委

　　　　　　　员）

陈庆瑜（第三十三次会议，一九五三年五月十六日通过）

陈汉平（第一八二次会议，一九五五年四月四日通过）

委　员　吴敬恒（一九五三年十月三十日病逝）　王宠惠　李文范（一
九五三年六月二十三日病逝）　陈　诚　俞鸿钧　张其昀
黄少谷

（以上第二次会议，一九五二年十一月六日通过）

党史史料编纂委员会

主任委员　罗家伦（第一次会议，一九五二年十月三十日通过）

副主任委员　狄　膺（第二次会议，一九五二年十一月六日通过）

委　员　吴敬恒（一九五三年十月三十日病逝）　于右任
丁惟汾（一九五四年五月十二日病逝）　钮永建　王宠惠
邹　鲁（一九五四年二月十三日病逝）
李文范（一九五三年六月二十三日病逝）　张　群　张其昀
王世杰
吴铁城（一九五三年十一月十九日病逝）　张厉生　罗家伦
狄　膺　洪兰友

（以上第四次会议，一九五二年十一月十三日通过）

朱家骅　陈雪屏　朱绍良　陶希圣　董显光

（以上第一九一次会议，一九五五年五月九日通过递补吴敬恒等五
位逝世者遗缺）

中央常务委员会党政关系会议（第二一九次会议，一九五五年九月十四日通过改组为中央常务委员会政策委员会）

委　员　张　群　王世杰　张道藩　余井塘　张其昀
谷正纲　胡健中　黄少谷　黄季陆　洪兰友
程天放　刘文岛　陈雪屏　袁守谦　郑彦棻
倪文亚　周宏涛　谷凤翔　郭　澄　唐　纵
端木恺　郭　骥　浦薛凤

（以上第二次会议，一九五二年十一月六日通过）

张厉生　谢冠生　史尚宽　陈顾远　谷正鼎

李永新　孙桂籍　陈逸云　王隽英　钱剑秋

孙玉琳　王澍霖　钱用和　薛　岳　王星舟

田培林　滕　杰　英千里　王民宁　江学珠

张希文

（以上第四次会议，一九五二年十一月十三日通过）

会议主持人　中央委员会秘书长

中央常务委员会政策委员会

召集人（由中常委担任）　陈　诚　谷正纲　周至柔　蒋经国　张厉生

一、中央委员部分

谷正纲　崔书琴　周至柔　陶希圣　张厉生

陈雪屏　邓传楷　周宏涛　唐　纵　罗家伦

张炎元

二、"行政院"从政主管同志部分

各部会主管，如主管为非国民党籍，则由副主管出任。

三、"立法院立委"同志部分

各会期委员会召集委员

妇女工作指导会议

指导长　蒋宋美龄

干事委员　钱用和　吕锦花　吕晓道　李秀芬　王隽英

许素玉　陈逸云　皮以书　罗　衡　林　慎

（以上第六十四次会议，一九五三年十月二十一日通过）

委　员　于汝洲　王化民　石季玉　江学珠　沈慧莲

阿里同汉　徐钟珮　凌英贞　庄　静　清巴图

张希文　张岫岚　陶太庚　傅晴曦　赵文艺

赵筱梅　刘玉英　蔡淑琼　钱剑秋

谢纬鹏(第二一六次会议,一九五五年八月二十九日辞职照准)

(第二四三次会议,一九五六年一月九日通过派任)

卢孰竞

(以上第六十四次会议,一九五三年十月二十一日通过)

妇女工作会

主　任　李秀芬(第六十四次会议,一九五三年十月二十一日通过)

(第一五三次会议,一九五四年十一月十日辞职)

钱剑秋(第一五三次会议,一九五四年十一月十日通过)

副主任　谢纬鹏(第六十四次会议,一九五三年十月二十一通过)

(第二一六次会议,一九五五年八月二十九日辞职照准)

凌英贞(第六十四次会议,一九五三年十月二十一日通过)

(第一五三次会议,一九五四年十一月十日辞职)

朱剑华(第二八六次会议,一九五六年七月九日通过)

中央文化工作指导小组(第三一〇次会议,一九五六年十月二十四日通过设置)

主任委员　陈雪屏(第三一四次会议,一九五六年十一月十四日通过)

委　员　陈雪屏　张道藩　黄少谷　张其昀　罗家伦

周宏涛　邓传楷　马星野　上官业佑　王星舟

沈　锜

(第三一八次会议,一九五六年十一月二十八日通过)

"海外对匪斗争工作统一指导委员会"

(第三一六次会议,一九五六年十一月二十一日通过依据《海外对匪斗争工作统一领导办法》之规定设置)

主任委员　周至柔

委　员　张厉生　周至柔　蒋经国　彭孟缉(一九五七年七月因职务调动改由王叔铭接任)

郑介民　郑彦棻　马星野　张炎元(一九五六年十二月因职务调整改由陈建中接任)　叶公超　徐柏园　江　杓

(以上第三二五次会议,一九五六年十二月二十四日通过)

　　秘书长　郑彦棻(第三三五次会议,一九五七年二月十一日通过)

宣传工作指导委员会(第三五一次会议,一九五七年四月十七日通过设置)

　　主任委员　黄少谷

　　委　员　陈雪屏　张道藩　黄少谷　陶希圣　蒋经国
　　　　　　张其昀　郑介民　郑彦棻　马星野　上官业佑
　　　　　　陈建中　崔书琴　叶公超　沈　锜　蒋坚忍
　　　　　　周宏涛　邓传楷　罗家伦　沈昌焕　胡健中
　　　　　　谢然之　曾虚白　曹圣芬　魏景蒙　萧自诚
　　　　　　陈纪滢　李士英　王　民

(以上第三五三次会议,一九五七年四月二十九日通过)

　　　　汪公纪(一九五七年四月三十日总裁指示,报请第三五九次会议,一九五七年五月二十日鉴察)

第八届中央委员会

　　一九五七年十月十日,中国国民党第八次全国代表大会在台北揭幕,至二十三日闭幕。大会通过修正《中国国民党党章》,关于组织部分,于第五章《总裁》增列"本党设副总裁一人,辅助总裁处理党务,其人选由总裁提名,经全国代表大会通过之"一条。二十日,出席代表一致通过主席团提议,继续推举蒋中正先生为总裁;二十三日,大会宣布陈诚、蒋经国等四十人当选第八届中央委员,王昇、石觉等二十五人为第八届候补中央委员,并通过蒋总裁提名陈诚为副总裁,于右任、钮永建等七十六人为中央评议委员,及梅友卓等十人为第八届中央委员。

　　一九五七年十月二十六日,第八届中央委员会举行第　次全体会议,通过《中央委员会组织条例》,除常务委员之名额,由第七届之十人扩增为十一至十五人外,各处、组、会及各种委员会与七届八中全会后之中央委员会组织相同,设秘书处、第一组、第二组、第三组、第四组、第五组、第六组、设计考核委员会、财务委员会、党史史料编纂委员会、妇女工作会等十二个业务单位,与妇女工作指导会议、宣传工作指导委员会、"敌后工作指导委员会"、"海外对匪斗争工作统一指导委员会"等四个中央常务委员会对特定事项之指导机构,以及政策委员会。

　　一九六一年十一月,中央为推行干部政策,确立干部制度,决定于现行组织体系下加强干部管理机构,是月四日,中常会第三三二次会议决议设置干部管理处隶属于秘书处,将原属秘书处之人事业务及第一组之干部管理业务,归并于干部管理处;嗣于是月举行的第八届中央委员会第四

次全体会议,通过修正《中央委员会组织条例》,调整秘书处及第一组之职
掌,并于秘书处增设副主任一人,以因应干部管理职掌之移转,及秘书处
业务之加重。

第八届中央委员会职名录

总　裁　蒋中正(第八次全国代表大会,一九五七年十月二十日推举)

副总裁　陈　诚(第八次全国代表大会,一九五七年十月二十三日通过)

一、中央评议委员七十六人

于右任	钮永建	王宠惠	阎锡山	吴忠信
李煜瀛	蒋宋美龄	张　群	何应钦	陈立夫
邓家彦	朱家骅	马超俊	顾祝同	石敬亭
何成濬	王世杰	张厉生	王秉钧	余汉谋
贾景德	时子周	云竹亭	戴愧生	蒋梦麟
徐永昌	薛岳	张默君	钱公来	狄膺
傅秉常	俞飞鹏	沈慧莲	梁寒操	程天放
洪兰友	谢冠生	余井塘	田炯锦	田昆山
王宗山	白云梯	罗家伦	万耀煌	尧乐博士
郭寄峤	萧同兹	谷正鼎	胡宗南	方治
黄国书	曾虚白	张寿贤	李永新	李嗣璁
钱用和	叶公超	徐柏园	严家淦	罗奇
邝瑶普	刘咏尧	张子田	阮赓唐	蒋坚忍
王振相	黄仁俊	陈静涛	于焌吉	柳元麟
刘全富	马呈祥	柯俊智	宋廷滨	何康
汪少庭				

二、中央委员五十人

陈　诚　蒋经国　周至柔　谷正纲　俞鸿钧

周宏涛　王叔铭　张其昀　唐　纵　邓传楷

张道藩　彭孟缉　陈建中　倪文亚　陶希圣

黄少谷　郑彦棻　郑介民　黄　杰　上官业佑

马纪壮　张炎元　陈雪屏　郭　骥　李　弥

黄季陆　季源溥　袁守谦　钱剑秋　郭　澄

胡　轨　陈嘉尚　黄镇球　黄朝琴　蔡功南

皮以书　沈昌焕　胡　琏　谷凤翔　詹纯鉴

以上四十人系选举产生者

梅友卓　蒋赐福　王星舟　胡健中　梁序昭

丘念台　叶立庚　刘兴诚　吴香兰　清巴图

以上十人系总裁提名经大会通过者（依第八届中央委员选举办法第二条第二款之规定）

三、候补中央执行委员二十五人

王　昇　石　觉　谢东闵　王任远　陈大庆

沈　锜　徐　鼐　吴化鹏　江国栋　陈逸云

马星野　傅启学　黄启瑞　吕锦花　李　钰

萧赞育　任觉五　叶翔之　许素玉　阿不都拉

郭　永　赵聚钰　黄仁霖　罗桑益西　罗　衡

附记：钱用和原已当选。得票数末三名之黄仁霖、罗桑益西、罗衡票数相同，应抽签决定其中二人为候补中央委员。罗衡声明退让，由黄仁霖、罗桑益西当选。旋钱用和声明放弃当选，依次由罗衡递补，当经总裁同意并经大会通过。

本届中央委员出缺递补名录

郑介民于一九五九年十二月十一日病故出缺，由王昇递补。

（第一八四次会议，一九六〇年一月十一日备察）

俞鸿钧于一九六〇年六月一日病故出缺，由谢东闵递补。

（第二二五次会议，一九六〇年七月四日备察）

第八届中央委员会

常务委员会

一中全会

张道藩　谷正纲　俞鸿钧　周至柔　陈雪屏

陶希圣　蒋经国　黄少谷　张其昀　胡健中

丘念台　马纪壮　袁守谦　谷凤翔　沈昌焕

（第八届中央委员会第一次全体会议，一九五七年十月二十六日通过总裁交议）

二中全会

蒋经国　周至柔　俞鸿钧　张道藩　陶希圣

黄少谷　谷正纲　袁守谦　张其昀　王叔铭

黄季陆　唐　纵　丘念台　黄朝琴　胡健中

（第八届中央委员会第二次全体会议，一九五九年五月十九日选举通过）

三中全会

张道藩　谷正纲　张其昀　周至柔　袁守谦

陶希圣　蒋经国　王叔铭　黄季陆　彭孟缉

丘念台　黄朝琴　胡健中　谷凤翔　沈昌焕

（第八届中央委员会第三次全体会议，一九六〇年十月二日通过总裁交议）

四中全会

蒋经国　谷正纲　张道藩　周至柔　张其昀

陶希圣　袁守谦　黄季陆　彭孟缉　黄朝琴

丘念台　谷凤翔　胡健中　王叔铭　沈昌焕

（第八届中央委员会第四次全体会议，一九六一年十一月十六日选举通过）

五中全会

蒋经国　谷正纲　张其昀　陶希圣　袁守谦

彭孟缉　周至柔　黄季陆　黄朝琴　胡健中

张道藩　丘念台　郑彦棻　沈昌焕　谷凤翔

（第八届中央委员会第五次全体会议，一九六二年十一月十五日选举通过）

秘书长　张厉生（一中全会，一九五七年十月二十六日通过）

（第一三一次会议，一九五九年五月二十五日辞职照准）

唐　纵（第一三一次会议，一九五九年五月二十五日通过）

副秘书长　周宏涛（一中全会，一九五七年十月二十六日通过）

（第一二五次会议，一九五九年三月十八日辞职照准）

邓传楷（一中全会，一九五七年十月二十六日通过）

（第二九三次会议，一九六一年四月二十二日辞职照准）

郭　骥（第五十一次会议，一九五八年五月十九日通过）

唐　纵（第一二五次会议，一九五九年三月十八日通过）

（第一三一次会议，一九五九年五月二十五日通过兼代

秘书长）

连震东（第一七二次会议，一九五九年十一月十八日通过）

（第二七四次会议，一九六一年二月一日辞职照准）

徐庆钟（第二七四次会议，一九六一年二月一日通过）

秦孝仪（第二九三次会议，一九六一年四月二十二日通过）

秘书处

主　任（八届四中全会，一九六一年十一月十五日通过设置）

徐晴岚（第四一四次会议，一九六二年十二月八日通过）

干部管理处（第三三二次会议，一九六一年十一月四日决议设置）

处　长　汪锡钧（第三四九次会议，一九六二年一月二十日通过）

副处长　熊文铭（第三五三次会议，一九六二年二月十日通过）

第一组

主　任　倪文亚（一中全会，一九五七年十月二十六日通过）

副主任　郭　骥（第五十一次会议，一九五八年五月十九日通过调任副秘

书长）

罗才荣(第二八二次会议,一九六一年三月六日另有任用)

梁兴义(第八十六次会议,一九五八年十月一日通过)

翁　铃(第二八二次会议,一九六一年三月六日通过)

第二组

主　任　郑介民(一中全会,一九五七年十月二十六日通过)

　　　　　　(一九五九年十二月十一日病逝)

叶翔之(第一八五次会议,一九六〇年一月十三日通过)

　　　　(第二三五次会议,一九六〇年八月十日辞职照准)

张炎元(第二三五次会议,一九六〇年八月十日通过)

　　　　(第三〇六次会议,一九六一年六月十七日通过)

叶翔之(兼)(第三〇六次会议,一九六一年六月十七日通过)

副主任　叶翔之(第二次会议,一九五二年十一月六日通过)

　　　　(第一八五次会议,一九六〇年一月十三日调升主任)

王任远(第一五八次会议,一九五四年十二月六日通过)

　　　　(第二二六次会议,一九六〇年七月六日辞职照准)

丁树中(第三八六次会议,一九五七年九月四日通过)

　　　　(第二七四次会议,一九六一年二月一日因病辞职照准)

陈　莹(第二二六次会议,一九六〇年七月六日通过)

　　　　(第三一〇次会议,一九六一年七月八日另有任用)

沈之岳(第三一〇次会议,一九六一年七月八日通过)

潘泽筠(第三五八次会议,一九六二年三月三日通过)

第三组

主　任　郑彦棻(一中全会,一九五七年十月二十六日通过)

　　　　　(第四〇九次会议,一九六二年十一月二十一日辞职照准)

马树礼(第四〇九次会议,一九六二年十一月二十一日通过)

副主任　李朴生

　　　　董世芳

　　　　陈　元

第四组

　主　任　马星野(一中全会,一九五七年十月二十六日通过)

　　　　　　　(第一四一次会议,一九五九年六月十日辞职照准)

　　　　沈　锜(第一四一次会议,一九五九年六月十日通过)

　　　　　　　(第一八五次会议,一九六〇年一月十三日另有任用)

　　　　曹圣芬(第一八五次会议,一九六〇年一月十三日通过)

　　　　　　　(第三〇〇次会议,一九六一年五月二十四日另有任用)

　　　　谢然之(第三〇〇次会议,一九六一年五月二十四日通过)

　副主任　许闻渊

　　　　沈　锜(第一四一次会议,一九五九年六月十日调升主任)

　　　　秦孝仪(第八十一次会议,一九五八年九月十五日另有任用)

　　　　楚崧秋(第八十一次会议,一九五八年九月十五日通过)

　　　　曹圣芬(第一四四次会议,一九五九年六月二十四日通过)

　　　　　　　(第一八五次会议,一九六〇年一月十三日调升主任)

第五组

　主　任　上官业佑(一中全会,一九五七年十月二十六日通过)

　　　　　　　(第一四一次会议,一九五九年六月十日另有任用)

　　　　张宝树(第一四一次会议,一九五九年六月十日通过)

　副主任　梁永章

　　　　张宝树(第一四一次会议,一九五九年六月十日调升主任)

　　　　张泰祥

　　　　吴兆棠(第一四一次会议,一九五九年六月十日通过)

　　　　　　　(第二七八次会议,一九六一年二月二十日辞职照准)

　　　　彭　德(第二七八次会议,一九六一年二月二十日通过)

第六组

主　任　陈建中(一中全会,一九五七年十月二十六日通过)

副主任　李白虹

　　　　高维翰(第二二六次会议,一九六〇年七月六日通过)

设计考核委员会

主任委员　李寿雍(一中全会,一九五七年十月二十六日通过)

　　　　　　　(第四〇九次会议,一九六二年十一月二十一日辞职照

　　　　　　　准)

　　　　　贺衷寒(第四〇九次会议,一九六二年十一月二十一日通过)

副主任委员　张　峻(一九六〇年十月九日病逝)

　　　　　　杨家麟

　　　　　　徐晴岚(第四一四次会议,一九六二年十二月八日通过调秘

　　　　　　　书处主任)

　　　　　　崔垂言(第二五〇次会议,一九六〇年十月二十六日通过)

　　　　　　罗才荣(第四一四次会议,一九六二年十二月八日通过)

纪律委员会

主任委员　吴忠信(一中全会,一九五七年十月二十六日通过)

　　　　　　　(一九五九年十二月十六日病逝)

　　　　　马超俊(第一八九次会议,一九六〇年一月二十七日通过)

副主任委员　洪兰友(一九五八年九月二十八日病逝)

　　　　　　张寿贤(第二六八次会议,一九六一年一月九日辞职照准)

　　　　　　周昆田(第二六八次会议,一九六一年一月九日通过)

委　员　吴忠信　何成濬　钱公来　马超俊　王子弦

　　　　谢冠生　林　彬　洪兰友　张寿贤　张维翰

　　　　陈肇英　孙连仲　钱大钧　周昆田

(以上第一八九次会议,一九六〇年一月二十七日通过)

财务委员会

主任委员　徐柏园(一中全会,一九五七年十月二十六日通过)

副主任委员　陈庆瑜

　　　　　　陈汉平

　　　　　　张式纶(第一八五次会议,一九六〇年一月十三日通过)

委　员　王宠惠　陈　诚　俞鸿钧　张其昀　黄少谷

党史史料编纂委员会

主任委员　罗家伦(一中全会,一九五七年十月二十六日通过)

副主任委员　狄　膺

委　员　于右任　钮永建　王宠惠　张　群　张其昀

　　　　王世杰　张厉生　罗家伦　狄　膺　洪兰友

　　　　朱家骅　陈雪屏　朱绍良　陶希圣　董显光

妇女工作指导会议

指导长　蒋宋美龄

干事委员　钱用和　吕锦花　吕晓道　李秀芬　王隽英

　　　　　许素玉　陈逸云　皮以书　罗　衡　林　慎

委　员　于汝洲　王化民　石季玉　江学珠　沈慧莲

　　　　阿里同汉　徐钟珮　凌英贞　庄　静　清巴图

　　　　张希文　张岫岚　陶太庚　傅晴曦　赵文艺

　　　　赵筱梅　刘玉英　蔡淑琼　钱剑秋　谢纬鹏

　　　　卢靰竞

中央妇女工作会

主　任　钱剑秋(一中全会,一九五七年十月二十六日通过)

副主任　朱剑华

中央政策委员会

秘书长(第二二四次会议,一九六〇年六月二十二日通过依该会组织办法,
　　　原规定秘书长由中央委员会秘书长兼任,删除之,改为"设秘书长一
　　　人,综理会务"。)

　　　谷凤翔(第二二四次会议,一九六〇年六月二十二日通过)

副秘书长　阮毅成（第二二四次会议，一九六〇年六月二十二日通过）

　　　　　王任远（第二二四次会议，一九六〇年六月二十二日通过）

第九届中央委员会

一九六三年十一月十二日,中国国民党第九次全国代表大会在台北开幕,至二十二日闭幕。大会于二十一日一致通过主席团提议,继续推举蒋中正先生为总裁;二十二日,大会宣布蒋经国、唐纵等六十人当选第九届中央委员,潘振球、李治民等三十人为第九届候补中央委员,并通过蒋总裁提名陈诚连任副总裁,于右任、钮永建等一百四十四人为中央评议委员,蔡功南等十四人为第九届中央委员,王任远等五人为第九届候补中央委员。是月二十三日,第九届中央委员会举行第一次全体会议,修正通过《中央委员会组织条例》,常务委员之名额,由第八届之十一至十五人扩增为十五至十九人;取消宣传工作指导委员会及"敌后工作指导委员会",另增设训练委员会,掌理党员训练与干部训练工作,嗣奉蒋总裁指示:"训练委员会不必专设单位,可由革命实践研究院约集党政军有关训练工作同志组织之,以期集中事功,配合目前党的训练工作之展开。"经一九六五年三月十七日,中常会第一一七次会议修正通过设置办法,主任委员由革命实践研究院主任兼任。

一九六四年十一月,本届中央委员会举行第二次全体会议,再度修正中央委员会之组织条例,将原隶秘书处之干部管理处,提升为中央委员会之一级单位,与秘书处同为秘书长直接指挥之幕僚机构,掌理干部管理及党员抚恤、辅助事项。干部管理处设主任、副主任各一人。

一九六六年十二月,举行本届第四次全体会议,通过《改进本党组织适应战斗需要案》,其内容分"组织之改进"、"领导之加强"及"基层之充实"三部分,其中对中央组织之调整建制有多项提示。会后,中央常务委员会即成立专案小组,研讨改进党组织之实施要点,拟具《改进本党组织实施要点》,提交第二七五次会议(一九六七年二月召开)备案,并依此项要点通过设置宣传工作指导委员会、社会工作指导委员会、海外工作指导委员会及政治作战指导委员会等四个机构,以强化党政连系,各委员会设召集人一人、副召集人若干人;迨是年十一月举行之第五次全体会议,根据上项组织调整,通过修正中央委员会组织条例,设置宣传工作指导委员会、社会工作指导委员会及中央心理作战指导会报三机构,为对特定事项之指导机构。

第九届中央委员会职名录

总 裁 蒋中正(第九次全国代表大会,一九六三年十一月二十一日推举)

副总裁 陈 诚(第九次全国代表大会,一九六三年十一月二十二日通过)
(一九六五年三月五日病逝)

一、中央评议委员一四四人

于右任	钮永建	李煜瀛	蒋宋美龄	张 群
何应钦	陈立夫	邓家彦	马超俊	顾祝同
石敬亭	王世杰	张厉生	王秉钧	余汉谋
时子周	戴愧生	蒋梦麟	薛 岳	张默君
钱公来	狄 膺	傅秉常	俞飞鹏	沈慧莲
梁寒操	程天放	谢冠生	余井塘	田炯锦
王宗山	白云梯	罗家伦	万耀煌	尧乐博士
郭寄峤	萧同兹	谷正鼎	方 治	曾虚白
张寿贤	李永新	李嗣璁	钱用和	徐柏园
罗 奇	邝瑶普	刘咏尧	张子田	陈静涛
黄国书	王星舟	于焌吉	柳元麟	刘全富

马呈祥　柯俊智　宋廷滨　汪少庭　丘念台
梅友卓　蒋赐福　陈大齐　孔祥熙　张知本
王叔铭　梁序昭　黄镇球　杭立武　杨继曾
沈　怡　程沧波　贺衷寒　傅启学　吴化鹏
朱怀冰　陈肇英　马星野　刘玉章　萨孟武
张维翰　蔡培火　石超庸　张铁君　崔载阳
李寿雍　蒋坚忍　杜均衡　孙连仲　金维系
许孝炎　徐　堪　冷　欣　陈庆瑜　罗桑益西
李朴生　罗　列　陈树桓　陈启川　杨家瑜
魏道明　张邦珍　柳克述　马有岳　黄珍吾
钱其琛　广　禄　沈　锜　裴鸣宇　李　弥
刘健群　延国符　刘恺钟　何　康　张军光
刘兴诚　陈兆琼　关崇颖　李道轸　张和祥
刘天禄　朱振元　何文炯　黄鸿秋　陈立矩
萧　瑜　周剑平　陈世顺　叶立庚　陈荣进
叶干中　陈甘亨　余鸣传　朱梅粦　朱瑞元
吕季直　黄伯度　周美玉　陈志明　蒋彦士
李连春　王铁汉　董文琦　赵自齐

二、中央委员七十四人

蒋经国　唐　纵　谷正纲　张其昀　彭孟缉
黄　杰　叶翔之　郭　骥　刘安祺　王　昇
陈大庆　谢然之　倪文亚　陶希圣　袁守谦
江国栋　张道藩　周至柔　黄少谷　黎玉玺
赵聚钰　陈建中　郑彦棻　秦孝仪　徐焕升
薛人仰　沈昌焕　赖名汤　马纪壮　石　觉
曹圣芬　邓传楷　周宏涛　谢东闵　郭　澄
黄季陆　马树礼　高魁元　李　焕　詹纯鉴

张宝树　钱剑秋　徐　鼐　高　信　皮以书

陈雪屏　张庆恩　许素玉　吕锦花　上官业佑

张国疆　楚崧秋　胡　琏　连震东　柯叔宝

陈嘉尚　季源溥　谷凤翔　徐晴岚　黄朝琴

以上六十人系选举产生

蔡功南　黄仁俊　严家淦　胡健中　陈勉修

阎振兴　罗　衡　张希文　陈达元　陆寒波

达穆林旺楚克　萧赞育　杜元载　滕　杰

以上十四人系总裁提名大会通过(依第九届中央委员选举办法第三条第二款之规定)

三、候补中央委员三十五人

潘振球　李治民　林则彬　辜振甫　阿不都拉

吴兆棠　张炎元　傅　云　吴春晴　瞿韶华

刘季洪　翁　铃　任觉五　沈之岳　林　栋

周百炼　林挺生　郝遇林　刘　真　毛松年

杨宝琳　黄仁霖　孙运璿　董世芳　陈　元

王　民　吴香兰　罗才荣　王多年　徐庆钟

以上三十人系选举产生

王任远　李国鼎　李士英　清巴图　黄若瑛

以上五人系总裁提名大会通过者(依第九届中央委员选举办法第三条第二款之规定)

本届中央委员出缺递补名录

张道藩于一九六八年六月十二日病故出缺，由潘振球递补。

（第三九七次会议，一九六八年八月五日备案）

第九届中央委员会

常务委员会

一中全会

张道藩 谷正纲 周至柔 张其昀 彭孟缉

黄 杰 蒋经国 袁守谦 陶希圣 倪文亚

谷凤翔 郑彦棻 黄朝琴 胡健中 谢东闵

（第九届中央委员会第一次全体会议，一九六三年十一月二十三日通过总裁交议）

二中全会

蒋经国 严家淦 张其昀 谢东闵 黄 杰

袁守谦 倪文亚 张道藩 彭孟缉 周至柔

谷正纲 陶希圣 郑彦棻 黄少谷 唐 纵

连震东 沈昌焕

（第九届中央委员会第二次全体会议，一九六四年十一月二十八日选举通过）

三中全会

蒋经国 严家淦 张其昀 谢东闵 黄 杰

袁守谦 倪文亚 张道藩 彭孟缉 周至柔

谷正纲 陶希圣 郑彦棻 黄少谷 唐 纵

连震东 沈昌焕

（第九届中央委员会第三次全体会议，一九六六年三月十日通过总裁交议）

四中全会

蒋经国 黄 杰 严家淦 黄少谷 张其昀

周至柔 谷正纲 陶希圣 袁守谦 唐 纵

倪文亚 谢东闵 张道藩 黎玉玺 胡健中

连震东 郭 骥 陈大庆 郭 澄

（第九届中央委员会第四次全体会议，一九六六年十二月二十九日选举通过）

五中全会

严家淦 蒋经国 张道藩 谷正纲 张其昀

周至柔 黄少谷 陶希圣 袁守谦 黄 杰

倪文亚　胡健中　谢东闵　黎玉玺　连震东

郭　骥　陈大庆　郭　澄　郑彦棻

（第九届中央委员会第五次全体会议，一九六七年十一月二十三日通过总裁交议）

秘书长　唐　纵（九届一中全会，一九六三年十一月二十三日通过总裁交议）

　　　　　　　（第七十次会议，一九六四年九月九日辞职照准）

　　　　谷凤翔（第七十次会议，一九六四年九月九日通过）

　　　　　　　（第三九八次会议，一九六八年八月七日辞职照准）

　　　　张宝树（第三九八次会议，一九六八年八月七日通过）

副秘书长　郭　骥（九届一中全会，一九六三年十一月二十三日通过总裁交议）

　　　　　　　（第二七一次会议，一九六七年二月六日辞职照准）

　　　　徐庆钟（九届一中全会，一九六三年十一月二十三日通过总裁交议）

　　　　　　　（第二一五次会议，一九六六年六月六日辞职照准）

　　　　秦孝仪（九届一中全会，一九六三年十一月二十三日通过总裁交议）

　　　　陈锡卿（第二一五次会议，一九六六年六月六日通过）

　　　　　　　（第四〇一次会议，一九六八年八月十九日辞职照准）

　　　　谢然之（第二七一次会议，一九六七年二月六日通过并暂兼第四组主任）

　　　　薛人仰（第四〇一次会议，一九六八年八月十九日通过）

秘书处

　主　任　徐晴岚（第四〇一次会议，一九六八年八月十九日调第六组主任）

　　　　赖顺生（第四〇一次会议，一九六八年八月十九日通过）

　副主任　汪祎成（第一五六次会议，一九六五年九月二十日通过）

　　　　　　　（第四〇一次会议，一九六八年八月十九日辞职照准）

　　　　　刘兆田(第四○一次会议，一九六八年八月十九日通过)

干部管理处(原隶于秘书处，九届二中全会修正通过中央委员会组织条例，
　　　　　改由秘书长直接掌握，与秘书处同为秘书长之直接指挥幕僚机
　　　　　构。)

　　处　长　汪锡钧(第二三一次会议，一九六六年八月八日另有任用)

　　　　　　易劲秋(第二三一次会议，一九六六年八月八日通过)

　　副处长　熊文铭

第一组

　　主　任　倪文亚(第三十八次会议，一九六四年五月二日辞职照准)

　　　　　　张宝树(第三十八次会议，一九六四年五月二日通过)

　　　　　　　　(第二七一次会议，一九六七年二月六日通过调任政策委
　　　　　　　　员会秘书长，兼第一组主任；第二八六次会议，一九六七年
　　　　　　　　四月五日免兼第一组主任)

　　　　　　李　焕(第二八六次会议，一九六七年四月五日通过)

　　　　　　　　(第四○一次会议，一九六八年八月十九日调派代台湾省
　　　　　　　　委员会主任委员)

　　　　　　陈建中(第四○一次会议，一九六八年八月十九日通过)

　　副主任　梁兴义(一九六八年二月二十七日当选改制后第一届台北市委员
　　　　　　　　会主任委员辞职)

　　　　　　翁　铃(第二一五次会议，一九六六年六月六日通过任台湾省政
　　　　　　　　府民政厅长)

　　　　　　　　(第二三一次会议，一九六六年八月八日另有任用辞职照
　　　　　　　　准)

　　　　　　高化臣(第九十二次会议，一九六四年十二月九日通过)

　　　　　　　　(第二三一次会议，一九六六年八月八日另有任用辞职照
　　　　　　　　准)

　　　　　　马济霖(第二三一次会议，一九六六年八月八日通过)

　　　　　　　　(第四○一次会议，一九六八年八月十九日调政策委员会

副秘书长)

赖顺生(第二三一次会议,一九六六年八月八日通过)

(第四〇一次会议,一九六八年八月十九日调秘书处主任)

梁永章(第三六三次会议,一九六八年三月十三日通过)

李　荷(第四〇一次会议,一九六八年八月十九日通过)

林金生(第四〇一次会议,一九六八年八月十九日通过)

第二组

主　任　叶翔之(兼)

副主任　沈之岳(第五十一次会议,一九六四年六月十七日辞职照准)

潘泽筠

焦金堂(第五十一次会议,一九六四年六月十七日通过)

第三组

主　任　马树礼

副主任　李朴生

董世芳(第二四四次会议,一九六六年十月三日另有任用辞职照准)

陈　元(第三四〇次会议,一九六七年十一月二十九日辞本兼各职照准)

高铭辉(第二四四次会议,一九六六年十月三日通过)

柯叔宝(第三四〇次会议,一九六七年十一月二十九日通过)

第四组

主　任　谢然之(第二七一次会议,一九六七年二月六日调任副秘书长,暂兼第四组主任;第二八二次会议,一九六七年三月二十日免兼)

陈裕清(第二八二次会议,一九六七年三月二十日通过)

副主任　许闻渊

楚崧秋(第七十次会议,一九六四年九月九日通过调任中华日报

社社长）

陈叔同（第七十五次会议，一九六四年九月二十六日通过）

卢启华（第七十五次会议，一九六四年九月二十六日通过）

第五组

主　任　张宝树（第三十八次会议，一九六四年五月二日调第一组主任）

詹纯鉴（第三十八次会议，一九六四年五月二日通过）

副主任　梁永章（第二六六次会议，一九六七年一月十八日通过调兼台北市党部主任委员，副主任名义保留；一九六八年二月，为台北市改制，调第一组副主任。）

张泰祥

彭　德（第三二三次会议，一九六七年九月十一日另有任用）

李德廉（第二六六次会议，一九六七年一月十八日通过）（一九六八年四月二十三日逝世）

邱创焕（第三二三次会议，一九六七年九月十一日通过）

郑森棨（第三八九次会议，一九六八年七月一日通过）

第六组

主　任　陈建中（第四〇一次会议，一九六八年八月十九日调第一组主任）

徐晴岚（第四〇一次会议，一九六八年八月十九日通过）

副主任　李白虹

高维翰

黎世芬（第五十六次会议，一九六四年七月十一日通过）（第二八八次会议，一九六七年四月十七日另有任用）

孔秋泉（第二八八次会议，一九六七年四月十七日通过）

训练委员会（据第九届一中全会，一九六三年十一月二十三日修正通过中央委员会组织条例设置）

主任委员　袁守谦（兼）（依第一一七次会议通过设置办法规定，主任委员由革命实践研究院主任兼任）

委　员（依第一一七次会议通过设置办法规定，中央训练委员会为一虚级机
　　　构，设委员九人至十五人，多由原主管训练单位负责同志兼任，因此
　　　委员名单随职务调整时有变动。）

设计考核委员会

主任委员　贺衷寒（第一〇〇次会议，一九六五年一月十三日辞职照准）

　　　　　黄季陆（第一〇〇次会议，一九六五年一月十三日通过）

　　　　　（第四二五次会议，一九六八年十一月二十七日通过调
　　　　　　任党史史料编纂委员会主任委员）

　　　　　邓传楷（第四二五次会议，一九六八年十一月二十七日通
　　　　　　过）

副主任委员　杨家麟（第二二四次会议，一九六六年七月十三日辞职照
　　　　　　准）

　　　　　崔垂言

　　　　　罗才荣

　　　　　冷　欣（第二二四次会议，一九六六年七月十三日通过）

纪律委员会

主任委员　马超俊

副主任委员　周昆田

　　　　　张庆恩（第四十九次会议，一九六四年六月十日通过）

委　员　何成濬　钱公来　马超俊　王子弦　谢冠生
　　　　林　彬　洪兰友　张寿贤　张维翰　陈肇英
　　　　孙连仲　钱大钧　周昆田

财务委员会

主任委员　徐柏园

副主任委员　陈庆瑜

　　　　　陈汉平

　　　　　张式纶

委　员　王宠惠　陈　诚　俞鸿钧　张其昀　黄少谷

党史史料编纂委员会

主任委员　罗家伦(第四二五次会议,一九六八年十一月二十七日因病辞
　　　　　职照准)

黄季陆(第四二五次会议,一九六八年十一月二十七日通过)

副主任委员　狄　膺(一九六四年三月十五日病逝)

傅启学(第八次会议,一九六四年一月八日通过)

(第四四〇次会议,一九六九年二月三日通过停止党
权两年)

杜元载(第四二五次会议,一九六八年十一月二十七日通
过)

委　员　于右任　钮永建　王宠惠　张　群　张其昀

王世杰　张厉生　罗家伦　狄　膺　朱家骅

陈雪屏　朱绍良　陶希圣　董显光

妇女工作会

主　任　钱剑秋

副主任　朱剑华

中央政策委员会

秘书长　谷凤翔(第一四九次会议,一九六五年八月十八日辞职照准)

郭　澄(第一四九次会议,一九六五年八月十八日通过)

(第二七一次会议,一九六七年二月六日辞职照准)

张宝树(第二七一次会议,一九六七年二月六日通过)

(第四〇一次会议,一九六八年八月十九日调任中央委员
会秘书长)

王任远(第四〇一次会议,一九六八年八月十九日通过)

副秘书长　阮毅成(第二八六次会议,一九六七年四月五日另有任用)

王任远(第四〇一次会议,一九六八年八月十九日升任政策委

　　　　　　　　员会秘书长）

　　　　　　鄞景福(第二八六次会议,一九六七年四月五日通过)

　　　　　　马济霖(第四○一次会议,一九六八年八月十九日通过)

　　　　　　董彦平(第四○八次会议,一九六八年九月十六日通过)

妇女工作指导会议

　　指导长　蒋宋美龄

　　干事委员　钱用和　吕锦花　吕晓道　李秀芬　许素玉

　　　　　　陈逸云(第三十一次会议,一九六四年四月四日居留美国免职)

　　　　　　皮以书　罗　衡　林　慎

　　　　　　叶霞翟(第三十一次会议,一九六四年四月四日通过递补陈缺)

　　委　员　于汝洲　王化民　石季玉　江学珠　沈慧莲

　　　　　　阿里同汉　徐钟珮　凌英贞　庄　静　清巴图

　　　　　　张希文　张岫岚　陶太庚　傅晴曦　赵文艺

　　　　　　赵筱梅　刘玉英　蔡淑琼　钱剑秋　谢纬鹏

　　　　　　卢孰竞

"海外对匪斗争工作统一指导委员会"

　　秘书长　张炎元

　　副秘书长　董世芳(兼)(本职第三组副主任)

　　　　　　(第二五五次会议,一九六六年十一月二十八日另有任

　　　　　　用)

　　　　　陈　元(兼)(本职第三组副主任)

　　　　　　(第二五五次会议,一九六六年十一月二十八日通过)

　　　　　　(第三四○次会议,一九六七年十一月二十九日辞本兼

　　　　　　各职照准)

　　　　　柯叔宝(兼)(本职第三组副主任)

　　　　　　(第三四○次会议,一九六七年十一月二十九日通过)

三民主义研究院(第三○五次会议,一九六七年七月十日通过归并设计考

核委员会）

所　长　张铁君

专任研究委员　崔载阳

　　　　　　　林桂圃

兼任研究委员　任卓宣

　　　　　　　罗　刚

宣传工作指导委员会（依据二七五次会议，一九六七年二月二十日备案《改进本党组织实施要点》设置）

召集人　谷凤翔（第二七五次会议，一九六七年二月二十日备案）

副召集人　谢然之（第二七五次会议，一九六七年二月二十日备案）

　　　　　陈建中（第二七五次会议，一九六七年二月二十日备案）

　　　　　陈裕清（第二八二次会议，一九六七年三月二十日备案）

社会工作指导委员会（依据二七五次会议，一九六七年二月二十日备案《改进本党组织实施要点》设置）

召集人　谷正纲（第二七五次会议，一九六七年二月二十日备案）

副召集人　詹纯鉴（第二七五次会议，一九六七年二月二十日备案）

海外工作指导委员会（依据二七五次会议，一九六七年二月二十日备案《改进本党组织实施要点》设置）

召集人　谷凤翔（第二七五次会议，一九六七年二月二十日备案）

副召集人　马树礼（第二七五次会议，一九六七年二月二十日备案）

　　　　　张炎元（第二七五次会议，一九六七年二月二十日备案）

政治作战指导委员会（依据二七五次会议，一九六七年二月二十日备案《改进本党组织实施要点》设置）

召集人　蒋经国（第二七五次会议，一九六七年二月二十日备案）

第十届中央委员会

一九六九年三月十九日，中国国民党第十次全国代表大会在台北开幕，至四月九日闭幕。四月四日，大会通过《中国国民党党章》修正案，删除设置副总裁条文，并加强评议功能，明定中央评议委员会议设主席团主席若干人，辅佐总裁处理评议委员所提党务及审议纪律委员会所提党员及各级党部机构有关违纪事项。八日，出席代表一致通过主席团提议，请蒋中正先生继续担任本党总裁，并通过蒋总裁提名李煜瀛、蒋宋美龄、孙科等一百五十四人为第十届中央评议委员，孙科、蒋宋美龄等十一人为中央评议委员会议主席团主席；九日，大会宣布蒋经国、严家淦等九十九人当选第十届中央委员，鄞景福、刘先云等五十一人为第十届候补中央委员。是月十日，第十届中央委员会举行第一次全体会议，修正通过《中央委员会组织条例》，除常务委员之名额，由第九届之十五至十九人，修改为十五至二十一人外，中央委员会之组织亦略作调整，取消训练委员会，与九届五中全会后增设的宣传工作指导委员会、社会工作指导委员会及中央心理作战指导会报三指导机构。

一九七〇年四月，第十届中央委员会第二次全体会议通过修正中央委员会组织条例，干部管理处改称"干部处"，增设"文化经济事业管理委员会"，掌理本党投资之文化及经济事业之管理及其发展，并兼负辅导党员事业之责。并增加各单位之副主管名额，由原先之一至三人，改为一至四人。

一九七二年三月，中央常务委员会鉴于情势的演变，有进一步加强中央委员会组织之必要,爰拟具《中央委员会组织条例修正草案》。经是月六日举行的第十届中央委员会第三次全体会议修正通过后实施。改进后之中央委员会设置十二个业务单位,其与原有各单位之关系如下:

(一)秘书处:除掌理其原有之业务外,并将原由干部处掌理之本会人事业务划归该处。

(二)组织工作会:掌理原属第一组及干部处有关业务。但原属第一组之知识青年组织业务划归青年工作会。

(三)大陆工作会:掌理原属第二组之业务,及原属第六组之"匪情研究"及"对匪心战、政战"业务。

(四)海外工作会:掌理原属第三组及"海外对匪斗争工作统一指导委员会"之业务。

(五)文化工作会:掌理原属第四组之业务及原属文化经济事业管理委员会之文化事业管理业务,与原属设计考核委员会之理论研究业务。

(六)社会工作会:掌理原属第五组之民运工作及第六组之党内保防工作。但原属第五组所掌理之青年运动业务划归青年工作会。

(七)青年工作会:掌理原属第一组之知识青年组织(包括知青总党部业务)及原属第五组之青年运动业务。

(八)妇女工作会:掌理原属妇女工作会之业务。

(九)财务委员会:掌理原属财务委员会之业务及原属文化经济事业管理委员会之经济事业管理业务,以及干部处之党员辅助、抚恤业务。

(十)考核纪律委员会:掌理原属设计考核委员会之党政工作督导考核业务,原属纪律委员会之党纪审核及财务稽核业务。

(十一)党史委员会:掌理原属党史史料编纂委员会之业务。

(十二)政策委员会:掌理原属政策委员会之业务及原属第六组之友党联系工作,并加强其法制研审业务。其地位仍旧。

秘书处及各工作会设主任一人、副主任一至四人;各委员会设主任委员一人、副主任委员一至四人;各会设专任委员三至五人,兼任委员若干人。

此次中央委员会组织之调整，为一九五〇年党务改造以来，变动幅度最大的一次，根据提案说明，基于上述改进，可得到下列各项实效：

（一）将原有之十六个业务单位，调整为十二个业务单位，可收精简机构、集中事权之效。

（二）将原属第一组之青年组织工作，包括知识青年总党部及第五组之青年运动工作，合并单独成立青年工作会；将第三组与统指会合并成立海外工作会，可以适应目前重视青年与海外工作之需要。

（三）将原有之主要业务单位一律改制为"会"的组织，各会设置专任委员三至五人，兼任委员若干人，可大量延揽人才参加党的工作，但并不增加党的负担。

（四）将原设计考核委员会之设计业务，划归各单位掌理，加强设计与执行工作之结合；而将考核工作划归考核纪律委员会，以收事与人考核配合之效。

（五）将原属独任制之六个组及干部处分别改为"会"，设主任及委员，可以收首长制而兼收合议制之长。

（六）将各单位之业务，依据其性质，重行区划，可使分工更为合理，合作更为有效。

一九七五年四月五日，总裁蒋中正先生不幸逝世，中央委员会乃于是月二十八日召开本届第二次临时全体会议，通过修改党章，保留"总裁"专章，以为永久纪念，于中央委员会设主席一人，并为常务委员会主席，综揽全盘党务，并一致公推蒋经国先生担任，以巩固领导中心。是年八月六日，中央常务委员会第四三三次会议以革命实践研究院为总裁所创办，并自兼院长，决议永久保留"院长"名义，用申崇戴之赤忱，同时以该院向由总裁直接领导，致其隶属关系，无明文规定，而明定其隶属于中央委员会，设主任一人，承中央委员会之命，暨院务指导委员会之决议，综理院务。

第十届中央委员会职名录

总　裁　蒋中正(第十次全国代表大会,一九六九年四月八日通过)

　　　　　　(一九七五年四月五日病逝)

主　席　蒋经国(十届第二次临时中全会,一九七五年四月二十八日通过)

一、中央评议委员会议主席团主席十一人

孙　科　蒋宋美龄　张　群　李煜瀛　何应钦

陈立夫　张知本　谢冠生　李嗣璁　黄国书

薛　岳

二、中央评议委员一五四人

李煜瀛　蒋宋美龄　孙　科　张　群　何应钦

陈立夫　张知本　陈大齐　马超俊　顾祝同

王世杰　张厉生　薛　岳　钱公来　戴愧生

谢冠生　余井塘　王秉钧　余汉谋　沈慧莲

梁寒操　陶希圣　尧乐博士　田炯锦　王宗山

白云梯　罗家伦　万耀煌　王东原　李嗣璁

黄国书　张维翰　钱用和　郭寄峤　萧同兹

谷正鼎　方　治　曾虚白　徐柏园　石　觉

陈嘉尚　李永新　王叔铭　贺衷寒　魏道明

刘健群　蔡培火　黄镇球　梁序昭　黄季陆

陈雪屏　连震东　徐焕升　黄朝琴　萨孟武

陈肇英　金维系　谢瀛洲　杨亮功　钱大钧

李寿雍　邓萃英　马星野　吴经熊　蒋复璁

徐　堪　董文琦　黄伯度　孙连仲　黄珍吾

罗　列　刘安祺　刘　锴　薛毓麒　沈　锜

何世礼　罗　奇　杭立武　谭伯羽　杨继曾

沈　怡	陈之迈	朱抚松	黄仁霖	广　禄
裴鸣宇	延国符	蒋坚忍	王星舟	李　弥
张邦珍	苗培成	张庆恩	黄麟书	萧　铮
马步青	马呈祥	柳克述	陈启川	程沧波
李朴生	黄仁俊	蔡功南	柯俊智	梅友卓
冷　欣	许孝炎	崔载阳	何　康	邝瑶普
张铁君	罗桑益西	钱其琛	周美玉	杨家瑜
陈志明	朱振元	何文炯	黄鸿秋	陈立矩
陈兆琼	关崇颖	汪少庭	张和祥	刘天禄
叶千中	陈甘亨	萧　瑜	朱梅舜	陈世顺
叶立庚	朱瑞元	黄振华	王铁汉	沈宗瀚
姜伯彰	陈紫枫	姚从吾	林　慎	李建和
许绍昌	李觉之	鲍事天	刘　秦	林西屏
黄兴华	江学珠	吴鸿森	萧赞育	滕　杰
胡　轨	陈雄飞	陈质平	陈岚峰	

三、中央委员九十九人

蒋经国	严家淦	谷正纲	张宝树	张其昀
叶翔之	黄少谷	黄　杰	袁守谦	赵聚钰
周至柔	李　焕	邓传楷	高魁元	秦孝仪
郑彦棻	王　昇	沈之岳	陈建中	查良鉴
倪文亚	黎玉玺	唐　纵	陈大庆	谢然之
詹纯鉴	郭　骥	钱剑秋	谢东闵	沈昌焕
马纪壮	江国栋	楚崧秋	阎振兴	马树礼
薛人仰	曹圣芬	郭　澄	皮以书	周中峰
赖名汤	潘振球	李国鼎	彭孟缉	徐晴岚
杨西昆	蒋彦士	周宏涛	罗友伦	周书楷
易劲秋	刘玉章	林挺生	王愓吾	孙运璿

徐　鼐　　王任远　　沈剑虹　　许素玉　　俞国华

高　信　　李治民　　余纪忠　　胡木兰　　张希文

刘季洪　　柯叔宝　　胡健中　　罗云平　　胡　璉

刘广凯　　吕锦花　　黎世芬　　唐振楚　　冯启聪

叶霞翟　　上官业佑　唐君铂　　傅　云　　陈裕清

李白虹　　陆寒波　　瞿韶华　　杨宝琳　　赖顺生

阿不都拉　王　民　　李钟桂　　罗　衡　　陶声洋

谷凤翔　　梁永章　　陈达元　　赵自齐　　翁　钤

毛松年　　徐庆钟　　辜振甫　　倪文洞

四、候补中央委员五十一人

鄞景福　　刘先云　　陈勉修　　焦金堂　　钟皎光

胡新南　　戴仲玉　　袁觐贤　　潘泽筠　　张炎元

杜元载　　林金生　　张希哲　　王国秀　　札奇斯钦

陈水逢　　连　战　　陆京士　　张国英　　王亚权

董世芳　　何庆华　　孙治平　　梁子衡　　孙义宣

李　荷　　李天山　　蒋廉儒　　何宜武　　朱集禧

吴香兰　　周　祥　　赵筱梅　　周旋冠　　周天翔

师连舫　　余钟骥　　蔡鸿文　　张国疆　　罗才荣

孙桂籍　　达穆林旺楚克　清巴图　　周百炼　　王澍霖

夏功权　　何纵炎　　张导民　　臧元骏　　周慕文

王多年

本届中央委员出缺递补名录

陶声洋于一九六九年九月二十七日病故出缺，以刘先云递补。

　　（第五十一次会议，一九六九年十一月五日备案）

陈大庆于一九七三年八月二十二日病故出缺，以陈勉修递补。

　　（第三五二次会议，一九七三年十一月七日备案）

皮以书于一九七四年三月二十二日病故出缺，以焦金堂递补。

（第三九八次会议，一九七四年十月十六日备案）

第十届中央委员会

常务委员会

一中全会

严家淦	蒋经国	谷正纲	张其昀	黄少谷
周至柔	黄　杰	袁守谦	倪文亚	郑彦棻
胡健中	谢东闵	陈大庆	郭　澄	郭　骥
高魁元	蒋彦士	阎振兴	孙运璿	李国鼎
林挺生				

（十届一中全会，一九六九年四月十日通过）

二中全会

严家淦	蒋经国	谷正纲	张其昀	黄少谷
周至柔	黄　杰	袁守谦	倪文亚	郑彦棻
胡健中	谢东闵	陈大庆	郭　澄	郭　骥
高魁元	蒋彦士	阎振兴	孙运璿	李国鼎
林挺生				

（十届二中全会，一九七〇年四月二日通过）

三中全会

蒋经国	严家淦	黄少谷	倪文亚	谢东闵
谷正纲	黄　杰	陈大庆	张其昀	袁守谦
赖名汤	林挺生	蒋彦士	郑彦棻	郭　骥
徐庆钟	李国鼎	郭　澄	孙运璿	王任远
周至柔				

（十届三中全会，一九七二年三月十日选举通过）

四中全会

严家淦　蒋经国　谷正纲　黄少谷　倪文亚

谢东闵　黄　杰　张其昀　袁守谦　郑彦棻

徐庆钟　沈昌焕　蒋彦士　李国鼎　高魁元

郭　骥　孙运璿　赖名汤　林挺生　郭　澄

王任远

（十届四中全会，一九七三年十一月十五日通过）

五中全会

严家淦　蒋经国　谷正纲　黄少谷　倪文亚

谢东闵　黄　杰　张其昀　袁守谦　郑彦棻

徐庆钟　沈昌焕　蒋彦士　李国鼎　高魁元

郭　骥　孙运璿　赖名汤　林挺生　郭　澄

王任远

（十届五中全会，一九七四年十一月二十七日通过）

秘书长　张宝树（十届一中全会，一九六九年四月十日通过）

（第二七〇次会议，一九七二年五月十五日辞职照准）

副秘书长　秦孝仪（十届一中全会，一九六九年四月十日通过）

（第二七〇次会议，一九七二年五月十五日辞职照准）

谢然之（十届一中全会，一九六九年四月十日通过）

（第一三四次会议，一九七〇年十月十四日另有任用）

薛人仰（十届一中全会，一九六九年四月十日通过）

（第二七〇次会议，一九七二年五月十五日辞职照准）

林金生（第一三四次会议，一九七〇年十月十四日通过）

（第二七〇次会议，一九七二年五月十五日辞职照准）

秘书处

主　任　赖顺生（第二七〇次会议，一九七二年五月十五日辞职照准）

副主任　刘兆田

干部管理处（十届二中全会通过中央委员会组织条例修正案，干部管理处改

称干部处)

主　任　易劲秋（第二七〇次会议，一九七二年五月十五日辞职照准）

副主任　熊文铭

第一组

主　任　陈建中（第二七〇次会议，一九七二年五月十五日辞职照准）

副主任　李　荷

　　　　梁永章（第六次会议，一九六九年五月五日通过调第五组主任）

　　　　林金生（第六次会议，一九六九年五月五日通过调台北市党部主
　　　　　　　任委员）

　　　　郭　哲（第六次会议，一九六九年五月五日通过）

　　　　俞　谐（第六次会议，一九六九年五月五日通过）

　　　　刘介宙（第一四二次会议，一九七〇年十一月二十三日通过）

第二组

主　任　叶翔之（第二七〇次会议，一九七二年五月十五日辞职照准）

副主任　潘泽筠

　　　　侯安国（第八十六次会议，一九七〇年三月二十三日通过）

第三组

主　任　马树礼（第二七〇次会议，一九七二年五月十五日辞职照准）

副主任　李朴生（第三十六次会议，一九六九年九月十二日依例自退备案）

　　　　柯叔宝

　　　　高铭辉（第三十五次会议，一九六九年九月八日辞职照准）

　　　　曾广顺（第三十五次会议，一九六九年九月八日通过）

　　　　黎元誉（第七十二次会议，一九七〇年二月二日通过）

第四组

主　任　陈裕清（第二七〇次会议，一九七二年五月十五日辞职照准）

副主任　许闻渊

　　　　陈叔同（第一五六次会议，一九七一年二月一日通过出任公职辞

职照准)

卢启华

龙运钧(第一五六次会议,一九七一年二月一日通过)

第五组

主　任　詹纯鉴(第六次会议,一九六九年五月五日职期届满)

梁永章(第六次会议,一九六九年五月五日通过)

(第二七〇次会议,一九七二年五月十五日辞职照准)

副主任　张泰祥

郑森棨

邱创焕(第五十二次会议,一九六九年十一月十日辞职照准)

施启扬(第五十二次会议,一九六九年十一月十日通过)

第六组

主　任　徐晴岚(第二七〇次会议,一九七二年五月十五日辞职照准)

副主任　李白虹(第一一二次会议,一九七〇年七月十五日通过调文化经
济事业管理委员会副主任委员)

孔秋泉(第六十五次会议,一九七〇年一月五日辞职照准)

杨　锐(第六十五次会议,一九七〇年一月五日通过)

梁子衡(第一三二次会议,一九七〇年十月五日通过)

李健华(第一三二次会议,一九七〇年十月五日通过)

设计考核委员会

主任委员　邓传楷(第二七〇次会议,一九七二年五月十五日辞职照准)

副主任委员　冷　欣(依例自退,第二七〇次会议,一九七二年五月十五
日备案)

崔垂言(第一一二次会议,一九七〇年七月十五日另有任
用)

梁兴义(第一一二次会议,一九七〇年七月十五日通过)

纪律委员会

主任委员　马超俊（第三十六次会议，一九六九年九月十二日依例自退备案）

张庆恩周昆田（暂兼代）（自第六十五次会议，一九七〇年一月五日正式列席中常会）

（第一一六次会议，一九七〇年七月二十九日准免暂兼代）

李寿雍（第一一六次会议，一九七〇年七月二十九日通过）

（第二七〇次会议，一九七二年五月十五日辞职照准）

副主任委员　周昆田

张庆恩

张祥传（第五十三次会议，一九六九年十一月十七日通过）

马济霖（第一一六次会议，一九七〇年七月二十九日通过）

财务委员会

主任委员　徐柏园（第一三四会议，一九七〇年十月十四日另有任用）

李国鼎（第一三四会议，一九七〇年十月十四日通过）

（第二七〇次会议，一九七二年五月十五日辞职照准）

副主任委员　张式纶

陈汉平

俞国华（第一〇八次会议，一九七〇年六月二十九日另有任用）

陈勉修（第一三四次会议，一九七〇年十月十四日通过）

党史史料编纂委员会

主任委员　黄季陆（依例自退，第一五〇次会议，一九七〇年十二月二十八日备案）

杜元载（第一八一次会议，一九七一年五月十四日通过）

（第二七〇次会议，一九七二年五月十五日辞职照准）

副主任委员　杜元载（第一八一次会议，一九七一年五月十四日通过升任

　　　　　　　主任委员）

　　　　　　崔垂言(第一一二次会议,一九七〇年七月十五日通过)

　　　　　　许朗轩(第一九三次会议,一九七一年六月二十八日通过)

妇女工作会

　主　任　钱剑秋(第二七〇次会议,一九七二年五月十五日辞职照准)

　副主任　朱剑华

　　　　　潘锦端(第十五次会议,一九六九年六月十六日通过)

文化经济事业管理委员会(依据十届二中全会,一九七〇年四月二日通过中央委员会组织条例修正案设置)

　主任委员　俞国华(第一〇八次会议,一九七〇年六月二十九日通过)

　　　　　　　　(第二七〇次会议,一九七二年五月十五日辞职照准)

　副主任委员　李白虹(第一一二次会议,一九七〇年七月十五日通过)

　　　　　　胡新南(第一一二次会议,一九七〇年七月十五日通过)

　　　　　　张新洽(第一一二次会议,一九七〇年七月十五日通过)

　委　员　孙运璿　李国鼎　林挺生　赵聚钰　王永庆　李崇年

　　　　　陈裕清　马星野　王洪钧

　　　　　(以上第一三二次会议,一九七〇年十月五日备案)

　　　　　许孝炎(第二三五次会议,一九七一年十二月二十日通过)

政策委员会

　秘书长　王任远(第一一六次会议,一九七〇年七月二十九日辞职照准)

　　　　　赵自齐(暂兼代)(第一一六次会议,一九七〇年七月二十九日通过)

　　　　　　　(第二七〇次会议,一九七二年五月十五日辞职照准)

　副秘书长　董彦平(第三十六次会议,一九六九年九月十二日依例自退备案)

　　　　　　马济霖(第一一六次会议,一九七〇年七月二十九日调纪律委员会副主任委员)

周冶平(第五十七次会议,一九六九年十二月三日通过)

赵自齐(第一一六次会议,一九七〇年七月二十九日通过)

妇女工作指导会议

指导长　蒋宋美龄

干事委员　钱用和　吕锦花　吕晓道　李秀芬　许素玉
　　　　　皮以书　罗　衡　林　慎　叶霞翟

委　员　于汝洲　王化民　石季玉　江学珠　沈慧莲
　　　　阿里同汉　徐钟珮　凌英贞　庄　静　清巴图
　　　　张希文　张岫岚　陶太庚　傅晴曦　赵文艺
　　　　赵筱梅　刘玉英　蔡淑琼　钱剑秋　谢纬鹏
　　　　卢孰竞

"海外对匪斗争工作统一指导委员会"

秘书长　张炎元(第二七〇次会议,一九七二年五月十五日辞职照准)

副秘书长　柯叔宝(兼)(本职为第三组副主任)
　　　　　梁子衡(兼)(第二一一次会议,一九七一年八月三十日通过增
　　　　　派)
　　　　　(本职为第六组副主任)

十届三中全会后之中央委员会职名录

秘书长　张宝树(第二七〇次会议,一九七二年五月十五日通过)

副秘书长　秦孝仪(第二七〇次会议,一九七二年五月十五日通过)
　　　　　薛人仰(第二七〇次会议,一九七二年五月十五日通过)
　　　　　(第四八四次会议,一九七六年九月一日另有任用)
　　　　　林金生(第二七〇次会议,一九七二年五月十五日通过)
　　　　　(第二八二次会议,一九七二年六月二十六日另有任用)
　　　　　赖顺生(第二八二次会议,一九七二年六月二十六日通过)

梁永章（第四八四次会议，一九七六年九月一日通过）

秘书处

主　任　赖顺生（第二七〇次会议，一九七二年五月十五日通过）

　　　　　　（第二八二次会议，一九七二年六月二十六日调任副秘书长）

　　　　陈水逢（第二八二次会议，一九七二年六月二十六日通过）

副主任　刘兆田（第二七五次会议，一九七二年五月三十一日通过）

　　　　　　（第四七六次会议，一九七六年七月七日通过调任内政部政务次长）

　　　　熊文铭（第二七五次会议，一九七二年五月三十一日通过）

　　　　郭　哲（第二七五次会议，一九七二年五月三十一日通过）

　　　　　　（第二八二次会议，一九七二年六月二十六日调派任台湾省委员会副主任委员）

　　　　张豫生（第四七七次会议，一九七六年七月十四日通过）

组织工作会

主　任　李　焕（第二七〇次会议，一九七二年五月十五日通过）

副主任　李　荷（第二七五次会议，一九七二年五月三十一日通过）

　　　　俞　谐（第二七五次会议，一九七二年五月三十一日通过）

　　　　李长贵（第二八二次会议，一九七二年六月二十六日通过）

　　　　　　（第四三七次会议，一九七五年九月十日调任革命实践研究院副主任）

　　　　许大路（第二八二次会议，一九七二年六月二十六日通过）

大陆工作会

主　任　徐晴岚（第二七〇次会议，一九七二年五月十五日通过）

副主任　潘泽筠（第二七五次会议，一九七二年五月三十一日通过）

　　　　焦金堂（第二七五次会议，一九七二年五月三十一日通过）

　　　　侯安国（第二七五次会议，一九七二年五月三十一日通过）

（第三○八次会议，一九七三年一月三日调任专任委员）

李健华（第二七五次会议，一九七二年五月三十一日通过）

周灵钧（第三○八次会议，一九七三年一月三日通过）

白万祥（第四七五次会议，一九七六年六月三十日通过）

海外工作会

主　任　陈裕清（第二七○次会议，一九七二年五月十五日通过）

副主任　曾广顺（第二七五次会议，一九七二年五月三十一日通过）

梁子衡（第二七五次会议，一九七二年五月三十一日通过）

（第三三五次会议，一九七三年七月十一日调任政策委员
会副秘书长）

黎元誉（第二七五次会议，一九七二年五月三十一日通过）

刘介宙（第二七五次会议，一九七二年五月三十一日通过）

江炳伦（第三八二次会议，一九七四年六月二十六日通过）

文化工作会

主　任　吴俊才（第二七○次会议，一九七二年五月十五日通过）

副主任　许闻渊（第二七五次会议，一九七二年五月三十一日通过）

（第四三八次会议，一九七五年九月十七日调中华日报董
事长备案）

龙运钧（第二七五次会议，一九七二年五月三十一日通过）

陈叔同（第二七五次会议，一九七二年五月三十一日通过）

蒋廉儒（第二七五次会议，一九七二年五月三十一日通过）

社会工作会

主　任　邱创焕（第二七○次会议，一九七二年五月十五日通过）

副主任　张泰祥（第二七五次会议，一九七二年五月三十一日通过）

郑森荣（第二七五次会议，一九七二年五月三十一日通过）

杨　锐（第二七五次会议，一九七二年五月三十一日通过）

熊叔衡（第二七五次会议，一九七二年五月三十一日通过）

青年工作会

主　任　王唯农(第二七○次会议,一九七二年五月十五日通过)

　　　　　　(第四八四次会议,一九七六年九月一日通过代理台湾省
　　　　　　委员会主任委员)

副主任　施启扬(第二八二次会议,一九七二年六月二十六日通过)

　　　　张豫生(第二八二次会议,一九七二年六月二十六日通过)

　　　　　　(第四七七次会议,一九七六年七月十四日调秘书处副主
　　　　　　任)

　　　　雷飞龙(第四七七次会议,一九七六年七月十四日通过)

妇女工作会

主　任　钱剑秋(第二七○次会议,一九七二年五月十五日通过)

副主任　朱剑华(第二七五次会议,一九七二年五月三十一日通过)

　　　　潘锦端(第二七五次会议,一九七二年五月三十一日通过)

财务委员会

主任委员　俞国华(第二七○次会议,一九七二年五月十五日通过)

副主任委员　张式纶(第二七五次会议,一九七二年五月三十一日通过)

　　　　　　　(依例自退,第三一二次会议,一九七三年一月三十
　　　　　　　一日备案)

　　　　　王绍埐(第二七五次会议,一九七二年五月三十一日通过)

　　　　　　　(第四七六次会议,一九七六年七月七日辞职照准)

　　　　　陈勉修(第二七五次会议,一九七二年五月三十一日通过)

　　　　　胡新南(第二七五次会议,一九七二年五月三十一日通过)

　　　　　张重羽(第三一二次会议,一九七三年一月三十一日通过)

　　　　　徐立德(第四七六次会议,一九七六年七月七日通过)

考核纪律委员会

主任委员　邓传楷(第二七○次会议,一九七二年五月十五日通过)

副主任委员　周昆田(第二七五次会议,一九七二年五月三十一日通过)

张祥传(第二七五次会议,一九七二年五月三十一日通过)

(依例自退,第四二四次会议,一九七五年六月四日

备案)

马济霖(第二七五次会议,一九七二年五月三十一日通过)

罗才荣(第二七五次会议,一九七二年五月三十一日通过)

党史委员会

主任委员　杜元载(第二七〇次会议,一九七二年五月十五日通过)

副主任委员　许朗轩(第二七五次会议,一九七二年五月三十一日通过)

梁兴义(第二七五次会议,一九七二年五月三十一日通过)

袁觐贤(第二八二次会议,一九七二年六月二十六日通过)

政策委员会

秘书长　赵自齐(第二七〇次会议,一九七二年五月十五日通过)

副秘书长　鄞景福(第二七五次会议,一九七二年五月三十一日通过)

周冶平(第二七五次会议,一九七二年五月三十一日通过)

(一九七二年八月四日病故)

高维翰(第二七五次会议,一九七二年五月三十一日通过)

陆京士(第二八二次会议,一九七二年六月二十六日通过)

梁子衡(第三三五次会议,一九七三年七月十一日通过)

妇女工作指导会议

指导长　蒋宋美龄

干事委员　钱用和　吕锦花　吕晓道　李秀芬　许素玉

皮以书　罗　衡　林　慎　叶霞翟

钱剑秋(第二九七次会议,一九七二年十月十一日通过)

张希文(第三七九次会议,一九七四年六月五日通过备案)

委　员　于汝洲　王化民　石季玉　江学珠　沈慧莲

阿里同汉　徐钟珮　凌英贞　庄　静　清巴图

张岫岚　陶太庚　傅晴曦　赵文艺　赵筱梅

刘玉英　蔡淑琼　谢纬鹏　卢孰竞

　吴香兰(第二九七次会议，一九七二年十月十一日通过)

　孙沛德(第二九七次会议，一九七二年十月十一日通过)

　王亚权(第三七九次会议，一九七四年六月五日通过备案)

革命实践研究院(第四三三次会议，一九七五年八月六日决定隶属中央委员会)

主　任　李　焕(兼)(第四三三次会议，一九七五年八月六日通过)

副主任　李长贵(第四三七次会议，一九七五年九月十日通过)

附：革命实践研究院(一九四九年七月——一九七五年九月)

革命实践研究院筹备委员会(一九四九年七月六日成立)

主任委员　王东原(一九四九年七月八日到职)

　　　　　　　(一九四九年十月六日离职)

革命实践研究院职名录

(一九四九年十月十六日正式成立；六届第二二〇次会议，一九四九年十一月三日据总裁酉养代电备案)

院　长　蒋中正(兼)

院务委员　张其昀　张　群　张道藩　谷正纲　陶希圣
　　　　　　黄少谷　袁守谦　郑彦棻　彭孟缉　倪文亚
　　　　　　李寿雍　万耀煌

代理主任　万耀煌(一九四九年十月六日到职)

　　　　　　(一九四九年十一月一日离职)

主　任　万耀煌(一九四九年十一月一日到职)

　　　　　　(一九五二年六月三日因病休养请假，七日奉院长核定给假三月，一九五三年七月十七日总裁手令准辞主任职，报请七

届中常会第四十八次会议,一九五三年七月二十二日备案,八月三日正式离职)

邓文仪(代理)(一九五二年六月三日主任万耀煌因病休养,自是月七日起代理)

(一九五二年六月二十八日辞本代各职)

彭孟缉(代理)(一九五二年六月二十八日派代理)

(七届第四十八次会议,一九五三年七月二十二日免兼代备案;改任副主任)

(一九五三年八月三日离职)

张　群(一九五三年七月十七日派任;七届第四十八次会议,一九五三年七月二十二日备案)(一九五三年八月三日到职)

(七届第一七一次会议,一九五五年二月九日辞职照准)

(一九五五年二月十五日离职)

陈　诚(兼)(七届第一七一次会议,一九五五年二月九日通过)

(一九五五年二月十五日到职)

(八届第六十九次会议,一九五八年七月二十八日辞职照准)

(一九五八年八月一日离职)

张其昀(八届第六十九次会议,一九五八年七月二十八日通过)

(一九五八年八月一日到职)

副主任 倪文亚(一九五〇年八月派任)

(一九五〇年十二月辞职)

邓文仪(一九五〇年十二月派任)

(一九五二年六月二十八日辞本代各职)

李寿雍(一九五二年五月派任)

倪文亚(一九五二年七月派继任邓文仪遗缺)

彭孟缉(一九五三年七月十七日派任,第四十八次会议,一九五三年七月二十二日备案)

（八届第十四次会议，一九五七年十二月二十五日辞职备案）

罗卓英（八届第十四次会议，一九五七年十二月二十五日备案）

圆山军官训练团（一九五〇年一月归隶研究院，是年五月二十二日开学，至一九五二年七月三十一日奉命结束）

主　任　彭孟缉（兼）（一九五〇年一月派任）

分院（七届第二十次会议，一九五三年三月十九日通过成立，七月一日正式成立）

主　任　任觉五（八届第三十五次会议，一九五八年三月十七日辞职照准备案）

吴兆棠（八届第三十五次会议，一九五八年三月十七日备案）

（八届第一四一次会议，一九五九年六月十日通过调第五组副主任）

任觉五（八届第一四一次会议，一九五九年六月十日备案）

一九五九年八月十四日，第五十一次院务会议决议研究院与分院合并，合并后之组织：

院　长　蒋中正（兼）

院务委员会

委　员　陈　诚　阎锡山　张　群　张道藩　张其昀
　　　　周至柔　谷正纲　陶希圣　黄少谷　蒋经国
　　　　袁守谦　郑彦棻　黄　杰　彭孟缉　唐　纵
　　　　胡宗南　倪文亚　李寿雍　任觉五

（以上八届第一六〇次会议，一九五九年九月十六日备案）

教育委员会

主任委员　倪文亚

副主任委员　李寿雍　李曜林

委　员　倪文亚　李寿雍　李曜林　张宝树　胡　轨　滕　杰

　　　　　　钱剑秋　雷法章　刘先云　詹纯鉴　谢东闵　罗才荣

　　　　　　林　栋　袁觐贤　刘　真　翁　钤

　　　　（以上八届第一六○次会议，一九五九年九月十六日备案）

　　　　又秘书处处长、教务处处长、通讯研究部主任均为当然委
　　　　员

主　任　张其昀（八届第二二一次会议，一九六○年六月八日辞职照准）

　　　　　　（一九六○年六月十三日离职）

　　　　　　袁守谦（八届第二二一次会议，一九六○年六月八日通过）

　　　　　　（一九六○年六月十三日到职）

　　　　　　（十届第四三三次会议，一九七五年八月六日辞职备案）

副主任　任觉五（一九五九年十月一日派任）

　　　　　　（依例自退，十届第二七○次会议，一九七二年五月十五日
　　　　　　备案）

　　　　　　詹纯鉴（八届第二三二次会议，一九六○年七月二十七日通过）

　　　　　　（十届第四三七次会议，一九七五年九月十日辞职照准）

　　　　　　黄　通（十届第四三七次会议，一九七五年九月十日辞职照准）

　　一九七五年八月六日，第十届中央常务委员会第四三三次会议，决定
隶属中央委员会，其组织：

主　任　李　焕（兼）（十届第四三三次会议，一九七五年八月六日通过）

副主任　李长贵（十届第四三七次会议，一九七五年九月十日通过）

第十一届中央委员会

　　一九七六年十一月十二日，中国国民党第十一次全国代表大会在台北开幕，会期七天，至十一月十八日闭幕。大会于十三日通过追认第十届中央委员会临时全体会议通过《保留本党党章所载总裁一章藉申哀敬并为永久纪念》及《中央委员会设主席一人并为常务委员会之主席综揽全般党务》两案，并于十五日通过《中国国民党党章》修订案，增列《主席》一章及修订相关条文。十六日，全体代表一致通过大会主席团提议，推举蒋经国先生为中国国民党主席。十七日，大会通过蒋经国主席提出中央评议委员名单，依党章规定，经总裁聘任者继续连任，并聘请张发奎等六十九人为第十一届中央评议委员，总计共一百八十三人；会中同时通过以蒋宋美龄、张群等十一人为第十一届中央评议委员会议主席团主席。是日，大会并选出严家淦等一百三十人为第十一届中央委员、洪寿南等六十五人为第十一届候补中央委员。十九日，第十一届中央委员举行第一次全体会议，修正通过《中央委员会组织条例》，扩充中央常务委员名额为十七人至二十五人，并于业务单位中增设革命实践研究院，承办干部训练事宜。

　　一九七八年二月，第十一届中央委员会第二次全体会议在不增设机构、不增加员额的原则下，修正组织条例，增列各单位职掌。一九七九年十二月，第十一届中央委员会第四次全体会议再度修正组织条例，将常务委员的名额，由十七至二十五人，改为十九至二十七人，以适应需要，其余各组会则一仍其旧。

第十一届中央委员会职名录

主 席 蒋经国（第十一次全国代表大会，一九七六年十一月十六日推举）

一、中央评议委员会议主席团主席十一人

蒋宋美龄　张　群　何应钦　陈立夫　薛　岳
张维翰　顾祝同　田炯锦　杨亮功　余俊贤
连震东

二、中央评议委员一八三人

蒋宋美龄　张　群　何应钦　陈立夫　薛　岳
张维翰　顾祝同　田炯锦　杨亮功　连震东
陈大齐　马超俊　王秉钧　陈肇英　金维系
关崇颖　蔡培火　戴愧生　万耀煌　邝瑶普
裴鸣宇　王世杰　钱大钧　黄麟书　白云梯
陈立矩　苗培成　孙连仲　曾虚白　余汉谋
余井塘　沈宗瀚　李朴生　方　治　吴鸿森
王宗山　吴经熊　黄镇球　黄仁俊　梅友卓
汪少庭　钱用和　马步青　王东原　萨孟武
陈启川　魏道明　杨继曾　陶希圣　蒋复璁
黄季陆　张铁君　谭伯羽　许孝炎　沈　怡
冷　欣　黄仁霖　徐柏园　王星舟　江学珠
李寿雍　董文琦　张庆恩　郭寄峤　崔载阳
陈雪屏　陈甘亨　胡　轨　陈志明　程沧波
杭立武　杨家瑜　蒋坚忍　梁序昭　林西屏
刘天禄　萧　铮　萧赞育　柳克述　黄振华
王叔铭　朱瑞元　滕　杰　王铁汉　刘　锴
何世礼　刘安祺　张邦珍　陈质平　黄国书

石　觉	陈之迈	徐焕升	林　慎	何文炯
柯俊智	马星野	刘　秦	周美玉	陈兆琼
鲍事天	黄兴华	张和祥	陈雄飞	朱振元
朱梅粦	罗桑益西	许绍昌	马呈祥	陈世顺
朱抚松	沈　锜	叶干中	薛毓麒	张发奎
李宗黄	余俊贤	周至柔	叶公超	刘阔才
戴炎辉	周百炼	刘广凯	陈顾远	徐培根
邓翔宇	方　天	于豪章	陈勉修	冯启聪
钟皎光	张国英	端木恺	罗英德	臧元骏
崔之道	朱如松	郭登敖	魏景蒙	佘凌云
蒋纬国	蔡维屏	余梦燕	蔡英才	乌　钺
王永树	姚　记	叶翔之	鄞景福	刘伯骥
陈锦涛	李连春	查良鉴	张军光	张导民
张清源	高廷梓	周绍成	萧一山	陈达元
许金德	薛本贵	林永梁	张祥传	任觉五
周昆田	蚁　硕	高　信	张彝鼎	周慕文
黄天骥	杜椿荪	周中峰	周天翔	马兆奎
陈广深	吴笑安	陈奉天	沈木以	戴仲玉
张炎元	吴化鹏	詹纯鉴		

三、中央委员一三〇人

严家淦	谷正纲	张宝树	李　焕	谢东闵
黄少谷	赵聚钰	秦孝仪	张其昀	黄　杰
倪文亚	袁守谦	高魁元	宋长志	王　昇
沈之岳	孙运璿	李国鼎	黎玉玺	蒋彦士
楚崧秋	赖名汤	沈昌焕	罗友伦	马纪壮
王愓吾	马树礼	俞国华	彭孟缉	宋时选
邓传楷	徐晴岚	郑彦棻	余纪忠	刘玉章

阎振兴	潘振球	郑为元	周宏涛	曹圣芬
周书楷	杨西昆	梁永章	易劲秋	胡　琏
陈裕清	林金生	郭　骥	马安澜	陈建中
林挺生	费　骅	瞿韶华	林洋港	钱剑秋
徐庆钟	唐　纵	辜振甫	徐　鼐	刘季洪
薛人仰	汪道渊	张继正	吴俊才	张宗良
王任远	邹　坚	钱　复	郭　澄	王唯农
黎世芬	张丰绪	司徒福	徐　亨	蔡鸿文
毛松年	赵自齐	邱创焕	罗云平	赖顺生
叶霞翟	沈剑虹	李钟桂	王多年	王亚权
上官业佑	胡木兰	周菊村	张希文	唐君铂
唐振楚	李元簇	许素玉	阿不都拉	陈履安
何宜武	李登辉	杨宝琳	陈水逢	胡健中
柯叔宝	谷凤翔	吕锦花	严孝章	夏功权
郑玉丽	倪　超	丁懋时	王玉云	王　民
黄镜峰	施启扬	张训舜	吴伯雄	倪文洞
张建邦	梁子衡	李白虹	罗　衡	刘先云
陆寒波	张希哲	孙治平	梁尚勇	蔡　颐
柯文福	陈守山	蒋廉儒	赵筱梅	连　战

四、候补中央委员六十五人

洪寿南	侯彩凤	王章清	曾广顺	杨家麟
陈时英	黄尊秋	李长贵	李连墀	韩忠谟
魏　镛	李哲明	罗才荣	胡新南	汪敬煦
卢光舜	许水德	李　荷	崔垂言	札奇斯钦
王先登	魏纶洲	刘介宙	王澍霖	李存敬
方贤齐	赵守博	郭婉容	唐树祥	达穆林旺楚克
林渊源	耿修业	俞　谐	孙义宣	吴香兰

陆京士	梁肃戎	胡美璜	邵恩新	陈桂华
陈鸣铮	陈正雄	郭启明	萧继宗	周旋冠
李凤鸣	李本京	傅　云	赵耀东	清巴图
陈端堂	庄怀义	杨宗培	刘裕猷	路国华
曾恩波	林保仁	孙　震	许文政	董世芳
朱集禧	陈孟铃	林恒生	陈惠夫	杨振忠

本届中央委员出缺递补名录

胡琏于一九七七年六月二十二日病故出缺,以洪寿南递补。

　（第十次会议,一九七七年九月二十一日通过）

王唯农于一九八〇年七月二日病故出缺,以侯彩凤递补。

　（第一七九次会议,一九八〇年八月六日通过）

郭澄于一九八〇年九月二十九日病故出缺,以王章清递补。

　（第一六〇次会议,一九八〇年十月二十二日通过）

常务委员会

一中全会

严家淦	谷正纲	谢东闵	黄少谷	张其昀
黄　杰	倪文亚	袁守谦	高魁元	宋长志
孙运璿	李国鼎	蒋彦士	沈昌焕	郑彦棻
林金生	郭　骥	林挺生	费　骅	徐庆钟
郭　澄	蔡鸿文			

（十一届一中全会,一九七六年十一月十九日通过）

二中全会

严家淦	谷正纲	谢东闵	黄少谷	张其昀
黄　杰	倪文亚	袁守谦	高魁元	宋长志
孙运璿	李国鼎	蒋彦士	沈昌焕	郑彦棻
林金生	郭　骥	林挺生	费　骅	徐庆钟
郭　澄	蔡鸿文			

(十一届二中全会，一九七八年二月十五日通过)

三中全会

严家淦	谷正纲	谢东闵	黄少谷	张其昀
黄　杰	倪文亚	袁守谦	高魁元	宋长志
孙运璿	李国鼎	蒋彦士	沈昌焕	郑彦棻
林金生	郭　骥	林挺生	费　骅	徐庆钟
郭　澄	蔡鸿文			

(十一届三中全会，一九七八年十二月十八日通过)

四中全会

严家淦	谢东闵	孙运璿	林洋港	黄少谷
李国鼎	邱创焕	林金生	倪文亚	马纪壮
宋长志	林挺生	谷正纲	李登辉	张宝树
徐庆钟	蔡鸿文	高魁元	洪寿南	袁守谦
赵聚钰	王　昇	王惕吾	俞国华	余纪忠
王任远	黄　杰			

(十一届四中全会，一九七九年十二月十四日通过)

秘书长　张宝树(十一届四中全会，一九七九年十二月十四日坚辞获准)

蒋彦士(十一届四中全会，一九七九年十二月十四日通过)

副秘书长　陈奇禄(第五十六次会议，一九七八年一月四日另有任用免职)

徐晴岚(第七十四次会议，一九七八年六月十四日申请依例自退照准)

萧继宗(第七十四次会议，一九七八年六月十四日另有任用免职)

邱创焕(第五十六次会议，一九七八年一月四日通过)

(第七十一次会议，一九七八年五月二十四日辞职照准)

唐振楚(第七十一次会议，一九七八年五月二十四日通过)

(第一〇〇次会议，一九七八年十二月二十日通过任考

选部部长)

　　　黄　通(第七十四次会议,一九七八年六月十四日通过)

　　　　　(一九七八年十二月三十一日依例自退)

　　　连　战(第七十四次会议,一九七八年六月十四日通过)

　　　　　(第九十次会议,一九七八年十月四日另有任用免职)

　　陈水逢(第九十次会议,一九七八年十月四日通过)

　　吴俊才(第一〇八次会议,一九七九年二月七日通过)

　　梁子衡(第一〇八次会议,一九七九年二月七日通过)

　　　　　(第一四八次会议,一九七九年十二月十九日另有任用)

　　陈履安(第一四八次会议,一九七九年十二月十九日通过)

秘书处

主　任　陈水逢(第一次会议,一九七六年十一月二十四日通过)

　　　　　(第九十次会议,一九七八年十月四日调任副秘书长)

　　　高育仁(第九十次会议,一九七八年十月四日通过)

　　　　　(第一二三次会议,一九七九年六月六日另有任用)

　　　陈时英(第一二三次会议,一九七九年六月六日通过)

副主任　张豫生(第七十四次会议,一九七八年六月十四日调青年工作会
　　　　主任)

　　　许大路(第七十四次会议,一九七八年六月十四日通过)

组织工作会

主　任　李　焕(第一次会议,一九七六年十一月二十四日通过)

　　　　　(第五十六次会议,一九七八年一月四日辞职照准)

　　　赵自齐(兼)(第五十六次会议,一九七八年一月四日通过)

　　　　　(第六十八次会议,一九七八年五月三日通过免兼)

　　　王任远(第六十八次会议,一九七八年五月三日通过)

　　　　　(第一〇八次会议,一九七九年二月七日另有任用)

　　　陈履安(第一〇八次会议,一九七九年二月七日通过)

（第一四八次会议，一九七九年十二月十九日调副秘书长）

梁孝煌（第一四八次会议，一九七九年十二月十九日通过）

副主任　俞　谐（第一〇八次会议，一九七九年二月七日另有任用）

李　荷（第一〇八次会议，一九七九年二月七日另有任用）

许大路（第七十四次会议，一九七八年六月十四日调秘书处副主
　　　任）

郭　哲（第七十四次会议，一九七八年六月十四日通过）

（第一二三次会议，一九七九年六月六日调高雄市党部主
任委员）

朱坚章（第一〇八次会议，一九七九年二月七日通过）

萧天赞（第一〇八次会议，一九七九年二月七日通过）

（第一二三次会议，一九七九年六月六日调社会工作会主
任）

吴思珩（第一二三次会议，一九七九年六月六日通过）

陈金让（第一二三次会议，一九七九年六月六日通过）

大陆工作会

主　任　毛敬希（第一次会议，一九七六年十一月二十四日通过）

（第一〇八次会议，一九七九年二月七日另有任用）

白万祥（第一〇八次会议，一九七九年二月七日通过）

副主任　焦金堂

周灵钧

李健华

白万祥（第七十四次会议，一九七八年六月十四日调政策委员会
副秘书长）

陈学龄（第一七〇次会议，一九八〇年六月四日通过）

海外工作会

主　任　林清江（第一次会议，一九七六年十一月二十四日通过）

　　　　（第五十六次会议，一九七八年一月四日另有任用免职）

　　　　曾广顺（第五十六次会议，一九七八年一月四日通过暂行代理；第

　　　　　　六十三次会议，一九七八年三月十五日通过真除）

副主任　曾广顺（第六十三次会议，一九七八年三月十五日通过调升主任）

　　　　刘介宙（第八十三次会议，一九七八年八月十六日辞职案准予备

　　　　　　查）

　　　　江炳伦（第一二三次会议，一九七九年六月六日回任教职请辞照

　　　　　　准）

　　　　明镇华（第七十四次会议，一九七八年六月十四日通过）

　　　　庄怀义（第一二三次会议，一九七九年六月六日通过）

　　　　许鸣曦（第一二三次会议，一九七九年六月六日通过）

　　　　蔡钟雄（第一七〇次会议，一九八〇年六月四日通过）

文化工作会

主　任　丁懋时（第一次会议，一九七六年十一月二十四日通过）

　　　　　（第五十六次会议，一九七八年一月四日辞职照准）

　　　　楚崧秋（第五十六次会议，一九七八年一月四日通过）

　　　　　（第一七三次会议，一九八〇年六月二十五日另有任用）

　　　　周应龙（第一七三次会议，一九八〇年六月二十五日通过）

副主任　龙运钧

　　　　陈叔同

　　　　蒋廉儒（第一七三次会议，一九八〇年六月二十五日另有任用）

　　　　赵守博（第一四一次会议，一九七九年十月十七日通过）

　　　　黎元誉（第一七三次会议，一九八〇年六月二十五日通过）

社会工作会

主　任　邱创焕（第一次会议，一九七六年十一月二十四日通过）

　　　　　（第五十六次会议，一九七八年一月四日调任副秘书长）

　　　　沈之岳（第五十六次会议，一九七八年一月四日通过）

　　　　　　（第一〇八次会议，一九七九年二月七日另有任用）

　　　　　　许水德（第一〇八次会议，一九七九年二月七日通过）

　　　　　　　（第一二三次会议，一九七九年六月六日另有任用）

　　　　　　萧天赞（第一二三次会议，一九七九年六月六日通过）

　　副主任　郑森棨

　　　　　　杨　锐

　　　　　　熊叔衡

　　　　　　李长贵（第七十七次会议，一九七八年七月五日通过）

青年工作会

　　主　任　连　战（第一次会议，一九七六年十一月二十四日通过）

　　　　　　　（第七十四次会议，一九七八年六月十四日调任副秘书长）

　　　　　　张豫生（第七十四次会议，一九七八年六月十四日通过）

　　副主任　雷飞龙（第九十次会议，一九七八年十月四日回任教职请辞照准）

　　　　　　施启扬（第九次会议，一九七七年一月十九日免职）

　　　　　　关　中（第九次会议，一九七七年一月十九日通过）

　　　　　　　（第一〇八次会议，一九七九年二月七日另有任用）

　　　　　　王人杰（第九十次会议，一九七八年十月四日通过）

　　　　　　王曾才（第一〇八次会议，一九七九年二月七日通过）

　　　　　　李钟桂（第一〇八次会议，一九七九年二月七日通过）（增设）

妇女工作会

　　主　任　钱剑秋（第一次会议，一九七六年十一月二十四日通过）

　　副主任　潘锦端

　　　　　　周文玑（第九十次会议，一九七八年六月十四日通过）

财务委员会

　　主任委员　俞国华（第一次会议，一九七六年十一月二十四日通过）

　　　　　　（第一四八次会议，一九七九年十二月十九日辞职照准）

　　　　　　钟时益（第一四八次会议，一九七九年十二月十九日通过）

副主任委员　张重羽（第七十四次会议，一九七八年六月十四日申请依例
　　　　自退照准）

王绍堉（第十七次会议，一九七七年三月二十三日通过加
　　　　派）（原为一人）

（第一三八次会议，一九七九年九月十九日辞职照
准）

胡新南（兼任）

徐立德（兼任）（第七十八次会议，一九七八年七月十二日请
辞照准）

林运祥（第七十四次会议，一九七八年六月十四日通过）

（第一七三次会议，一九八〇年六月二十五日另有任
用）

王昭明（兼任）（第七十八次会议，一九七八年七月十二日通
过）

张　严（第一三八次会议，一九七九年九月十九日通过）

李增荣（第一七三次会议，一九八〇年六月二十五日通过）

党史委员会

主任委员　秦孝仪（第一次会议，一九七六年十一月二十四日通过）

副主任委员　许朗轩

梁兴义（第一二三次会议，一九七九年六月六日申请退休照
准）

陈敬之（第一二三次会议，一九七九年六月六日通过）

李云汉（第一二三次会议，一九七九年六月六日通过）（增设
一人）

考核纪律委员会

主任委员　梁永章（第一次会议，一九七六年十一月二十四日通过）

副主任委员　罗才荣

马济霖

许素玉(第九十三次会议,一九七八年十一月一日通过)

李　荷(第一〇八次会议,一九七九年二月七日通过)(增设
一人)

政策委员会

秘书长　赵自齐(第一次会议,一九七六年十一月二十四日通过)

副秘书长　梁子衡(第一〇八次会议,一九七九年二月七日另有任用)

高维翰(第十三次会议,一九七七年二月十六日通过依例自退)

陆京士(第十三次会议,一九七七年二月十六日辞职照准)

鄞景福(第十六次会议,一九七七年三月十六日通过依例自退)

黄　通(第十三次会议,一九七七年二月十六日通过)

(第七十四次会议,一九七八年六月十四日通过调任中
央委员会副秘书长)

梁肃戎(第十三次会议,一九七七年二月十六日通过)

王文光(第十六次会议,一九七七年三月十六日通过)

白万祥(第七十四次会议,一九七八年六月十四日通过)

(第一〇八次会议,一九七九年二月七日另有任用)

何宜武(第一〇八次会议,一九七九年二月七日通过)

关　中(第一〇八次会议,一九七九年二月七日通过)

妇女工作指导会议

指导长　蒋宋美龄

干事委员　钱用和　吕锦花　吕晓道　李秀芬　许素玉
罗　衡　林　慎　叶霞翟　钱剑秋　张希文

委　员　于汝洲　王化民　石季玉　江学珠　阿里同汉
徐钟珮　凌英贞　清巴图　张岫岚　陶太庚
傅晴曦　赵文艺　赵筱梅　刘玉英　蔡淑琼
谢纬鹏　卢敦竞　吴香兰　孙沛德　王亚权

革命实践研究院

院务委员会

专任委员　袁守谦

主　任　李　焕（第七十四次会议，一九七八年六月十四日另有任用免职）

蒋经国（兼）（第七十四次会议，一九七八年六月十四日决定）

副主任　李长贵（第七十七次会议，一九七八年七月五日调社会工作会副
主任）

吴俊才（兼）（第一七〇次会议，一九八〇年六月四日通过）

教育长　崔德礼（第七十四次会议，一九七八年六月十四日通过）

第十二届中央委员会

一九八一年三月二十九日,中国国民党第十二次全国代表大会在台北开幕,会期八天,至四月五日闭幕。四月二日,大会一致通过主席团提议,选举蒋经国先生继续担任中国国民党主席。三日,大会通过蒋经国主席提出的第十二届中央评议委员人选案,包括总裁聘任继续连任的九十二人,主席提请大会通过聘请的一百三十五人,共二百二十七人;会中同时通过蒋主席提出蒋宋美龄、张群等十六人为第十二届中央评议委员会议主席团主席,随后并选出第十二届中央委员一百五十人,候补中央委员七十五人。

第十二届中央委员会自一九八一年四月六日举行第一次全体会议起,至一九八八年七月七日举行第十三次全国代表大会止,前后长达七年,期间仅一九八四年二月,举行的第二次全体会议曾修正《中央委员会组织条例》,将中央常务委员名额,由十九人至二十七人,改为二十三人至三十一人;其他各业务单位方面则未有任何调整。

一九八八年一月十三日,蒋主席不幸病逝,是月二十七日,中央常务委员会第三三〇次会议,通过由常务委员李登辉先生代理主席,以维系领导中心。

第十二届中央委员会职名录

主 席 蒋经国(第十二次全国代表大会,一九八一年四月二日通过)

（一九八八年一月十三日病逝）

代理主席　李登辉（第三三〇次会议，一九八八年一月二十七日通过）

一、中央评议委员会议主席团主席十六人

蒋宋美龄　张　群　何应钦　陈立夫　薛　岳

顾祝同　杨亮功　余俊贤　周至柔　连震东

余井塘　戴炎辉　刘季洪　张其昀　黄　杰

张宝树

二、中央评议委员二二七人

蒋宋美龄　张　群　何应钦　陈立夫　薛　岳

顾祝同　杨亮功　连震东　余井塘　陈大齐

关崇颖　蔡培火　裴鸣宇　王世杰　钱大钧

黄麟书　陈立矩　苗培成　孙连仲　曾虚白

余汉谋　李朴生　方　治　吴鸿森　吴经熊

黄仁俊　梅友卓　钱用和　王东原　萨孟武

陈启川　杨继曾　陶希圣　蒋复璁　黄季陆

张铁君　谭伯羽　冷　欣　黄仁霖　王星舟

江学珠　李寿雍　董文琦　张庆恩　郭寄峤

崔载阳　陈雪屏　陈甘亨　胡　轨　陈志明

程沧波　杭立武　杨家瑜　蒋坚忍　林西屏

刘天禄　萧　铮　萧赞育　柳克述　黄振华

王叔铭　朱瑞元　滕　杰　王铁汉　刘　锴

何世礼　刘安祺　张邦珍　陈质平　黄国书

石　觉　徐焕升　林　慎　柯俊智　马星野

刘　秦　周美玉　陈兆琼　鲍事天　黄兴华

张和祥　陈雄飞　朱振元　朱梅舜　罗桑益西

许绍昌　马呈祥　陈世顺　朱抚松　沈　锜

叶干中　薛毓麒

以上九十二人系第十一届评议委员经蒋主席经国先生提议续聘由大会通过者

孙陈淑英	李雅仙	高廷梓	黄高秀	任卓宣
陈顾远	徐培根	周绍成	邓翔宇	周至柔
任觉五	林则彬	张其昀	范苑声	佘凌云
雷法章	张彝鼎	白如初	黄杰	陶百川
余俊贤	方天	叶公超	刘玉章	杨宗培
林蔡素女	胡健中	姚记	李连春	刘季洪
端木恺	张祥传	马国琳	张寿贤	张炎元
倪超	查良鉴	陈宗熙	石九龄	高信
唐纵	王宜声	朱如松	李继渊	张宗良
仲肇湘	牛践初	郭学礼	鄞景福	郭登教
臧元骏	蚁硕	钟皎光	徐庆钟	魏景蒙
谷凤翔	黄耀锦	陈纪滢	何适	徐晴岚
陆京士	黄通	周昆田	赖顺生	许金德
姚望深	朱庆堂	林桂圑	周百炼	莫萱元
马济霖	张军光	沈剑虹	戴炎辉	戴仲玉
刘伯骥	黄天骥	朱家让	张导民	马兆奎
张研田	尹俊	杨家麟	王任远	张宝树
林来荣	刘阔才	李白虹	蔡维屏	罗衡
周慕文	罗友伦	王永树	罗英德	李荷
崔垂言	黎玉玺	陈勉修	陈尧圣	陈奉天
沈之岳	马空群	程烈	薛本贵	林栋
罗云平	陈建中	沈其昌	吴笑安	冯启聪
叶霞翟	刘广凯	张芳燮	崔之道	李廉
黄卫青	陈惠夫	乌钺	萧继宗	陈广深
赵珮	韩忠谟	林永梁	余梦燕	司徒福

蒋纬国　张国英　沈家铭　翁　铃　周中峰

洪　万　于豪章　吴化鹏　陈奇禄　杜椿荪

以上一三五人系蒋主席经国先生提名经大会同意者

三、中央委员一五〇人

严家淦　孙运璿　谷正纲　黄少谷　谢东闵

蒋彦士　马纪壮　李国鼎　李　焕　倪文亚

宋长志　赵聚钰　王惕吾　宋时选　袁守谦

王　昇　吴俊才　李登辉　俞国华　余纪忠

林洋港　沈昌焕　张光世　高魁元　邱创焕

潘振球　张继正　李元簇　陈履安　秦孝仪

楚崧秋　洪寿南　杨西昆　瞿韶华　钱　复

郑彦棻　宋楚瑜　曾广顺　朱汇森　汪敬煦

蔡鸿文　徐　亨　白万祥　李钟桂　徐　鼐

赵自齐　周应龙　郑为元　周宏涛　连　战

赖名汤　梁孝煌　林金生　马树礼　辜振甫

阮成章　梁永章　阎振兴　曹圣芬　何宜武

周书楷　林挺生　关　中　易劲秋　彭孟缉

严孝章　郭　骥　邓传楷　陈时英　范魁书

陈守山　钟时益　陈水逢　王多年　萧天赞

钱剑秋　马安澜　邹　坚　刘兆田　欧阳勋

阿不都拉　郝柏村　丁懋时　王亚权　薛人仰

黄尊秋　夏功权　毛松年　梁肃戎　梅可望

张希文　夏汉民　魏　庸　王玉云　费　骅

陈裕清　谢又华　张希哲　上官业佑　张丰绪

郭为藩　高育仁　唐振楚　许水德　施启扬

郭　哲　耿修业　王章清　梅长龄　董世芳

吴伯雄　陈桂华　吴延环　张豫生　施金池

崔德礼	柯文福	陈兰皋	张建邦	王文光
张训舜	郑玉丽	汪道渊	廖英鸣	胡新南
杨宝琳	赵耀东	马克任	梁子衡	张祖诒
赵筱梅	徐立德	许素玉	赵守博	高铭辉
吴宝华	汪彝定	韦永宁	郭婉容	江仕华
刘先云	余钟骥	廖祖述	张子扬	蒋廉儒
柯叔宝	乔宝泰	黄昆辉	李志鹏	王　民

四、候补中央委员七十五人

黄镜峰	潘焕昆	胡木兰	杨舟熹	邹济勋
马镇方	罗才荣	李连墀	林征祁	黎世芬
侯彩凤	唐君铂	韦德懋	李凤鸣	孙治平
路国华	林清江	郭南宏	张式琦	曹伯一
陆寒波	李雅樵	朱士烈	林保仁	宋心濂
梁尚勇	胡美璜	邵恩新	陈鸣铮	陈苍正
朱坚章	许文政	蒋仲苓	李长贵	吴香兰
杨宝发	许历农	明　骥	毛高文	林　灯
张甘妹	王先登	郑心雄	吴水云	关　镛
刘馨敌	孙　震	倪文泂	李治民	华　爱
李存敬	蒋圣爱	阮大年	涂德锜	钱　纯
王澍霖	陈孟铃	庄怀义	钱　震	林恒生
薛光祖	刘裕猷	朱集禧	方贤齐	达穆林旺楚克
杨金枞	孙义宣	吴荣兴	王甲乙	梁国树
札奇斯钦	张麟德	张一中	陈正雄	石永贵

本届中央委员出缺递补名录

赵聚钰于一九八一年六月七日病故出缺，以黄镜峰递补。

（第十一次会议，一九八一年六月二十四日备案）

费骅于一九八四年二月二十九日逝世出缺，以胡木兰递补。

（第一四七次会议，一九八四年四月十一日备案）

赖名汤于一九八四年十一月二十八日病故出缺，以杨舟熹递补。

（第一八三次会议，一九八五年一月九日备案）

严孝章于一九八六年八月二日病故出缺，以邹济勋递补。

（第二六一次会议，一九八六年八月二十七日备案）

周应龙于一九八七年十月五日病故出缺，以马镇方递补。

（第三二一次会议，一九八七年十一月十八日备案）

邹济勋于一九八八年四月十二日病故出缺，以李连墀递补。

（第三四一次会议，一九八八年四月二十七日备案）

柯叔宝于一九八八年五月十八日病故出缺，以林征祁递补。

（第三四五次会议，一九八八年五月二十五日备案）

第十二届中央委员会

常务委员会

一中全会

严家淦	谢东闵	孙运璿	谷正纲	黄少谷
倪文亚	袁守谦	马纪壮	李国鼎	高魁元
宋长志	赵聚钰	王愓吾	王　昇	李登辉
俞国华	余纪忠	林洋港	沈昌焕	邱创焕
洪寿南	蔡鸿文	林金生	辜振甫	阎振兴
曹圣芬	林挺生			

（十二届一中全会，一九八一年四月六日通过）

二中全会

严家淦	谢东闵	孙运璿	谷正纲	黄少谷
倪文亚	袁守谦	高魁元	李登辉	马纪壮
沈昌焕	李国鼎	俞国华	宋长志	郝柏村

　　　王惕吾　林洋港　邱创焕　余纪忠　洪寿南

　　　阎振兴　曹圣芬　赵自齐　何宜武　辜振甫

　　　林挺生　黄尊秋　连　战　高育仁　张建邦

　　　许水德

（十二届二中全会，一九八四年二月十五日通过）

　　三中全会

　　　严家淦　谢东闵　李登辉　谷正纲　黄少谷

　　　俞国华　倪文亚　袁守谦　高魁元　沈昌焕

　　　李国鼎　王惕吾　林洋港　余纪忠　黄尊秋

　　　洪寿南　宋长志　郝柏村　李　焕　邱创焕

　　　吴伯雄　连　战　施启扬　辜振甫　曹圣芬

　　　陈履安　何宜武　林挺生　高育仁　许水德

　　　张建邦

（十二届三中全会，一九八六年三月三十一日通过）

秘书长　蒋彦士（第十二届一中全会，一九八一年四月六日通过）

　　　　　　　（第一八七次会议，一九八五年二月六日辞职照准）

　　　　　马树礼（第一八七次会议，一九八五年二月六日通过）

　　　　　　　（第三〇二次会议，一九八七年七月一日辞职照准）

　　　　　李　焕（第三〇二次会议，一九八七年七月一日通过）

副秘书长　吴俊才（第十二届一中全会，一九八一年四月六日通过）

　　　　　　　　（第一五七次会议，一九八四年六月二十日调革命实践

　　　　　　　　研究院副主任）

　　　　　　陈水逢（第十二届一中全会，一九八一年四月六日通过）

　　　　　　　　（第一六八次会议，一九八四年九月五日另有任用）

　　　　　　陈履安（第十二届一中全会，一九八一年四月六日通过）

　　　　　　　　（第一五七次会议，一九八四年六月二十日另有任用）

　　　　　　梁孝煌（第一五七次会议，一九八四年六月二十日通过）

　　　　　　（第一九一次会议，一九八五年三月二十日另有任用）

　　　　邵恩新（第一六八次会议，一九八四年九月五日通过）

　　　　　　（第二八四次会议，一九八七年二月二十五日另有任用）

　　　　马英九（第一五七次会议，一九八四年六月二十日通过）

　　　　郭　哲（第一九一次会议，一九八五年三月二十日通过）

　　　　　　（第二八四次会议，一九八七年二月二十五日另有任用）

　　　　宋楚瑜（第二八四次会议，一九八七年二月二十五日通过）

　　　　高铭辉（第二八四次会议，一九八七年二月二十五日通过）

秘书处

主　任　陈时英（第六十三次会议，一九八二年六月三十日因病辞职）

　　　　吴伯雄（第六十三次会议，一九八二年六月三十日通过）

　　　　　　（第一五七次会议，一九八四年六月二十日另有任用）

　　　　许大路（第一五七次会议，一九八四年六月二十日通过）

　　　　　　（第一九一次会议，一九八五年三月二十日调社会工作会主任）

　　　　萧昌乐（第一九一次会议，一九八五年三月二十日通过）

　　　　　　（第二五〇次会议，一九八六年六月四日调大陆工作会主任）

　　　　张宗栋（第二五〇次会议，一九八六年六月四日通过）

副主任　许大路（第一五七次会议，一九八四年六月二十日调升主任）

　　　　乔维和（第一六〇次会议，一九八四年七月十一日通过）

　　　　夏正祺（第一九五次会议，一九八五年四月十七日通过）

组织工作会

主　任　梁孝煌（第一五七次会议，一九八四年六月二十日调副秘书长）

　　　　宋时选（第一五七次会议，一九八四年六月二十日通过）

　　　　　　（第二八四次会议，一九八七年二月二十五日另有任用）

　　　　潘振球（第二八四次会议，一九八七年二月二十五日通过）

（第三二〇次会议，一九八七年十一月十一日另有任用）

关　中（第三二〇次会议，一九八七年十一月十一日通过）

副主任　朱坚章（第三次会议，一九八一年四月二十九日辞职照准）

吴思珩（第三次会议，一九八一年四月二十九日调考核纪律委员
会副主任委员）

陈金让（第一五七次会议，一九八四年六月二十日调台北市委员
会主任委员）

蔡钟雄（第三次会议，一九八一年四月二十九日通过）

吴挽澜（第三次会议，一九八一年四月二十九日通过）

（第九十六次会议，一九八三年二月十六日调高雄市委员
会主委）

郑心雄（第九十六次会议，一九八三年二月十六日通过）

（第一五七次会议，一九八四年六月二十日升海外工作会
主任）

陈水亮（第九十六次会议，一九八三年二月十六日通过）

（依一九八七年十二月底人事资料，已不在职）

余学海（第一六〇次会议，一九八四年七月十一日通过）

（病逝）

王述亲（第一九三次会议，一九八五年四月三日通过）

詹春柏（一九八七年十二月一日主席核定）

大陆工作会

主　任　白万祥（第二五〇次会议，一九八六年六月四日另有任用）

萧昌乐（第二五〇次会议，一九八六年六月四日通过）

副主任　焦金堂（一九八六年二月依例自退）

周灵钧（第三次会议，一九八一年四月二十九日通过届龄退休）

李健华（依一九八二年十二月底人事资料，已不在职）

陈学龄（依一九八六年十二月底人事资料，已不在职）

张其黑(第三次会议,一九八一年四月二十九日通过)

刘国治(第九十六次会议,一九八三年二月十六日通过)

　　　(一九八四年十月二十八日,主席核定另有任用免职)

裘冠民(第二四二次会议,一九八六年四月九日通过)

曹伯一(第二五七次会议,一九八六年七月三十日通过)

海外工作会

主　任　曾广顺(第一五七次会议,一九八四年六月二十日另有任用)

　　　　郑心雄(第一五七次会议,一九八四年六月二十日通过)

副主任　蔡钟雄(第三次会议,一九八一年四月二十九日通过调组织工作

　　　　　会副主任)

　　　　明镇华

　　　　庄怀义(第一九五次会议,一九八五年四月十七日调文化工作会

　　　　　副主任)

　　　　许鸣曦(一九八四年七月四日,主席核定另有任用免职)

　　　　黄锡和(第一六〇次会议,一九八四年七月十一日通过)

　　　　钟荣吉(第二〇〇次会议,一九八五年五月二十二日通过)

文化工作会

主　任　周应龙(第一六四次会议,一九八四年八月八日另有任用)

　　　　宋楚瑜(第一六四次会议,一九八四年八月八日通过)

　　　　　(第二八四次会议,一九八七年二月二十五日调任副秘书

　　　　　长)

　　　　戴瑞明(第二八四次会议,一九八七年二月二十五日通过)

副主任　龙运钧(第九次会议,一九八一年六月十日另有任用)

　　　　陈叔同(第三次会议,一九八一年四月二十九日另有任用)

　　　　黎元誉(第六十一次会议,一九八二年六月十六日另有任用)

　　　　赵守博(第一〇〇次会议,一九八三年三月二十三日辞职照准)

　　　　沈旭步(第三次会议,一九八一年四月二十九日通过)

魏　萼(第九次会议,一九八一年六月十日通过)

(第一九五次会议,一九八五年四月十七日辞职照准)

颜海秋(第六十一次会议,一九八二年六月十六日通过)

(第一三五次会议,一九八三年十二月十四日另有任用)

陈正雄(第一〇〇次会议,一九八三年三月二十三日通过)

(一九八四年六月二十九日,主席核定另有任用免职)

黄昆辉(第一三五次会议,一九八三年十二月十四日通过)

(一九八四年八月二十四日,主席核定另有任用免职)

明　骥(一九八四年六月二十九日主席核定)

(第二〇七次会议,一九八五年七月十日另有任用)

庄怀义(第一九五次会议,一九八五年四月十七日通过)

(第二三二次会议,一九八六年一月十五日另有任用)

黄顺德(第一九五次会议,一九八五年四月十七日通过)

朱宗轲(第二〇七次会议,一九八五年七月十日通过)

吴水云(第二三二次会议,一九八六年一月十五日通过)

社会工作会

主　任　萧天赞(第一五七次会议,一九八四年六月二十日另有任用)

郭　哲(第一五七次会议,一九八四年六月二十日通过)

(第一九一次会议,一九八五年三月二十日调副秘书长)

许大路(第一九一次会议,一九八五年三月二十日通过)

(第二八四次会议,一九八七年二月二十五日另有任用)

赵守博(第二八四次会议,一九八七年二月二十五日通过)

副主任　郑森棨(依一九八四年十二月底人事资料,已不在职)

杨　锐(依一九八七年十二月底人事资料,已不在职)

熊叔衡(一九八六年一月依例自退)

李长贵(第三次会议,一九八一年四月二十九日辞职照准)

陈水亮(第三次会议,一九八一年四月二十九日通过)

（第九十六次会议，一九八三年二月十六日调组织工作会
副主任）

陈寿昌（第九十六次会议，一九八三年二月十六日通过）

蔡友土（第二三四次会议，一九八六年一月二十九日通过）

谢深山（第二六一次会议，一九八六年八月二十七日通过）

青年工作会

主　任　张豫生（第一五七次会议，一九八四年六月二十日另有任用）

高铭辉（第一五七次会议，一九八四年六月二十日通过）

（第二八四次会议，一九八七年二月二十五日调任副秘书
长）

黄昆辉（第二八四次会议，一九八七年二月二十五日通过）

副主任　王曾才（第三次会议，一九八一年四月二十九日辞职照准）

王人杰

李钟桂（一九八八年三月十七日，主席核定辞职照准）

徐抗宗（第三次会议，一九八一年四月二十九日通过）

洪文湘（一九八八年四月十八日，主席核定）

妇女工作会

主　任　钱剑秋

副主任　潘锦端

周文玑（依一九八四年十二月底人事资料，已不在职）

黄丽贞（第二六二次会议，一九八六年九月十日通过）

财务工作会

主任委员　钟时益

副主任委员　李增荣（依例自退，第一一九次会议，一九八三年八月十日
备案）

张　严（第一七〇次会议，一九八四年九月十九日调裕台企
业公司董事长）

胡新南(兼任)(一九八五年四月三十日因本职调动请辞兼职)

王昭明(兼任)(第四〇次会议,一九八二年一月十三日因本职调动请辞)

陆润康(第四〇次会议,一九八二年一月十三日通过)

　　(一九八四年六月二十九日,主席核定因行政职务调动请辞)

姚正中(第一一九次会议,一九八三年八月十日通过)

王炳南(第一七〇次会议,一九八四年九月十九日通过)

李洪鳌(一九八四年六月二十九日,主席核定)

李洪鳌(兼任)(一九八五年四月三十日奉核定接胡新南遗缺)

　　(一九八五年九月一日因本职调动请辞兼职照准)

何显重(兼任)(一九八五年九月一日奉核定接李洪鳌遗缺)

党史委员会

主任委员　秦孝仪

副主任委员　许朗轩(依一九八五年十二月底人事资料,已离职)

陈敬之(退休,第七十四次会议,一九八二年九月十五日备案)

李云汉

林征祁(第七十四次会议,一九八二年九月十五日通过)

　　(一九八八年一月届龄退休)

陈鹏仁(第二二五次会议,一九八五年十一月十三日通过)

考核纪律委员会

主任委员　梁永章(依例自退,第一一七次会议,一九八三年七月二十七日同意)

林金生(第一一七次会议,一九八三年七月二十七日通过)

（第一六四次会议，一九八四年八月八日另有任用）

周应龙（第一六四次会议，一九八四年八月八日通过）

（一九八七年十月五日病逝）

吴俊才（第三一七次会议，一九八七年十月二十一日通过）

副主任委员　罗才荣（第七十八次会议，一九八二年十月十三日退休）

许素玉

李　荷（一九八三年六月办理依例自退）

吴思珩（第三次会议，一九八一年四月二十九日通过）

（依一九八七年十二月底人事资料，已不在职）

李启桢（第七十八次会议，一九八二年十月十三日通过）

董树藩（第一一七次会议，一九八三年七月二十七日通过）

（一九八四年七月四日，主席核定另有任用免职）

裘冠民（第一六〇次会议，一九八四年七月十一日通过）

（第二四二次会议，一九八六年四月九日调任大陆工
作会副主任）

马鹤凌（第二四二次会议，一九八六年四月九日通过）

余承业（一九八八年二月二十三日，主席核定）

政策委员会

秘书长　赵自齐

副秘书长　梁肃戎

王文光（依例自退，第一五七次会议，一九八四年六月二十日备
案）

何宜武（第一五七次会议，一九八四年六月二十日辞职照准）

关　中（第三次会议，一九八一年四月二十九日另有任用）

郭　哲（第三次会议，一九八一年四月二十九日通过）

（第一五七次会议，一九八四年六月二十日调社会工作
会主任）

朱士烈（第一五七次会议，一九八四年六月二十日通过）

黄光平（第一五七次会议，一九八四年六月二十日通过）

萧天赞（第一五七次会议，一九八四年六月二十日通过）

（第二六一次会议，一九八六年八月二十七日辞职照准）

许胜发（第二六一次会议，一九八六年八月二十七日通过）

脱德荣（一九八八年五月十六日主席核定）

妇女工作指导会议

指导长　蒋宋美龄

干事委员　钱用和　吕晓道　李秀芬　许素玉　罗　衡

　　　　　林　慎　叶霞翟　钱剑秋　张希文

委　员　于汝洲　王化民　石季玉　江学珠　阿里同汉

　　　　徐钟珮　清巴图　张岫岚　陶太庚　傅晴曦

　　　　赵文艺　赵筱梅　刘玉英　蔡淑琼　谢纬鹏

　　　　卢靳竞　吴香兰　孙沛德　王亚权

革命实践研究院

主　任　蒋经国（兼）

副主任　吴俊才（兼）

　　　　吴俊才（第一五七次会议，一九八四年六月二十日调为专任）

　　　　（第三〇八次会议，一九八七年八月十二日另有任用）

　　　　高铭辉（兼）（第三〇八次会议，一九八七年八月十二日通过）

专任院务委员　袁守谦

教育长　崔德礼

第十三届中央委员会

一九八八年七月七日,中国国民党第十三次全国代表大会在台北开幕,会期七天,至十三日闭幕。八日,出席代表通过大会主席团提案,推举李登辉先生为党主席。九日,大会通过李登辉主席所提,增聘严家淦等七十二人为中央评议委员;原任第十二届中央评议委员一百六十人,除依党章规定,经总裁聘任者继续连任外,由蒋故主席所聘任者,李登辉主席为表示对蒋故主席的尊崇,亦继续留任,因此第十三届中央评议委员共二百三十二人,继于十四日通过李主席提名增聘严家淦等十人为中央评议委员会议主席团主席,蒋故主席经国先生聘任之中评会主席团主席蒋宋美龄等十人,继续留任。十二日,大会进行中央委员选举,共选出第十三届中央委员一百八十人,第十三届候补中央委员九十人。第十三届中央委员会随即于十四日举行第一次全体会议,通过李主席提名谢东闵等三十一位为中央常务委员,正式开始行使职权。

本届中央委员会自一九八八年七月起,至一九九三年八月第十四次全国代表大会举行止,前后历时五年,期间在组织方面为因应政治环境的变化,及党务工作的发展,曾有若干调整。一九八八年十二月二十八日,中常会第二十三次会议通过将革命实践研究院纳入中央委员会各单位平行之组织体制,主任不再由党主席兼任,并取消副主任编制。继于一九八九年三月四日,第三十次会议通过将政策委员会纳入中央委员会各单位平行之组织体制,将秘书长之职称改为主任委员,副秘书长改为副主任委员。

一九九二年二月十九日,中常会第一七五次会议通过主席提议,提升中央政策委员会的决策层级,以因应当前政治情势发展,加强对政策之研究设计执行,暨对其他政党及社会人士之连系,决议置委员若干人,研审重要政策与党务事宜,并置执行秘书一人,由中央委员会副秘书长一人兼任,负责决议事项之执行与推动。政策委员会下设国民大会党政协调工作会、"立法院"党政协调工作会、"监察院"党政协调工作会及政党关系工作会等四个工作会,均为中央委员会所属一级单位。其中"监察院"党政协调工作会因第二届"监察委员"就职后,政党活动退出"监察院",而于一九九三年二月一日起裁撤。

一九九三年三月三十一日,中常会第二三二次会议通过主席提议,为因应当前党营事业发展需要,成立党营事业管理委员会,为中央委员会所属之一级单位,主管党营事业之综合规划,投资效益评估,经营管理督导及绩效考核等;并于是次会议通过先行成立筹备会,继于一九九三年六月十六日通过《党营事业管理委员会组织规程》,委员会正式成立。

第十三届中央委员会职名录

主　席　李登辉(第十三次全国代表大会,一九八八年七月八日通过)

一、中央评议委员会议主席团主席二十人

蒋宋美龄　严家淦　张　群　陈立夫　薛　岳

谷正纲　黄少谷　袁守谦　杨亮功　余俊贤

戴炎辉　刘季洪　黄　杰　高魁元　彭孟缉

张宝树　蒋纬国　马树礼　蔡鸿文　林挺生

二、中央评议委员二三二人

蒋宋美龄　张　群　陈立夫　薛　岳　杨亮功

余俊贤　戴炎辉　刘季洪　黄　杰　张宝树

孙陈淑英　黄麟书　孙连仲　曾虚白　李雅仙

任卓宣	方　治	吴鸿森	徐培根	周绍成
黄仁俊	梅友卓	钱用和	邓翔宇	王东原
陈启川	杨继曾	蒋复璁	张铁君	任觉五
林则彬	范苑声	王星舟	董文琦	张庆恩
雷法章	张彝鼎	郭寄峤	崔载阳	陈雪屏
胡　轨	陶百川	程沧波	方　天	杭立武
蒋坚忍	杨宗培	林蔡素女	胡健中	姚乃昆
李连春	林西屏	马国琳	萧　铮	张寿贤
张炎元	萧赞育	倪　超	查良鉴	陈宗熙
高　信	黄振华	王宜声	王叔铭	朱瑞元
朱如松	滕　杰	王铁汉	李继渊	刘　锴
何世礼	刘安祺	仲肇湘	张邦珍	牛践初
郭学礼	鄞景福	郭登敖	臧元骏	钟皎光
徐庆钟	崔垂言	谷凤翔	黄耀锦	陈纪滢
何　适	徐晴岚	朱庆堂	林　慎	黄　通
周昆田	赖顺生	许金德	姚望深	周百炼
莫萱元	马济霖	张军光	沈剑虹	马星野
周美玉	陈兆琼	黄天骥	朱家让	张导民
鲍事天	马兆奎	杨家麟	王任远	林来荣
李白虹	陈雄飞	刘阔才	朱振元	蔡维屏
朱梅粦	周慕文	罗友伦	王永树	罗英德
李　荷	黎玉玺	陈勉修	陈尧圣	陈奉天
沈之岳	许绍昌	马呈祥	马空群	程　烈
薛本贵	陈世顺	林　栋	陈建中	沈慕羽
吴笑安	冯启聪	刘广凯	张芳燮	崔之道
黄卫青	朱抚松	乌　钺	萧继宗	陈广深
赵　珮	韩忠谟	林永梁	沈　锜	余梦燕

司徒福　蒋纬国　张国英　叶干中　薛毓麒

翁　铃　洪　万　于豪章　吴化鹏　陈奇禄

以上一六〇人系第十二届聘任继续留任者

严家淦　黄少谷　谷正纲　袁守谦　高魁元

彭孟缉　马树礼　蔡鸿文　林挺生　方永蒸

李士珍　吉章简　金越光　陈绍平　郑彦棻

刘道元　赵公鲁　张国柱　彭善承　王廷柱

吴大宇　张子扬　刘延涛　马庆瑞　张希文

上官业佑　刘先云　徐　鼐　吴延环　陈苍正

梁永章　毛松年　唐君铂　阎振兴　余纪忠

朱汇森　洪寿南　邓传楷　范魁书　王　民

刘　真　徐　亨　廖英鸣　陶　熔　周书楷

王愓吾　汪道渊　薛人仰　孙治平　王多年

叶明勋　马安澜　曹圣芬　唐振楚　董世芳

钟时益　陈衣凡　李新民　赵耀东　梁孝煌

汪敬煦　潘振球　陈桂华　白　圣　姚　舜

夏功权　赵文艺　刘兆田　郑玉丽　星　云

李元簇　陈水逢

以上七十二人为李主席登辉先生提名增聘经大会同意者

三、中央委员一八〇人

李　焕　孙运璿　宋楚瑜　林洋港　吴伯雄

章孝严　邱创焕　李钟桂　钱　复　黄尊秋

章孝慈　关　中　谢东闵　郝柏村　蒋孝勇

陈履安　郑为元　马英九　陈守山　宋时选

许水德　萧万长　施启扬　毛高文　许历农

高育仁　连　战　罗　张　张建邦　翁文维

李国鼎　徐立德　蒋彦士　郑心雄　俞国华

简又新	丁懋时	赵守博	郭南宏	魏 镛
宋长志	余范英	苏南成	王 昇	楚崧秋
王建煊	曾广顺	马镇方	陈金让	倪文亚
萧天赞	邵玉铭	何宜武	张京育	钟荣吉
黄昆辉	林金生	马纪壮	王玉云	蒋仲苓
张丰绪	谢深山	温哈熊	余玉贤	林丰正
黄大洲	夏汉民	陈田锚	王家骅	高铭辉
宋心濂	钱 纯	王效兰	王甲乙	吴敦义
孙 震	辜振甫	郁慕明	简汉生	吴俊才
沈昌焕	高惠宇	石永贵	赵自齐	易劲秋
郭婉容	郑水枝	许胜发	林基源	言百谦
张继正	梅可望	黄镜峰	阮大年	武士嵩
马克任	蒋廉儒	张子源	戴瑞明	邹 坚
柯文福	李志鹏	李厚高	吴建国	秦孝仪
林登飞	梁肃戎	瞿韶华	周宏涛	施金池
洪冬桂	郭汝霖	陈庚金	周书府	乔宝泰
郭 哲	郭宗清	黄幸强	黄顺德	郑逢时
周晓天	叶昌桐	许文志	陈炯松	朱坚章
段宏俊	杨西昆	吴金赞	郭 骥	萧昌乐
杨亭云	张豫生	郭为藩	吕秀惠	林振国
刘景义	于建民	黄天才	蔡友土	高清愿
张丽堂	黄镇岳	谷家华	叶金凤	张家骧
梁国树	吴水云	陈健治	潘维刚	钟湖滨
张祖诒	詹天性	施纯仁	沈 蓉	王章清
梁尚勇	陈燊龄	廖福本	张平沼	华加志
黎昌意	梁子衡	许智伟	陈玺安	汪彝定
黄泽青	朱安雄	杨日旭	张文献	李海天

李治民　张希哲　罗光瑞　卜达海　沈　岳
王澍霖　林秋山　徐静渊　侯彩凤　涂德锜

四、候补中央委员九十人

李源泉　刘和谦　王显明　柯明谋　赖晚钟
谢元熙　赵昌平　赵知远　冯定国　赵筱梅
张其黑　洪文栋　张春熙　洪吉春　佘钟骥
黄　威　林仁德　刘松藩　江仕华　林　灯
洪玉钦　林渊源　温锦兰　罗光男　简明景
夏荷生　朱致远　黄世忠　李诗益　李成家
李宗仁　谢美惠　朱有福　周仲南　陈　豫
彭荫刚　谢金汀　张寿岑　吴宝华　谢隆盛
李福登　李炳耀　林水木　李友吉　王兹华
施金协　林俏廷　陈景星　黄河清　程建人
欧明宪　叶潜昭　吕学仪　洪俊德　潘至诚
林思聪　廖了以　罗本立　陈哲芳　杨吉雄
黄声镛　许炳南　路国华　邱进益　刘　克
陈阳德　李宗正　陈锡淇　包德明　萧楚乔
苏俊雄　程邦治　巫和怡　刘邦友　王曾才
张耀东　陈　川　蔡定邦　杨天生　黄昭顺
张鸿学　陈阿仁　脱德荣　郑再传　陈进兴
廖荣祺　悟　明　王应杰　张剑寒　谢生富

本届中央委员出缺递补名录

郭骥于一九九〇年一月二十六日病故出缺，以李源泉递补。

（第七十六次会议，一九九〇年二月七日备案）

黄顺德于一九九〇年六月二十六日病故出缺，以刘和谦递补。

（第九十七次会议，一九九〇年七月十八日备案）

郑心雄于一九九一年十二月九日病故出缺，以王显明递补。

（第一七〇次会议，一九九二年一月八日备案）

陈履安、郑水枝、吴水云、林秋山、梁尚勇、黄镇岳等六人已任监察委员，请辞照准，遗缺由赖晚钟、谢元熙、赵知远、冯定国、赵筱梅、张其黑等六人递补。

（第二四八次会议，一九九三年七月二十一日通过）

余玉贤于一九九三年六月二十日病故出缺，以洪文栋递补。

（第二四九次会议，一九九三年七月二十八日备案）

郑为元于一九九三年八月三日病故出缺，以张春熙递补。

（第二五一次会议，一九九三年八月十一日备案）

第十三届中央委员会

常务委员会

一中全会

谢东闵	李国鼎	倪文亚	俞国华	李　焕
沈昌焕	林洋港	邱创焕	黄尊秋	郝柏村
何宜武	宋楚瑜	吴伯雄	钱　复	陈履安
连　战	施启扬	郑为元	毛高文	许历农
辜振甫	高育仁	许水德	张建邦	赵自齐
曾广顺	郭婉容	苏南成	陈田锚	许胜发
谢深山

（十三届一中全会，一九八八年七月十四日通过）

二中全会

谢东闵	李国鼎	倪文亚	俞国华	李　焕
沈昌焕	林洋港	邱创焕	黄尊秋	郝柏村
何宜武	宋楚瑜	吴伯雄	钱　复	陈履安
连　战	施启扬	郑为元	毛高文	许历农

辜振甫　高育仁　许水德　张建邦　赵自齐
曾广顺　郭婉容　苏南成　陈田锚　许胜发
谢深山

（十三届二中全会，一九八九年六月五日通过）

三中全会

谢东闵　李国鼎　倪文亚　俞国华　李　焕
沈昌焕　林洋港　邱创焕　黄尊秋　郝柏村
何宜武　宋楚瑜　吴伯雄　钱　复　陈履安
连　战　施启扬　郑为元　毛高文　许历农
辜振甫　高育仁　许水德　张建邦　赵自齐
曾广顺　郭婉容　苏南成　陈田锚　许胜发
谢深山

按：三中全会未进行改选。

秘书长　李　焕（第四十一次会议，一九八九年五月三十一日辞职照准）

宋楚瑜（第四十一次会议，一九八九年五月三十一日通过代理；十三届二中全会，一九八九年六月五日真除）

（第二二九次会议，一九九三年三月十日辞职照准）

许水德（第二二九次会议，一九九三年三月十日通过）

副秘书长　宋楚瑜（第四十一次会议，一九八九年五月三十一日通过代理秘书长）

高铭辉（第一三九次会议，一九九一年五月二十九日通过任"行政院"政务委员）

马英九（第四次会议，一九八八年八月十日辞职照准）

郑水枝（第四十一次会议，一九八九年五月三十一日通过）

（第九十三次会议，一九九〇年六月十三日另有任用）

关　中（第四十一次会议，一九八九年五月三十一日通过，仍兼组织工作会主任；是年十二月二十七日免兼）

（第九十三次会议，一九九〇年六月十三日另有任用）

徐立德（第九十三次会议，一九九〇年六月十三日通过，仍兼财
务委员会主任委员）

郑心雄（第九十三次会议，一九九〇年六月十三日通过，仍兼大
陆工作会主任）

（一九九一年十二月九日病逝）

谢深山（第一六二次会议，一九九一年十一月六日通过）

饶颖奇（第一七五次会议，一九九二年二月十九日通过）

秘书处

主　任　张宗栋（第三十次会议，一九八九年三月四日申请退休，辞职照
准）

刘松藩（第三十次会议，一九八九年三月四日通过）

（第八十一次会议，一九九〇年三月二十一日辞职照准）

陈金让（第八十一次会议，一九九〇年三月二十一日通过）

（第九十一次会议，一九九〇年五月三十日另有任用）

吴水云（第九十一次会议，一九九〇年五月三十日通过）

（一九九三年二月一日辞职照准）

（第二三〇次会议，一九九三年三月十七日辞职照准）

郑兴弟（代理）（一九九三年二月一日生效）

黄镜峰（第二三〇次会议，一九九三年三月十七日通过）

副主任　乔维和（一九九一年十月四日，主席核定另有任用免职）

夏正祺（一九九一年七月二十三日，主席核定申请退休照准）

萧知行（一九九〇年三月二十七日，主席核定）

（一九九一年七月二十二日，主席核定申请退休照准）

李祖源（一九九一年八月六日，主席核定）

（一九九二年八月一日辞职生效）

郑兴弟（一九九二年三月十六日生效）

马杰明（一九九三年三月一日生效）

李　　伟(一九九三年三月十六日生效)

楼文渊(一九九三年四月一日生效)

组织工作会

主　任　关　中(第七十次会议,一九八九年十二月二十七日免兼)

萧万长(第七十次会议,一九八九年十二月二十七日通过)

(第九十一次会议,一九九〇年五月三十日另有任用)

陈金让(第九十一次会议,一九九〇年五月三十日通过)

(第一七四次会议,一九九二年二月十二日另有任用)

王述亲(第一七四次会议,一九九二年二月十二日通过)

副主任　蔡钟雄(第九次会议,一九八八年九月十四日调高雄市委员会主
任委员)

王述亲(第三十五次会议,一九八九年四月十九日调任台北市委
员会主任委员)

荆凤岗(一九八八年十月十六日,主席核定)

(依一九九〇年十二月底人事资料,已不在职)

詹春柏(依一九九〇年十二月底人事资料,已不在职)

许文志(一九九〇年六月十八日,主席核定辞职照准)

谢隆盛(一九八九年三月四日,主席核定)

(第一〇九次会议,一九八八年十月十六日接任国民大会
党部书记长)

郁慕明(一九九〇年四月二日,主席核定辞职照准)

孙国勋(一九九〇年三月二十八日,主席核定)

(一九九一年九月十九日,主席核定调任交通事业党部委
员会副主任委员)

武奎煜(一九九一年六月二十六日,主席核定)

(一九九三年二月一日,另有任用免职生效)

吴鸿显(一九九一年八月六日,主席核定)

(第二三〇次会议,一九九三年三月十七日调任高雄市委

员会主任委员）

蔡政文（一九九一年八月六日，主席核定）

（一九九二年八月一日辞职生效）

陈玺安（一九九一年八月六日，主席核定）

罗子俊（一九九三年三月十五日生效）

张正中（一九九三年五月一日生效）

彭云龙（一九九三年五月一日生效）

大陆工作会

主　任　萧昌乐（第七十次会议，一九八九年十二月二十七日辞职照准）

郑心雄（第七十次会议，一九八九年十二月二十七日通过）

（一九九一年十二月九日病逝）

萧行易（代理）

黄耀羽（第二三五次会议，一九九三年四月二十一日通过）

副主任　张其黑（一九九〇年十月二十四日，主席核定届龄退休照准）

裘冠民（一九九一年七月十六日，主席核定届龄退休照准）

曹伯一（一九九〇年九月十五日，主席核定辞职照准）

萧行易（一九九一年六月二十六日，主席核定）

苏　起（一九九二年三月十六日生效）

海外工作会

主　任　郑心雄（第七十次会议，一九八九年十二月二十七日另有任用）

章孝严（第七十次会议，一九八九年十二月二十七日通过）

（第一〇二次会议，一九九〇年八月二十二日另有任用）

钟湖滨（第一〇二次会议，一九九〇年八月二十二日通过）

（第二二四次会议，一九九三年二月三日另有任用）

程建人（第二二四次会议，一九九三年二月三日通过）

副主任　明镇华（一九九〇年六月九日，主席核定辞职照准）

黄锡和（依一九八八年十二月底人事资料，已不在职）

钟荣吉（第三十一次会议，一九八九年三月十五日升任社会工作
　　　会主任）

简汉生（一九八九年四月一日生效）

　　　（第九十一次会议，一九九〇年五月三十日调任台北市委
　　　员会主任委员）

葛维新（一九九〇年四月二十三日，主席核定）

廖福本（一九九〇年五月二十九日，主席核定）

　　　（一九九二年三月十六日，调"立法院"党政协调工作会主
　　　任）

洪昭男（一九九二年十月一日生效）

文化工作会

主　任　戴瑞明（第四十次会议，一九八九年五月二十四日另有任用）

　　　　祝基滢（第四十次会议，一九八九年五月二十四日通过代理；第五
　　　　　　十三次会议，一九八九年八月二十三日真除）

副主任　沈旭步（一九八八年十二月二十一日，主席核定另有任用）

　　　　黄顺德（一九九〇年六月二十六日病逝）

　　　　朱宗轲（一九九〇年六月二十六日，主席核定另有任用）

　　　　吴水云（一九八八年十二月二十一日，主席核定调任革命实践研
　　　　　　究院教育长）

　　　　祝基滢（一九八八年十二月二十一日，主席核定）

　　　　　　（第四十次会议，一九八九年五月二十四日通过代理主任）

　　　　郑贞铭（一九八八年十二月二十一日，主席核定）

　　　　　　（一九九一年九月二日，主席核定另有任用免职）

　　　　赵少康（一九八九年三月四日，主席核定）

　　　　　　（一九八九年六月三十日免职生效）

　　　　周康美（一九九〇年四月二十五日，主席核定）

　　　　林时机（一九九〇年五月二十九日，主席核定）

　　　　唐启明（一九九〇年六月二十六日，主席核定）

　　　　　（一九九三年三月十九日免职生效）

　　伊　竑（一九九一年七月三十日，主席核定）

　　　　　（一九九三年五月十六日，调社会工作会副主任）

　　施克敏（一九九三年五月一日生效）

　　蔡璧煌（一九九三年五月一日生效）

　　廖风德（一九九三年八月一日生效）

社会工作会

　主　任　赵守博（第三十一次会议，一九八九年三月十五日另有任用）

　　　　　钟荣吉（第三十一次会议，一九八九年三月十五日通过）

　副主任　陈寿昌（一九九〇年三月十二日，主席核定届龄退休照准）

　　　　　蔡友土（一九八九年六月三十日免职生效）

　　　　　谢深山（一九八八年八月六日，主席核定辞职照准）

　　　　　郑兴弟（一九八八年八月六日，主席核定）

　　　　　　　　（一九九二年三月十六日，调秘书处副主任）

　　　　　黄泽青（一九九〇年三月二十七日，主席核定）

　　　　　简维章（一九九〇年四月二十三日，主席核定）

　　　　　林永瑞（一九九〇年五月二十九日，主席核定）

　　　　　张正中（一九九二年三月十六日生效）

　　　　　　　　（一九九三年五月一日，调组织工作会副主任）

　　　　　伊　竑（一九九三年五月十六日生效）

青年工作会

　主　任　黄昆辉（第三次会议，一九八八年八月三日辞职照准）

　　　　　庄怀义（第三次会议，一九八八年八月三日通过）

　　　　　　　　（第一四九次会议，一九九一年八月七日另有任用）

　　　　　尹士豪（第一四九次会议，一九九一年八月七日通过）

　　　　　　　　（第二三〇次会议，一九九三年三月十七日辞职照准）

　　　　　徐抗宗（第二三〇次会议，一九九三年三月十七日通过）

副主任　王人杰(一九九〇年六月十八日,主席核定辞职照准)

徐抗宗(第三二〇次会议,一九九三年三月十七日升任主任)

洪文湘(一九九〇年九月十五日,主席核定辞职照准)

黄国彦(一九九二年三月十六日生效)

(一九九三年四月一日辞职生效)

吴文希(一九九二年三月十六日生效)

(一九九二年九月一日辞职生效)

刘兴善(一九九三年三月一日生效)

丁守中(一九九三年四月一日生效)

妇女工作会

主　任　钱剑秋(第八次会议,一九八八年九月七日辞职照准)

李钟桂(第八次会议,一九八八年九月七日通过)

副主任　黄丽贞(一九八八年十月一日,主席核定辞职照准)

叶金凤(一九八八年十月一日,主席核定)

(一九九二年七月一日,行政职务异动请辞生效)

林澄枝(一九八九年三月四日,主席核定)

谢美惠(一九九二年十一月一日生效)

蔡淑媛(一九九三年二月一日生效)

财务委员会

主任委员　钟时益(第三次会议,一九八八年八月三日辞职照准)

徐立德(第三次会议,一九八八年八月三日通过)

(第二三〇次会议,一九九三年三月十七日辞职照准)

林铠藩(第二三〇次会议,一九九三年三月十七日通过)

副主任委员　姚正中(一九九〇年三月十二日,主席核定届龄退休照准)

王炳南

何显重(兼任)(一九九〇年八月二十八日,主席核定本职异动辞职照准)

　　　　　　佘宪光(一九九〇年四月二十三日,主席核定)

　　　　　　　　(一九九三年四月一日外派免职生效)

　　　　　　殷文俊(兼任)(一九九〇年八月二十八日,主席核定)

　　　　　　谢振华(兼任)(一九九〇年八月二十八日,主席核定)

　　　　　　马永骏(一九九三年四月一日生效)

党史委员会

主任委员　秦孝仪(一九九一年四月十六日,届龄退休照准)

　　　　　　李云汉(一九九一年四月十六日通过代理;第一七八次会议,一
　　　　　　　　九九二年三月十一日通过真除)

副主任委员　李云汉(第一七八次会议,一九九二年三月十一日升任主任
　　　　　　　　委员)

　　　　　　陈鹏仁

　　　　　　乔宝泰(一九九三年七月十六日生效)

考核纪律委员会

主任委员　吴俊才(第一七七次会议,一九九二年三月四日请辞照准)

　　　　　　李宗仁(第一七七次会议,一九九二年三月四日通过)

副主任委员　许素玉(依一九八八年十二月底人事资料,已不在职)

　　　　　　李启桢(一九八八年十二月二十一日,主席核定限龄退休照
　　　　　　　　准)

　　　　　　马鹤凌(一九九〇年十二月十三日,主席核定限龄退休照
　　　　　　　　准)

　　　　　　余承业

　　　　　　金开鑫(一九八八年十二月二十一日,主席核定)

　　　　　　　　(一九九〇年六月十六日,主席核定调任革命实践研
　　　　　　　　究院教育长)

　　　　　　解显中(一九九〇年四月二十三日,主席核定)

　　　　　　　　(一九九一年九月二日,主席核定另有任用免职)

謝昆山(一九九一年八月十九日,主席核定)

　　(第一七七次会议,一九九二年三月四日调任"监察院"党政协调工作会主任)

楊培基(一九九二年三月十六日生效)

政策委员会

秘书长　赵自齐(第三次会议,一九八八年八月三日辞职照准)

梁肃戎(第三次会议,一九八八年八月三日通过)

　　(第三十次会议,一九八九年三月四日辞职照准)

副秘书长　梁肃戎(第三次会议,一九八八年八月三日升任秘书长)

朱士烈

黄光平

脱德荣

许胜发(第三次会议,一九八八年八月三日辞职照准)

刘松藩(第三次会议,一九八八年八月三日通过)

　　(第三十次会议,一九八九年三月四日调任秘书处主任)

洪玉钦(第三次会议,一九八八年八月三日通过)

陈金让(第九次会议,一九八八年九月十四日通过)

第三十次会议,一九八九年三月四日通过为因应工作需要,将中央政策委员会纳入中央委员会各单位之组织体系,以加强领导功能;并修订《中央政策委员会组织办法》等相关法规,将中央政策委员会秘书长之职称改为主任委员,副秘书长改为副主任委员。

主任委员　林　栋(第三十次会议,一九八九年三月四日通过)

　　(第一七五次会议,一九九二年二月十九日另有任用)

副主任委员　黄光平(原任副秘书长,一九八九年三月四日,主席核定改任)

　　(一九九〇年十二月二十二日,主席核定届龄退休照准)

脱德荣(原任副秘书长,一九八九年三月四日,主席核定改任)

洪玉钦(原任副秘书长,一九八九年三月四日,主席核定改任)

陈金让(原任副秘书长,一九八九年三月四日,主席核定改任)

　　(第八十一次会议,一九九〇年三月二十一日调秘书处

　　主任)

饶颖奇(一九八九年三月四日,主席核定)

　　(一九九〇年二月七日,主席核定调任"立法委员"党部

　　委员会书记长)

李宗仁(一九八九年三月四日,主席核定)

王金平(一九九〇年四月十日,主席核定)

沈世雄(一九九〇年四月十日,主席核定)

林荣三(一九九一年二月十三日,主席核定)

　　第一七五次会议,一九九二年二月十九日通过提升中央政策委员会决策层级,决议置委员若干人,研审重要政策与党务事宜,并置执行秘书一人,由中央委员会副秘书长一人兼任,负责决议事项之执行与推动。政策委员会下设国民大会党政协调工作会、"立法院"党政协调工作会、"监察院"党政协调工作会、政党关系工作会等四个工作会,均为中央委员会所属一级单位。

执行秘书　徐立德(兼)(第一七五次会议,一九九二年二月十九日通过)

　　(第二二八次会议,一九九三年三月三日辞职照准)

饶颖奇(兼)(第二二八次会议,一九九三年三月三日通过)

国民大会党政协调工作会

主　任　谢隆盛(第一七五次会议,一九九二年二月十九日通过)

副主任　吴钟灵(一九九二年三月二十日生效)

乔宝泰(一九九二年三月二十日生效)

　　(一九九三年七月十六日,调任党史委员会副主任委员)

郑光博(一九九二年三月二十日生效)

（一九九三年四月四日，调任政党关系工作会副主任）

邵宗海（一九九三年四月十六日生效）

林水吉（一九九三年四月十六日生效）

"立法院"党政协调工作会

主　任　王金平（第一七五次会议，一九九二年二月十九日通过）

（第二二八次会议，一九九三年三月三日辞职照准）

洪玉钦（第二二八次会议，一九九三年三月三日通过）

副主任　廖福本（一九九二年三月十六日生效）

黄主文（一九九二年三月十六日生效）

（一九九三年四月一日免职生效）

黄正一（一九九二年三月十六日生效）

郁慕明（一九九二年三月十六日生效）

"监察院"党政协调工作会（第二二三次会议，一九九三年一月二十九日通过该会自一九九三年二月一日起裁撤。）

主　任　谢昆山（第一七七次会议，一九九二年三月四日通过）

（一九九三年二月一日免职生效）

副主任　陈哲芳（一九九二年四月十六日生效）

（一九九三年二月一日免职生效）

洪俊德（一九九二年四月十六日生效）

（一九九三年二月一日免职生效）

政党关系工作会

主　任　洪玉钦（第一七五次会议，一九九二年二月十九日通过）

（第二二八次会议，一九九三年三月三日辞职照准）

黄正一（第二二八次会议，一九九三年三月三日通过）

副主任　张平沼（一九九二年三月十六日生效）

（一九九三年二月一日免职生效）

吴德美（一九九二年三月十六日生效）

郑光博（一九九三年四月四日生效）

林志博（一九九三年四月一日生效）

陈鸿基（一九九三年四月一日生效）

革命实践研究院

主　任　李登辉（兼）

副主任　高铭辉（兼）（第三次会议，一九八八年八月三日免兼）

　　　　魏　镛（第三次会议，一九八八年八月三日通过）

专任院务委员　袁守谦

教育长　崔德礼

第二十三次会议，一九八八年十二月二十八日通过将革命实践研究院纳入中央委员会各单位平行之组织体系，主任不再由党主席兼任，并取消副主任编制。

主　任　魏　镛（第二十三次会议，一九八八年十二月二十八日通过）

　　　　　　（第九十二次会议，一九九〇年六月六日辞职照准）

华力进（第九十二次会议，一九九〇年六月六日通过）

专任院务委员　袁守谦

教育长　崔德礼（一九八八年十二月二十一日主席核定退休照准）

　　　　吴水云（一九八八年十二月二十一日主席核定）

　　　　　　（第九十一次会议，一九九〇年五月三十日调任秘书处主任）

　　　　金开鑫（一九九〇年六月十六日，主席核定）

副主任　金开鑫（一九九一年十月二十三日，主席核定）

妇女工作指导会议

指导长　蒋宋美龄

干事委员　钱用和　吕晓道　许素玉　林　慎　钱剑秋

　　　　张希文

委　员　石季玉　阿里同汉　清巴图　张岫岚　陶太庚

傅晴曦　赵文艺　赵筱梅　刘玉英　蔡淑琼

谢纬鹏　卢敦竞　吴香兰　孙沛德　王亚权

党营事业管理委员会筹备会（第二三二次会议，一九九三年三月三十
一日通过成立，第二四三次会议，一九九
三年六月十六日通过《党营事业管理委
员会组织规程》。）

主任委员　刘泰英（第二三二次会议，一九九三年三月三十一日通过）

党营事业管理委员会

主任委员　刘泰英（一九九三年六月十六日生效）

第十四届中央委员会

　　一九九三年八月十六日，中国国民党第十四次全国代表大会在台北开幕，会期七天，至二十二日闭幕。十七日，大会通过《中国国民党党章》修正案，明定党主席由全国代表大会代表以无记名单记法选举之，并增设副主席若干人，由党主席提名，经全国代表大会同意任命之。同时规定中央常务委员会置常务委员三十一人，由主席依职务需要指派十至十五人为常务委员，余由中央委员会委员互相票选，选举办法另定之。十八日，李登辉先生以一千六百八十六票当选连任中国国民党主席，随后大会通过李登辉主席提出的第十四届中央评议委员聘请名单，除第十三届中央评议委员继续聘任外，另增聘谢东闵等一百三十八人为第十四届中央评议委员，嗣后于二十一日，再增聘许历农等四十八人为第十四届中央评议委员，总计第十四届中央评议委员共三百四十五人。同时大会并通过李主席提名李元簇、郝柏村、林洋港、连战四位同志为中国国民党副主席。十九日，大会进行中央委员选举，共选出第十四届中央委员二百一十人，第十四届候补中央委员一百零五人。第十四届中央委员会于二十三日举行第一次全体会议，通过《中国国民党中央评议委员会议规程》、《中国国民党中央委员会组织规程》等案，并投票选举徐立德等十六人为中央常务委员，连同李主席于二十一日，依职务需要所指派俞国华等十五人，第十四届中央常务委员三十一人，正式开始行使职权。中央常务委员任期一年，于一九九四年八月二十六日、二十七日举行第二次全体会议进行改选。

中央委员会依《组织规程》规定置秘书长一人、副秘书长一至三人，秘书长承主席之命与中央委员会之决议，掌理一切事宜，对各处、会、院工作负综合与督导之责。中央委员会下设十三个一级单位，其名称及职掌如下：

（一）秘书处：掌理本党人事管理暨本会议事、文书、总务、公共关系、警卫及其他不属于各会、院职掌之事项。

（二）组织工作会：掌理"自由地区"各种各级党部之组织，干部政策暨干部管理考核，党员与干部教育、训练之规划，党籍之管理与检查，党员联系服务，中央及地方公职人员辅选业务规划与督导，地方党政关系工作之指导，并协助处理中央党政关系。

（三）大陆工作会：掌理大陆地区各种各级党部之组织、训练、宣传活动，搜集大陆资讯，研析大陆问题，策划大陆政策，建立统一共识，促进两岸关系。

（四）海外工作会：掌理海外各地区各种各级党部之组织、训练、宣传及服务工作，推动国民外交，并办理国际政党之联系事宜。

（五）文化工作会：掌理文化与宣传工作之设计与策进，党义理论之研究与阐扬，政纲政策之传播及党营文化传播事业之管理。

（六）社会工作会：掌理农渔民、劳工、工商、社会等运动暨有关人民团体、社会青年、山地同胞之联系服务，办理社会调查、党内保防、为民服务等工作。

（七）青年工作会：掌理知识青年组织、训练、辅导及青年运动，并协办中小学教师之联系、服务工作。

（八）妇女工作会：掌理妇女组织、训练、文宣、服务及妇女团体之联系、协调工作。

（九）财务委员会：掌理本党预算、决算、会计，财务收支调度，财源筹措，党工干部互助金之处理，党营事业资本、党有财产及基金之管理。

（十）党史委员会：掌理党史史料之搜集、整理、编纂、出版及革命文献、文物之保管与革命史迹之阐扬。

（十一）考核纪律委员会：掌理党政工作督导考核，工作管制，党务工作之研究设计，党纪案件之监察纠举与审议，暨财务稽核与决算之审核。

（十二）革命实践研究院：掌理干部教育训练，三民主义理论与政策之研究，结业研究员之联系与辅导。

（十三）党营事业管理委员会：掌理本党经济、文化事业投资策略、重大投资及人事案之决定、经营绩效之评估，党营事业之稽核，以及有关投资事业之其他重要事项。

中央委员会另设政策委员会，置政策指导委员若干人，掌理重要政策研审及重要法案协调事宜，并置执行长二人，负责决议事项之执行及党政协调工作之推动。另设二至三个业务室，办理综合业务、行政事务与管制考核工作。政策委员会下设下列各工作会：

（一）国民大会党政协调工作会：掌理有关国民大会党政关系、代表联系与党团运作之设计、执行等事宜。

（二）"立法院"党政协调工作会：掌理有关"立法院"党政关系、法案研审、委员联系与党团运作之设计、执行等事宜。

（三）政党关系工作会：掌理有关与其他政党、社会人士之联系、协调等事宜。

（四）政策研究工作会：掌理有关政策研究与政情分析，及与上述三工作会无关之法案研拟事项等事宜。

以上四个工作会同为中央委员会之一级单位。

中央委员会各处、会均置主任一人，副主任一至四人，各委员会均置主任委员一人，副主任委员一至四人，分别综理或襄助各该处、会之业务。各会均置委员若干人，襄助有关业务之推展。革命实践研究院设院务指导委员会，指导院务。党主席及秘书长分别兼任院务指导委员会主席、秘书长，并置委员若干人。革命实践研究院置主任一人，副主任一人，分别综理或襄助有关业务之推展。政策委员会置执行秘书一人，襄助有关业务之推展。

中央委员会另设妇女工作指导会议,承指导长之命,研讨及指导有关妇女工作。

第十四届中央委员会职名录

主　席　李登辉(第十四次全国代表大会,一九九三年八月十八日投票当选)

副主席　李元簇　郝柏村　林洋港　连　战

(第十四次全国代表大会,一九九三年八月十八日通过)

一、中央评议委员会议主席团主席三十一人

蒋宋美龄　严家淦　谢东闵　陈立夫　薛　岳
谷正纲　黄少谷　倪文亚　孙运璿　余俊贤
黄　杰　高魁元　彭孟缉　张宝树　沈昌焕
李国鼎　蒋纬国　马树礼　蔡鸿文　林挺生
何宜武　梁肃戎　黄尊秋　马纪壮　王　昇
赵自齐　林金生　钱剑秋　曾广顺　刘　真
许历农

二、中央评议委员三四五人

蒋宋美龄　严家淦　陈立夫　薛　岳　谷正纲
黄少谷　余俊贤　黄　杰　高魁元　彭孟缉
张宝树　蒋纬国　马树礼　蔡鸿文　林挺生
方永蒸　黄麟书　曾虚白　李士珍　王东原
张铁君　任觉五　林则彬　金越光　陈绍平
张庆恩　郭寄峤　陈雪屏　陶百川　杨宗培
林蔡素女　胡健中　姚乃昆　李连春　刘道元
马国琳　萧　铮　张炎元　倪　超　赵公鲁

查良监　陈宗熙　高　信　张国柱　王叔铭
朱瑞元　彭善承　朱如松　滕　杰　王廷柱
王铁汉　李继渊　何世礼　刘安祺　仲肇湘
张邦珍　牛践初　张子扬　酆景福　郭登敖
钟皎光　徐庆钟　崔垂言　黄耀锦　马庆瑞
陈纪滢　何　适　徐晴岚　刘延涛　朱庆堂
黄　通　姚望深　莫萱元　上官业佑　沈剑虹
周美玉　黄天骥　朱家让　张导民　吴延环
鲍事天　马兆奎　刘先云　杨家麟　王任远
林来荣　陈苍正　李白虹　陈雄飞　梁永章
毛松年　唐君铂　陶　熔　阎振兴　余纪忠
蔡维屏　朱汇森　洪寿南　罗友伦　李　荷
黎玉玺　邓传楷　范魁书　陈奉天　刘　真
徐　亨　廖英鸣　沈之岳　许绍昌　马空群
程　烈　薛本贵　*陈文彪　林　栋　王惕吾
汪道渊　陈建中　王多年　薛人仰　孙治平
*沈慕羽　吴笑安　冯启聪　马安澜　曹圣芬
唐振楚　张芳燮　董世芳　叶明勋　崔之道
钟时益　陈衣凡　黄卫青　朱抚松　乌　钺
萧继宗　李新民　林永梁　赵耀东　沈　锜
梁孝煌　张国英　叶干中　薛毓麒　翁　铃
赵文艺　洪　万　于豪章　汪敬煦　潘振球
陈桂华　姚　舜　夏功权　刘兆田　郑玉丽
吴化鹏　星　云　陈奇禄　陈水逢

以上系第十三届聘任继续留任者

谢东闵　倪文亚　孙运璿　沈昌焕　李国鼎
何宜武　梁肃戎　黄尊秋　马纪壮　王　昇

赵自齐	林金生	钱剑秋	曾广顺	吕有文
高铭辉	赵筱梅	黄运金	张文正	易 瑾
柳元麟	陈重光	黄芜轩	包德明	杨西昆
俞柏生	蔡孟坚	王昌华	虞 舜	瞿韶华
悟 明	韦德懋	李建武	张 富	梁子衡
萧新民	金克和	简欣哲	张启仲	周宏涛
苏振辉	许素玉	张鸿学	刘伟森	冯国卿
陈富源	张希哲	王澍霖	张祖诒	张继正
易劲秋	楚崧秋	李达年	梅可望	萧昌乐
郭 哲	王永庆	欧阳勋	王作荣	林尚英
郭汝霖	王章清	王昭明	陈守山	陈宝川
余钟骥	谢膺毅	黄光平	汪彝定	翁文维
谢许英	秦孝仪	廖荣祺	陈英烈	任之兴
郑衍烈	梁永燊	罗 张	卜达海	言百谦
吴俊才	马克任	邹 坚	于建民	白万祥
谢又华	崔德礼	路国华	陈万富	温哈熊
施纯仁	许炳南	脱德荣	吴香兰	许敏惠
林铠藩	李瑞标	黄天才	赵长江	辜严倬云
杨日旭	林恒生	马镇方	李治民	徐静渊
王玉云	罗光瑞	关 镛	章博隆	王甲乙
刘景义	王述亲	陈进富	邵恩新	李云汉
沈 岳	施金池	张剑寒	钱 纯	游景发
吴钟灵	白培英	柯水源	赖志腾	钟湖滨
黄金泉	刘裕猷	严启昌	林省三	洪吉春
周仲南	蔡汉荣	王奕祺	高忠信	陈锡章
张文献	王玉珍	沈世雄	许历农	刘咏尧
莫淡云	陈时英	蒋廉儒	邓励豪	阎奉璋

李存敬	陈士诚	王会全	齐　济	许仲川
马绪援	陈根涂	林赖羊	张培成	林枝乡
魏纶洲	王成圣	王善祥	胡　涛	申学庸
陈梅生	詹绍华	张其黑	吕芳契	李诗益
洪俊德	陈恒盛	朱安雄	温兴春	李子骏
郑再传	张万传	林炳森	朱建人	林俏廷
许素叶	谢修平	张春熙	黄正雄	杨景秦
朱士烈	黄石华	吴珠惠	关启宗	赖晚钟
涂丽生				

以上系本届增聘者

注：一九九三年十二月三十一日增聘胡炘、吴舜文、李炳盛、吴挽澜、林金茎、薛国梁等六人；一九九四年四月三十日增聘林坤钟一人为第十四届中央评议委员。许历农已脱党。

＊陈文彪即陈世顺；沈慕羽即沈其昌、沈木以。

三、中央委员二一〇人

吴伯雄	宋楚瑜	章孝严	施启扬	许水德
马英九	赵守博	李钟桂	萧万长	钱　复
俞国华	孙　震	吴敦义	邱创焕	江丙坤
谢深山	关　中	陈金让	林振国	黄大洲
高育仁	王又曾	颜世锡	李　焕	钟荣吉
刘松藩	宋时选	徐立德	黄镜峰	蒋彦士
王金平	庄亨岱	简汉生	郭婉容	程建人
穆闽珠	邱进益	林丰正	潘维刚	祝基滢
周世斌	赵　宁	陈　璧	夏汉民	魏　镛
曾广田	李庆安	郝龙斌	宋长志	陈田锚
黄昭顺	陈世芳	孙明贤	简明景	涂德锜
黄昆辉	蒋孝勇	刘兆玄	冯定国	叶金凤

饶颖奇	卢毓钧	郭为藩	林荣三	曾元一
沈庆京	高清愿	苏南成	许介圭	辜振甫
毛高文	廖泉裕	简又新	丁懋时	陈尧
赵玲玲	张子源	张钟潜	林基源	陈健治
伍泽元	廖福本	李厚高	陈庚金	朱凤芝
许胜发	郑逢时	张平沼	谢隆盛	孙安迪
林澄枝	胡志强	邱茂英	黄主文	罗明才
武士嵩	施台生	高惠宇	张人俊	洪冬桂
许远东	王天竞	杨宝发	陈川	房金炎
庄正彦	李铨	张丰绪	郭南宏	林圣芬
谢元熙	周书府	洪玉钦	戴瑞明	陈桑龄
刘泰英	黎昌意	汪锟	张家骧	葛永光
蒋仲苓	李海天	秦金生	张建邦	徐中雄
陈世圯	王显明	段宏俊	萧天赞	许文志
陆润康	许智伟	赵丽云	巫和怡	彭芳谷
杨天生	吕秀惠	谢金汀	江绮雯	阮大年
万德群	洪昭男	张丽堂	张京育	陈英豪
张一熙	郭宗清	黄耀羽	陈哲芳	张豫生
李复甸	曾振农	张隆盛	宋心濂	邵宗海
陈琼赞	周晓天	王志雄	林渊源	焦仁和
萧金兰	罗光男	江仕华	马爱珍	郑美兰
吴民民	马家珍	林水吉	刘孟昌	庄怀义
郭金生	刘宪同	朱有福	李宗正	吴金赞
董翔飞	曹常顺	庄隆昌	陈钉云	陈倬民
詹天性	梁国树	侯彩凤	陈玺安	林文礼
吕学仪	刘德成	李祖源	王富茂	江硕平
张福兴	林清江	李金龙	李总集	杨吉雄

蔡友土　华力进　李友吉　陈炯松　张辉元

潘俊荣　吴鸿显　谢生富　洪濬哲　刘　克

朱宗轲　曹友萍　孙得雄　何智辉　吴益利

四、候补中央委员一〇五人

张朝权　曾蔡美佐　洪　读　萧而光　简金卿

林仙保　陈政忠　柯文福　华加志　高英武

蔡定邦　李源泉　欧明宪　黄金如　刘炳伟

邱润容　林克炤　王文正　李成家　蔡铃兰

郭素春　苏俊雄　吴德美　陈汉春　郑次雄

李宗仁　彭光政　王百祺　徐抗宗　陈允火

郑　烈　林嘉政　陈鸿基　王政乾　吴振寰

余武龙　翁兴旺　孙兆良　张世良　张骏逸

李雅樵　蔡重吉　江克宇　陈子钦　王俊元

夏　甸　陈玉兰　秦茂松　钟聿琳　李正宗

郑致毅　陈明文　李增昌　张　玲　辜濂松

丘卫邦　施孟雄　林仁德　罗国雄　郭柏村

罗传进　林火顺　刘国昭　关沃暖　刘炳华

黄来镒　黄泽青　许再恩　尹士豪　刘政鸿

曾长发　吕学樟　游淮银　俞传旺　林铭德

朱樟兴　李仲英　吴尚鹰　张光辉　郭石吉

章伟义　蒋廉儒　郑阿月　许显荣　尤松雄

欧忠男　陈杰儒　马维枫　吴绮美　简盛义

蒋乃辛　张蔡美　廖荣清　郭晏生　陈金城

谢汝彬　施毓龙　刘瑞生　党安慈仁　吴明增

苏政贤　陈进兴　方力修　胡有瑞　颜火山

本届中央委员出缺递补名录

刘孟昌、郭金生请辞，何智辉开除党籍，遗缺由张朝权、曾蔡美佐、洪读递补。

（第十二次会议，一九九三年十一月十七日备案）

宋心濂于一九九四年七月十四日病故出缺，由萧而光递补。

（第四十八次会议，一九九四年八月三日通过）

第十四届中央委员会

常务委员会

一中全会

俞国华　李　焕　蒋彦士　邱创焕　刘松藩

辜振甫　施启扬　许水德　宋楚瑜　陈金让

郭婉容　吴伯雄　钱　复　孙　震　陈田锚

（以上十五人由李主席于一九九三年八月二十一日指派）

徐立德　黄大洲　萧万长　关　中　简明景

王金平　宋长志　吴敦义　章孝严　周世斌

陈健治　黄昆辉　谢隆盛　谢深山　宋时选

李钟桂

（以上十六人系十四届一中全会，一九九三年八月二十三日投票当选）

二中全会

俞国华　李　焕　蒋彦士　邱创焕　刘松藩

辜振甫　宋长志　许水德　宋楚瑜　陈金让

郭婉容　吴伯雄　钱　复　孙　震　陈田锚

（以上十五人由李主席于十四届二中全会，一九九四年八月二十六日指派）

徐立德　黄大洲　王金平　萧万长　宋时选

陈健治　谢隆盛　吴敦义　周世斌　简明景

章孝严　黄昆辉　王又曾　高育仁　高清愿

侯彩凤

（以上十六人系十四届二中全会，一九九四年八月二十六日投票当选）

秘书长　许水德（第十四届一中全会，一九九三年八月二十三日通过）

副秘书长　谢深山（第十四届一中全会，一九九三年八月二十三日通过）

李钟桂（第十四届一中全会，一九九三年八月二十三日通过）

祝基滢（第二十九次会议，一九九四年三月二十三日通过）

秘书处

主　任　黄镜峰

副主任　郑兴弟（外派中华日报社总经理，一九九四年七月一日生效）

马杰民

李　伟

楼文渊

詹春柏（一九九四年八月十六日生效）

组织工作会

主　任　王述亲（第三次会议，一九九三年九月十五日呈请退休予以照准）

谢深山（兼）（第三次会议，一九九三年九月十五日通过）

（第三十八次会议，一九九四年五月二十五日辞兼职照准）

涂德锜（第三十八次会议，一九九四年五月二十五日通过）

副主任　罗子俊

张正中

彭云龙

陈玺安

大陆工作会

主　任　黄耀羽

副主任　唐扩亨

萧行易

陈　明

海外工作会

　　主　任　程建人

　　副主任　葛维新

　　　　　　洪昭男（第二十二次会议，一九九四年一月二十六日调升政策委
　　　　　　　　员会副执行长）

　　　　　　吴丰堃

文化工作会

　　主　任　祝基滢（第二十九次会议，一九九四年三月二十三日调任副秘书
　　　　　　　　长）

　　　　　　简汉生（第二十九次会议，一九九四年三月二十三日通过）

　　副主任　林时机

　　　　　　施克敏（外派中央通讯社社长，一九九四年五月一日生效）

　　　　　　周康美

　　　　　　蔡璧煌

　　　　　　廖风德

　　　　　　穆闽珠（一九九四年五月一日生效）

社会工作会

　　主　任　钟荣吉（第二十八次会议，一九九四年三月十六日通过调任台湾
　　　　　　　　省党部主任委员）

　　　　　　吴挽澜（第二十九次会议，一九九四年三月二十三日通过）

　　副主任　简维章

　　　　　　伊　竑

　　　　　　黄泽青

　　　　　　林永瑞

　　　　　　洪濬哲（一九九四年十月一日生效）

青年工作会

　　主　任　徐抗宗

　　副主任　刘兴善

　　　　丁守中（辞职，一九九四年五月一日生效）

　　　　洪秀柱（一九九四年五月一日生效）

　　　　刘世炜（一九九四年九月一日生效）

妇女工作会

　主　任　林澄枝（第一次会议，一九九三年九月一日通过）

　副主任　蔡淑媛

　　　　谢美惠（外派，一九九四年七月一日生效）

　　　　潘维刚（一九九四年五月一日生效）

财务委员会

　主任委员　林铠藩

　副主任委员　马永骏

　　　　殷文俊（调党营事业管理委员会副主任委员，一九九四年六
　　　　　　月一日生效）

　　　　谢振华

党史委员会

　主任委员　李云汉

　副主任委员　陈鹏仁

　　　　乔宝泰

考核纪律委员会

　主任委员　李宗仁（第三十一次会议，一九九四年四月六日通过另有任用）

　　　　金开鑫（第三十一次会议，一九九四年四月六日通过）

　副主任委员　余承业（一九九四年七月三十一日届龄退休）

　　　　杨培基

　　　　谢文义（一九九四年八月一日生效）

革命实践研究院

院务指导委员会

主　席　李登辉(兼)

秘书长　许水德(兼)

委　员　吴俊才　魏　镛　华力进　李长贵　王作荣

潘振球　张建邦　宋时选　黄昆辉

主　任　华力进(一九九四年三月三十一日届龄退休)

庄怀义(第三十一次会议,一九九四年四月六日通过)

副主任　金开鑫(第三十一次会议,一九九四年四月六日调升考核纪律委员会主任委员)

林诗辉(一九九四年五月一日生效)

党营事业管理委员会

主任委员　刘泰英

副主任委员　殷文俊(一九九四年六月一日生效)

政策委员会

政策指导委员

一、就党政职务功能考量人选

李元簇　连　战　刘松藩　陈金让　蒋彦士

许水德　宋楚瑜　王金平　徐立德　饶颖奇

二、就党政经验丰富考量人选

郝柏村　林洋港　高育仁　关　中　魏　镛

洪玉钦

三、就代表性及平衡性考量人选

谢隆盛　谢深山　许胜发

(第五次会议,一九九三年九月二十九日通过)

执行长　饶颖奇(第一次会议,一九九三年九月一日通过)

副执行长　黄正一(第七次会议,一九九三年十月十三日通过)

洪昭男(第二十二次会议,一九九四年一月二十六日通过)

黄主文(第五十二次会议,一九九四年九月十四日通过)

执行秘书　詹春柏(兼)(一九九四年八月一日免兼)

　　　　　　汪诞平(一九九四年八月一日生效)

国民大会党政协调工作会

主　任　谢隆盛

副主任　吴钟灵(辞职,一九九四年五月十六日生效)

　　　　邵宗海

　　　　林水吉

　　　　庄隆昌

　　　　刘孟昌(一九九四年五月十六日生效)

　　　　　　(调高雄市委员会副主任委员,一九九四年十月一日生效)

"立法院"党政协调工作会

主　任　洪玉钦(第四次会议,一九九三年九月二十二日另有任用)

　　　　饶颖奇(兼)(第四次会议,一九九三年九月二十二日通过)

　　　　　　(第二十二次会议,一九九四年一月二十六日免兼)

　　　　廖福本(第二十二次会议,一九九四年一月二十六日通过)

副主任　廖福本(第二十二次会议,一九九四年一月二十六日调升主任)

　　　　李友吉

　　　　曾振农

　　　　林志嘉(第五十二次会议,一九九四年九月十四日通过调升政策
　　　　　　研究工作会主任)

　　　　洪秀柱(调青年工作会副主任,一九九四年五月一日生效)

　　　　　　(以上第六次会议,一九九三年十月六日通过)

　　　　曾永权(一九九四年四月一日生效)

　　　　朱凤芝(一九九四年五月十六日生效)

政党关系工作会

主　任　黄正一(第四次会议,一九九三年九月二十二日另有任用)

　　　　郑逢时(第四次会议,一九九三年九月二十二日生效)

　副主任　吴德美

　　　　　洪濬哲（调社会工作会副主任，一九九四年十月一日生效）

　　　　　陈鸿基

　　　　　郑光博

　　　　　（以上第六次会议，一九九三年十月六日通过）

政策研究工作会

　主　任　黄主文（第四次会议，一九九三年九月二十二日通过）

　　　　　　　　（第五十二次会议，一九九四年九月十四日调政策委员会
　　　　　　　　副执行长）

　　　　　林志嘉（第五十二次会议，一九九三年九月十四日通过）

　副主任　詹春柏（调秘书处副主任，一九九四年八月十六日生效）

　　　　　林钰祥

　　　　　刘光华

　　　　　（以上第六次会议，一九九三年十月六日通过）

妇女工作指导会议

　指导长　蒋宋美龄

　干事委员　吕晓道　许素玉　钱剑秋

　委　员　石季玉　阿里同汉　徐钟珮　清巴图　张岫岚　陶太庚

　　　　　傅晴曦　赵文艺　赵筱梅　刘玉英　蔡淑琼　谢纬鹏

　　　　　卢孰竞　吴香兰　孙沛德　王亚权